W0040103

Mehr als zwei Planeten Erde wären nötig, um allen Menschen einen materiellen Lebensstil zu ermöglichen, wie er heute im Westen mit nur 20 % der Weltbevölkerung üblich ist. Doch schon die Konsequenzen unseres Ressourcenverbrauchs sind Klimaänderung, Wüstenausbreitung, ausgetrocknete Flüsse, Erosionen ungeahnten Ausmaßes und häufige Jahrhunderthochwasser. Die Leistungen der Natur, ohne die es den Menschen nicht gäbe und ohne die er nicht leben kann, werden durch unsere Wirtschaftsweise täglich mehr beschädigt. Seit nunmehr 15 Jahren fordert Schmidt-Bleek deshalb eine Dematerialisierung der Wirtschaft um den Faktor 10. Sie ist technisch möglich, ohne Lebensqualität einzuschränken. Sie wird aber nur dann stattfinden, wenn die falsch gesetzten Preissignale auf dem Markt so angepasst werden, dass sich zukunftgewandtes Verhalten lohnt.

Friedrich Schmidt-Bleek, Professor für Chemie, lehrte viele Jahre an Hochschulen in den USA. Der »Vater des deutschen Chemikaliengesetzes« hat bei der OECD die Testmethoden für gefährliche Chemikalien weltweit eingeführt. Er hat zusammen mit Ernst Ulrich von Weizsäcker dem Wuppertal Institut für Klima, Umwelt, Energie die Richtung gegeben und im Jahre 2001 in Japan den hoch dotierten World Environment Award verliehen bekommen. Heute leitet er als Präsident das Factor 10 Institut in Carnoules (Frankreich).

Unsere Adressen im Internet: www.fischerverlage.de
www.hochschule.fischerverlage.de

Friedrich Schmidt-Bleek

Nutzen wir die Erde richtig?

Die Leistungen der Natur und die Arbeit des Menschen

Herausgegeben von
Klaus Wiegandt

Fischer Taschenbuch Verlag

FSC

Mix
Produktgruppe aus vorbildlich
bewirtschafteten Wäldern und
anderen kontrollierten Herkünften

Zert.-Nr. GFA-COC-1223
www.fsc.org
© 1996 Forest Stewardship Council

3. Auflage: Februar 2007

Originalausgabe
Veröffentlicht im Fischer Taschenbuch Verlag,
einem Unternehmen der S. Fischer Verlag GmbH,
Frankfurt am Main, Januar 2007

© 2007 Fischer Taschenbuch Verlag in der
S. Fischer Verlag GmbH, Frankfurt am Main
Gesamtherstellung: Clausen & Bosse, Leck
Printed in Germany
ISBN 978- 3-596-17275-7

Inhalt

Vorwort des Herausgebers

Handeln – aus Einsicht und Verantwortung

»Wir waren im Begriff, Götter zu werden, mächtige Wesen, die eine zweite Welt erschaffen konnten, wobei uns die Natur nur die Bausteine für unsere neue Schöpfung zu liefern brauchte.«

Dieser mahnende Satz des Psychoanalytikers und Sozialphilosophen Erich Fromm findet sich in *Haben oder Sein – die seelischen Grundlagen einer neuen Gesellschaft* (1976). Das Zitat drückt treffend aus, in welches Dilemma wir durch unsere wissenschaftlich-technische Orientierung geraten sind.

Aus dem ursprünglichen Vorhaben, sich *der* Natur zu unterwerfen, um sie nutzen zu können (»Wissen ist Macht«), erwuchs die Möglichkeit, *die* Natur zu unterwerfen, um sie auszubeuten. Wir sind vom frühen Weg des Erfolges mit vielen Fortschritten abgekommen und befinden uns auf einem Irrweg der Gefährdung mit unübersehbaren Risiken. Die größte Gefahr geht dabei von dem unerschütterlichen Glauben der überwiegenden Mehrheit der Politiker und Wirtschaftsführer an ein unbegrenztes Wirtschaftswachstum aus, das im Zusammenspiel mit grenzenlosen technologischen Innovationen Antworten auf alle Herausforderungen der Gegenwart und Zukunft geben werde.

Schon seit Jahrzehnten werden die Menschen aus Kreisen der Wissenschaft vor diesem Kollisionskurs mit der Natur gewarnt. Bereits 1983 gründeten die Vereinten Nationen eine Weltkommission für Umwelt und Entwicklung, die sich 1987 mit dem so genannten Brundtland-Bericht zu Wort meldete. Unter dem Titel »Our Common Future« wurde ein Konzept vorgestellt, das die Menschen vor Katastrophen bewahren will und zu einem verantwortbaren Leben zurückfinden lassen soll. Gemeint ist das Konzept einer »langfristig umweltverträglichen Ressourcennutzung« – in der deutschen Sprache als Nachhaltigkeit bezeichnet. Nachhaltigkeit meint – im Sinne des Brundtland-Berichts – »eine Entwicklung, die den Bedürfnissen der heutigen Generation entspricht, ohne die Möglichkeiten künftiger Generationen zu gefährden, ihre eigenen Bedürfnisse zu befriedigen und ihren Lebensstandard zu wählen«.

Leider ist dieses Leitbild für ökologisch, ökonomisch und sozial nachhaltiges Handeln trotz zahlreicher Bemühungen noch nicht zu der Realität geworden, zu der es werden kann, ja werden muss. Dies liegt meines Erachtens darin begründet, dass die Zivilgesellschaften bisher nicht ausreichend informiert und mobilisiert wurden.

Forum für Verantwortung

Vor diesem Hintergrund und mit Blick auf zunehmend warnende Stimmen und wissenschaftliche Ergebnisse habe ich mich entschlossen, mit meiner Stiftung gesellschaftliche Verantwortung zu übernehmen. Ich möchte zur Verbreitung und Vertiefung des öffentlichen Diskurses über die unabdingbar notwendige nachhaltige Entwicklung beitragen. Mein Anliegen ist es, mit dieser Initiative einer großen Zahl von Menschen Sach- und Orientierungswissen zum Thema Nachhaltigkeit zu vermitteln sowie alternative Handlungsmöglichkeiten aufzuzeigen.

Denn das Leitbild »nachhaltige Entwicklung« allein reicht nicht aus, um die derzeitigen Lebens- und Wirtschaftsweisen zu verändern. Es bietet zwar eine Orientierungshilfe, muss jedoch in der Gesellschaft konkret ausgehandelt und dann in Handlungsmuster umgesetzt werden. Eine demokratische Gesellschaft, die sich ernsthaft in Richtung Zukunftsfähigkeit umorientieren will, ist auf kritische, kreative, diskussions- und handlungsfähige Individuen als gesellschaftliche Akteure angewiesen. Daher ist lebenslanges Lernen, vom Kindesalter bis ins hohe Alter, an unterschiedlichen Lernorten und unter Einbezug verschiedener Lernformen (formelles und informelles Lernen), eine unerlässliche Voraussetzung für die Realisierung einer nachhaltigen gesellschaftlichen Entwicklung. Die praktische Umsetzung ökologischer, ökonomischer und sozialer Ziele einer wirtschaftspolitischen Nachhaltigkeitsstrategie verlangt nach reflexions- und innovationsfähigen Menschen, die in der Lage sind, im Strukturwandel Potenziale zu erkennen und diese für die Gesellschaft nutzen zu lernen.

Es reicht für den Einzelnen nicht aus, lediglich »betroffen« zu sein. Vielmehr ist es notwendig, die wissenschaftlichen Hintergründe und Zusammenhänge zu verstehen, um sie für sich verfügbar zu machen und mit anderen in einer zielführenden Diskussion vertiefen zu können. Nur so entsteht Urteilsfähigkeit, und Urteilsfähigkeit ist die Voraussetzung für verantwortungsvolles Handeln.

Die unablässige Bedingung hierfür ist eine zugleich sachgerechte und verständliche Aufbereitung sowohl der Fakten als auch der Denkmodelle, in deren Rahmen sich mögliche Handlungsalternativen aufzeigen lassen und an denen sich jeder orientieren und sein persönliches Verhalten ausrichten kann.

Um diesem Ziel näher zu kommen, habe ich ausgewiesene Wissenschaftlerinnen und Wissenschaftler gebeten, in der

Reihe »Forum für Verantwortung« zu zwölf wichtigen Themen aus dem Bereich der nachhaltigen Entwicklung den
Stand der Forschung und die möglichen Optionen allgemeinverständlich darzustellen. Die ersten vier Bände zu folgenden
Themen sind erschienen:

- *Was verträgt unsere Erde noch? Wege in die Nachhaltigkeit*
  (Jill Jäger)
- *Kann unsere Erde die Menschen noch ernähren? Bevölke-
  rungsexplosion – Umwelt – Gentechnik* (Klaus Hahlbrock)
- *Nutzen wir die Erde richtig? Die Leistungen der Natur und
  die Arbeit des Menschen* (Friedrich Schmidt-Bleek)
- *Bringen wir das Klima aus dem Takt? Hintergründe und
  Prognosen* (Mojib Latif)

Vier Folgebände sind in Vorbereitung und werden Mitte 2007
erscheinen. Sie behandeln die Themen »Ressource Wasser«
(Wolfram Mauser), »Energien des 21. Jahrhunderts« (Her-
mann-Josef Wagner), »Entwicklung der Weltbevölkerung«
(Rainer Münz und Albert F. Reiterer) und »Die Bedeutung
der Ozeane für das Leben« (Katherine Richardson und Stefan
Rahmstorf).

Die letzten vier Bände der Reihe werden Ende 2007 erscheinen. Sie stellen Fragen nach dem möglichen Umbau der Wirtschaft (Bernd Meyer), nach der Bedrohung durch Infektions-
krankheiten (Stefan H. E. Kaufmann), nach der Gefährdung
der Artenvielfalt (Josef H. Reichholf) und nach einem möglichen Weg zu einer neuen Weltordnung im Zeichen der
Nachhaltigkeit (Harald Müller).

Zwölf Bände – es wird niemanden überraschen, wenn im
Hinblick auf die Bedeutung von wissenschaftlichen Methoden
oder die Interpretationsbreite aktueller Messdaten unter-

schiedliche Auffassungen vertreten werden. Unabhängig davon sind sich aber alle an diesem Projekt Beteiligten darüber einig, dass es keine Alternative zu einem Weg aller Gesellschaften in die Nachhaltigkeit gibt.

Öffentlicher Diskurs

Was verleiht mir den Mut zu diesem Projekt und was die Zuversicht, mit ihm die deutschsprachigen Zivilgesellschaften zu erreichen und vielleicht einen Anstoß zu bewirken?

Zum einen sehe ich, dass die Menschen durch die Häufung und das Ausmaß der Naturkatastrophen der letzten Jahre sensibler für Fragen unseres Umgangs mit der Erde geworden sind. Zum anderen gibt es im deutschsprachigen Raum bisher nur wenige allgemeinverständliche Veröffentlichungen wie *Die neuen Grenzen des Wachstums* (Donella und Dennis Meadows), *Erdpolitik* (Ernst-Ulrich von Weizsäcker), *Balance oder Zerstörung* (Franz Josef Radermacher), *Fair Future* (Wuppertal Institut) und *Kollaps* (Jared Diamond). Insbesondere liegen keine Schriften vor, die zusammenhängend das breite Spektrum einer umfassend nachhaltigen Entwicklung abdecken.

Das vierte Kolloquium meiner Stiftung, das im März 2005 in der Europäischen Akademie Otzenhausen (Saarland) zu dem Thema »Die Zukunft der Erde – was verträgt unser Planet noch?« stattfand, zeigte deutlich, wie nachdenklich eine sachgerechte und allgemeinverständliche Darstellung der Thematik die große Mehrheit der Teilnehmer machte.

Darüber hinaus stimmt mich persönlich zuversichtlich, dass die mir eng verbundene ASKO EUROPA-STIFTUNG alle zwölf Bände vom Wuppertal Institut für Klima, Umwelt,

Energie didaktisieren lässt, um qualifizierten Lehrstoff für langfristige Bildungsprogramme zum Thema Nachhaltigkeit sowohl im Rahmen der Stiftungsarbeit als auch im Rahmen der Bildungsangebote der Europäischen Akademie Otzenhausen zu erhalten. Das Thema Nachhaltigkeit wird in den nächsten Jahren zu dem zentralen Thema der ASKO EUROPA-STIFTUNG und der Europäischen Akademie Otzenhausen.

Schließlich gibt es ermutigende Zeichen in unserer Zivilgesellschaft, dass die Bedeutung der Nachhaltigkeit erkannt und auf breiter Basis diskutiert wird. So zum Beispiel auf dem 96. Deutschen Katholikentag 2006 in Saarbrücken unter dem Motto »Gerechtigkeit vor Gottes Angesicht«. Die Bedeutung einer zukunftsfähigen Entwicklung wird inzwischen durch mehrere Institutionen der Wirtschaft und der Politik auch in Deutschland anerkannt und gefordert, beispielsweise durch den Rat für Nachhaltige Entwicklung, die Bund-Länder-Kommission, durch Stiftungen, Nicht-Regierungs-Organisationen und Kirchen.

Auf globaler Ebene mehren sich die Aktivitäten, die den Menschen die Bedeutung und die Notwendigkeit einer nachhaltigen Entwicklung ins Bewusstsein rufen wollen: Ich möchte an dieser Stelle unter anderem auf den »Marrakesch-Prozess« (eine Initiative der UN zur Förderung nachhaltigen Produzierens und Konsumierens), auf die UN-Weltdekade »Bildung für nachhaltige Entwicklung« 2005–2014 sowie auf den Film des ehemaligen US Vizepräsidenten Al Gore *An Inconvenient Truth* (2006) verweisen.

Wege in die Nachhaltigkeit

Eine wesentliche Aufgabe unserer auf zwölf Bände angelegten Reihe bestand für die Autorinnen und Autoren darin, in dem jeweils beschriebenen Bereich die geeigneten Schritte zu benennen, die in eine nachhaltige Entwicklung führen können. Dabei müssen wir uns immer vergegenwärtigen, dass der erfolgreiche Übergang zu einer derartigen ökonomischen, ökologischen und sozialen Entwicklung auf unserem Planeten nicht sofort gelingen kann, sondern viele Jahrzehnte dauern wird. Es gibt heute noch keine Patentrezepte für den langfristig erfolgreichsten Weg. Sehr viele Wissenschaftlerinnen und Wissenschaftler und noch mehr innovationsfreudige Unternehmerinnen und Unternehmer sowie Managerinnen und Manager werden weltweit ihre Kreativität und Dynamik zur Lösung der großen Herausforderungen aufbieten müssen. Dennoch sind bereits heute erste klare Ziele erkennbar, die wir erreichen müssen, um eine sich abzeichnende Katastrophe abzuwenden. Dabei können weltweit Milliarden Konsumenten mit ihren täglichen Entscheidungen beim Einkauf helfen, der Wirtschaft den Übergang in eine nachhaltige Entwicklung zu erleichtern und ganz erheblich zu beschleunigen – wenn die politischen Rahmenbedingungen dafür geschaffen sind. Global gesehen haben zudem Milliarden von Bürgern die Möglichkeit, in demokratischer Art und Weise über ihre Parlamente die politischen »Leitplanken« zu setzen.

Die wichtigste Erkenntnis, die von Wissenschaft, Politik und Wirtschaft gegenwärtig geteilt wird, lautet, dass unser ressourcenschweres westliches Wohlstandsmodell (heute gültig für eine Milliarde Menschen) nicht auf weitere fünf oder bis zum Jahr 2050 sogar auf acht Milliarden Menschen übertragbar ist. Das würde alle biophysikalischen Grenzen unseres

Systems Erde sprengen. Diese Erkenntnis ist unbestritten. Strittig sind jedoch die Konsequenzen, die daraus zu ziehen sind.

Wenn wir ernsthafte Konflikte zwischen den Völkern vermeiden wollen, müssen die Industrieländer ihren Ressourcenverbrauch stärker reduzieren als die Entwicklungs- und Schwellenländer ihren Verbrauch erhöhen. In Zukunft müssen sich alle Länder auf gleichem Ressourcenverbrauchsniveau treffen. Nur so lässt sich der notwendige ökologische Spielraum schaffen, um den Entwicklungs- und Schwellenländern einen angemessenen Wohlstand zu sichern.

Um in diesem langfristigen Anpassungsprozess einen dramatischen Wohlstandsverlust des Westens zu vermeiden, muss der Übergang von einer ressourcenschweren zu einer ressourcenleichten und ökologischen Marktwirtschaft zügig in Angriff genommen werden.

Die Europäische Union als stärkste Wirtschaftskraft der Welt bringt alle Voraussetzungen mit, in diesem Innovationsprozess die Führungsrolle zu übernehmen. Sie kann einen entscheidenden Beitrag leisten, Entwicklungsspielräume für die Schwellen- und Entwicklungsländer im Sinn der Nachhaltigkeit zu schaffen. Gleichzeitig bieten sich der europäischen Wirtschaft auf Jahrzehnte Felder für qualitatives Wachstum mit zusätzlichen Arbeitsplätzen. Wichtig wäre in diesem Zusammenhang auch die Rückgewinnung von Tausenden von begabten Wissenschaftlerinnen und Wissenschaftlern, die Europa nicht nur aus materiellen Gründen, sondern oft auch wegen fehlender Arbeitsmöglichkeiten oder unsicheren -bedingungen verlassen haben.

Auf der anderen Seite müssen die Schwellen- und Entwicklungsländer sich verpflichten, ihre Bevölkerungsentwicklung in überschaubarer Zeit in den Griff zu bekommen. Mit stärkerer Unterstützung der Industrienationen muss das von der Weltbevölkerungskonferenz der UNO 1994 in Kairo verabschiedete 20-Jahres-Aktionsprogramm umgesetzt werden.

Wenn es der Menschheit nicht gelingt, die Ressourcen- und Energieeffizienz drastisch zu steigern und die Bevölkerungsentwicklung nachhaltig einzudämmen – man denke nur an die Prognose der UNO, nach der die Bevölkerungsentwicklung erst bei elf bis zwölf Milliarden Menschen am Ende dieses Jahrhunderts zum Stillstand kommt –, dann laufen wir ganz konkret Gefahr, Ökodiktaturen auszubilden. In den Worten von Ernst Ulrich von Weizsäcker: »Die Versuchung für den Staat wird groß sein, die begrenzten Ressourcen zu rationieren, das Wirtschaftsgeschehen im Detail zu lenken und von oben festzulegen, was Bürger um der Umwelt willen tun und lassen müssen. Experten für ›Lebensqualität‹ könnten von oben definieren, was für Bedürfnisse befriedigt werden dürften« (*Erdpolitik*, 1989).

Es ist an der Zeit

Es ist an der Zeit, dass wir zu einer grundsätzlichen, kritischen Bestandsaufnahme in unseren Köpfen bereit sind. Wir – die Zivilgesellschaften – müssen entscheiden, welche Zukunft wir wollen. Fortschritt und Lebensqualität sind nicht allein abhängig vom jährlichen Zuwachs des Pro-Kopf-Einkommens. Zur Befriedigung unserer Bedürfnisse brauchen wir auch keineswegs unaufhaltsam wachsende Gütermengen. Die kurzfristigen Zielsetzungen in unserer Wirtschaft wie Gewinnmaximierung und Kapitalakkumulierung sind eines der Haupthindernisse für eine nachhaltige Entwicklung. Wir sollten unsere Wirtschaft wieder stärker dezentralisieren und den Welthan-

del im Hinblick auf die mit ihm verbundene Energiever-
schwendung gezielt zurückfahren. Wenn Ressourcen und
Energie die »wahren« Preise widerspiegeln, wird der weltweite Prozess der Rationalisierung und Freisetzung von Arbeitskräften sich umkehren, weil der Kostendruck sich auf die
Bereiche Material und Energie verlagert.

Der Weg in die Nachhaltigkeit erfordert gewaltige techno-
logische Innovationen. Aber nicht alles, was technologisch
machbar ist, muss auch verwirklicht werden. Die totale Öko-
nomisierung unserer gesamten Lebensbereiche ist nicht erstrebenswert. Die Verwirklichung von Gerechtigkeit und
Fairness für alle Menschen auf unserer Erde ist nicht nur aus
moralisch-ethischen Prinzipien erforderlich, sondern auch
der wichtigste Beitrag zur langfristigen Friedenssicherung.
Daher ist es auch unvermeidlich, das politische Verhältnis
zwischen Staaten und Völkern der Erde auf eine neue Basis zu
stellen, in der sich alle, nicht nur die Mächtigsten, wieder finden können. Ohne einvernehmliche Grundsätze »globalen
Regierens« lässt sich Nachhaltigkeit in keinem einzigen der in
dieser Reihe diskutierten Themenbereiche verwirklichen.

Und letztendlich müssen wir die Frage stellen, ob wir Menschen das Recht haben, uns so stark zu vermehren, dass wir
zum Ende dieses Jahrhunderts womöglich eine Bevölkerung
von 11 bis 12 Milliarden Menschen erreichen, jeden Quadrat-
zentimeter unserer Erde in Beschlag nehmen und den Lebens-
raum und die Lebensmöglichkeiten aller übrigen Arten immer mehr einengen und zerstören.

Unsere Zukunft ist nicht determiniert. Wir selbst gestalten
sie durch unser Handeln und Tun: Wir können so weiter-
machen wie bisher, doch dann begeben wir uns schon Mitte
dieses Jahrhunderts in die biophysikalische Zwangsjacke der
Natur mit möglicherweise katastrophalen politischen Ver-

wicklungen. Wir haben aber auch die Chance, eine gerechtere und lebenswerte Zukunft für uns und die zukünftigen Generationen zu gestalten. Dies erfordert das Engagement aller Menschen auf unserem Planeten.

Danksagung

Mein ganz besonderer Dank gilt den Autorinnen und Autoren dieser zwölfbändigen Reihe, die sich neben ihrer hauptberuflichen Tätigkeit der Mühe unterzogen haben, nicht für wissenschaftliche Kreise, sondern für eine interessierte Zivilgesellschaft das Thema Nachhaltigkeit allgemeinverständlich aufzubereiten. Für meine Hartnäckigkeit, an dieser Vorgabe weitestgehend festzuhalten, bitte ich an dieser Stelle nochmals um Nachsicht. Dankbar bin ich für die vielfältigen und anregenden Diskussionen über Wege in die Nachhaltigkeit.

Bei der umfangreichen Koordinationsarbeit hat mich von Anfang an ganz maßgeblich Ernst Peter Fischer unterstützt – dafür meinen ganz herzlichen Dank, ebenso Wolfram Huncke, der mich in Sachen Öffentlichkeitsarbeit beraten hat. Für die umfangreichen organisatorischen Arbeiten möchte ich mich ganz herzlich bei Annette Maas bedanken, ebenso bei Ulrike Holler vom S. Fischer Verlag für die nicht einfache Lektoratsarbeit.

Auch den finanziellen Förderern dieses Großprojektes gebührt mein Dank: allen voran der ASKO EUROPA-STIFTUNG (Saarbrücken) und meiner Familie sowie der Stiftung Europrofession (Saarbrücken), Erwin V. Conradi, Wolfgang Hirsch, Wolf-Dietrich und Sabine Loose.

Seeheim-Jugenheim   Stiftung Forum für Verantwortung
Sommer 2006   Klaus Wiegandt

Avant Propos

Wie der Umweltschutz zur Ökostrategie mutierte

Eine Szene vom 31. Dezember 1988. Wir feierten Silvester in der Nähe von Wien, genauer in einem verschneiten Ort namens Biedermannsdorf, und hatten russische Freunde bei uns, unter ihnen Stash Shatalin, der damals ökonomischer Chefberater von Präsident Gorbatschow war. Er hatte Wodka mitgebracht, und Marie hatte ein französisches Essen mit Wein aus der Provence vorbereitet. Als es später wurde und einige unserer Gäste Lieder auf Mütterchen Russland anstimmten, wandte ich mich Stash mit einer Frage zu, die mir schon länger am Herzen lag. Ich wollte wissen, ob es denn nicht Zeit sei, den so erfolgreichen westlichen Umweltschutz auch in der Sowjetunion zu etablieren. Immerhin hatten wir auf Wunsch des Kremls bei der IIASA (International Institute for Applied Systems Analyses in Laxenburg bei Wien) eine Reihe von Gesetzesentwürfen für die wirtschaftliche Zukunft Russlands diskutiert und westlichen Vorstellungen angepasst. Wir hatten dabei erfahren, wie schlecht es um den Zustand der Umwelt in der Sowjetunion bestellt war, und mir schien es an der Zeit, dort ebenso mit Maßnahmen zum Umweltschutz zu beginnen, wie es bei uns passiert war. Die Antwort auf meine Frage fiel kühl, knapp und klar aus: »Njet.« Und die Begründung brachte mich auf den harten Boden der Tatsachen zurück. Stash Shatalin erklärte seine Antwort nämlich mit den Worten: »Erst wenn wir so reich geworden sind wie ihr im Westen mit Marktwirtschaft, können wir auch eure Art Umweltschutz bezahlen.«

Das saß. Offenbar war beim alten Umweltschutz etwas völlig schief gelaufen. Es sah so aus, als ob wir Maßnahmen für den Schutz des Planeten Erde entwickelt hatten, die sich nur die reichen Länder leisten konnten. Wenn Russland schon nicht in der Lage war, sich diesen westlichen Umweltschutz zu leisten, wie sollten dies erst viele andere Länder bewerkstelligen? Wie sollten zum Beispiel China, Indien, Indonesien und Brasilien ihre Umweltprobleme lösen? Und was würde geschehen, wenn es den wohlhabenden OECD-Ländern (Organization for Economic Cooperation and Development) wirtschaftlich einmal weniger gut ginge?

Mir ging die Frage nicht mehr aus dem Kopf, wo der Fehler in unserem Denken und unserem System lag. Wenn es mit kostenintensiven, staatlich verordneten Maßnahmen gerade möglich war, den Umweltschutz in ein oder zwei Dutzend reichen Ländern durchzuführen, dann konnte der Planet Erde kaum zu retten sein. Und selbst wenn wir jahrzehntelang auf den Reichtum der anderen Länder warten – war nicht die Schaffung unserer Lebensart gerade der tiefere Grund für die fortschreitende Umweltmisere? Es war merkwürdig: Ausgerechnet ein der russischen Planwirtschaft verschriebener Wirtschaftswissenschaftler legte seinen Finger auf den Fehler unseres westlichen Systems: Es ist systemisch ausgeschlossen, mit Hilfe reaktiver Einzelmaßnahmen grundlegende Fehlleistungen der Wirtschaft zu beheben. Das wurde mir jetzt klar. Aber wie konnte es weitergehen?

Im Jahr zuvor war die Nachhaltigkeit der menschlichen Gesellschaft als oberstes globales Ziel ausgerufen worden. Die
Weltwirtschaft sollte hinfort sozial gerecht und im Frieden
mit der Ökosphäre Wohlstand für alle schaffen! So klar das
klingt, so klar war auch, dass wohl selten in der Geschichte der
Menschheit Ziel und Wirklichkeit so wenig miteinander zu
tun hatten!

Die große Frage lautet: Wie können wir so leben, dass dies
auch in Zukunft möglich ist? Es geht also um Zukunftsfähigkeit, und dieses Konzept kann man als die Fähigkeit der Wirtschaft umschreiben, Wohlstand für alle zu schaffen und
gleichzeitig weltweit die natürlichen, sozialen und wirtschaftlichen Grundlagen für die Zukunft sicherzustellen, von denen
diese Fähigkeit abhängt.

Nach dem Gespräch mit Stash Shatalin begann ich, die
Wurzeln für unsere Probleme mit der Umwelt aufzuspüren.
Was war denn der Grund für die Unvereinbarkeit unserer
Wohlstandsgestaltung mit der Erhaltung einer »gesunden«
Umwelt? Wodurch und wie verändern wir die natürlichen
bio-geo-chemischen Kreisläufe? Warum müssen wir befürch-
ten, die unbezahlbaren Dienstleistungen der Natur zu beschädigen, ohne die wir weder entstanden wären noch überleben
können?

Diese Leistungen schließen zum Beispiel die Verfügbarkeit
von gesundem Wasser und reiner Atemluft, die Bildung und
Erhaltung fruchtbarer Böden, den Schutz vor gefährlicher
Strahlung aus dem All, die Vielfalt der Arten, und die Fortpflanzungskraft von Spermien mit ein. Wenn diese Leistungen der Ökosphäre auf dem Markt gehandelt würden, dann
wären sie offenbar unendlich teuer. Und selbst wenn man viel
Geld dafür ausgeben wollte, so bliebe alles auf kleine Räume

beschränkt und nicht für lange Zeit durch Technik zu ersetzen.

Beim Nachgrübeln über diese Einsicht tauchte blitzartig ein
neuer Gedanke in mir auf, der in der Rückschau trivial wirkt:
Mir fiel Folgendes auf: Je mehr natürliche Ressourcen wir
durch unsere Wirtschaft pumpen, je mehr wir von unseren
Rohstoffen für die technische Schaffung jedes einzelnen Nutzens verbrauchen, desto mehr verändern wir die unserem Leben verfügbare Basis auf der Erde. Jede Bewegung von Masse
durch Technik, jede Entnahme von Ressourcen aus der Natur
verändert nämlich das Gewebe ihrer dynamischen Gleichgewichte und beeinflusst so die fortlaufende Evolution der Ökosphäre mit unbekanntem Ausgang.

Und der Gedanke reicht weiter: Denn nicht nur die durch
Technik verursachten Ressourcenströme verändern die Dynamik ökologischer Gleichgewichte. Es kommt auch zu einer De-
naturierung immer größerer Teile der Erdoberfläche. Die Natur reagiert natürlich auf all diese Milliarden von Menschen
gemachten Veränderungen. Sie schafft sich neue Gleichgewichte, sie passt sich der neuen Lage an. Kurz, sie wandelt sich.
Und keine Wissenschaft und kein Computerprogramm wird
jemals in der Lage sein, die Vielfalt und Intensität dieser Änderungen vorhersagen, erkennen und erklären zu können, ge-
schweige denn, sie wieder ungeschehen zu machen.

Die Schlussfolgerung aus meiner Erkenntnis war ebenso trivial wie die Erkenntnis selbst: Je besser die Materialeffizienz,
je weniger Fläche versiegelt wird, je höher also die Ressourcenproduktivität aller Prozesse, Güter und Serviceleistungen
wird, desto weniger werden wir die uns tragende Ökosphäre

überfordern. Bildlich gesprochen heißt das: Wir sollten die Wirtschaft innerhalb der von der Natur vorgegebenen Leitplanken einrichten. Vorsorgender Umweltschutz und nachhaltige Wirtschaftspolitik bedeuten demnach vor allen anderen Dingen, mit natürlichen Ressourcen viel sparsamer umzugehen, als wir uns dies im Wachstumsrausch der letzten hundert Jahre angewöhnt haben.

Kurz vor dem Ende ihrer Karriere als Umweltministerin im Jahre 1998 hat Angela Merkel einen Kabinettsbeschluss mit dem Ziele erwirkt, bis 2005 solle die Ressourcenproduktivität der deutschen Wirtschaft um den Faktor 2,5 wachsen. Diese Idee verfolgten die Grünen in Berlin nicht weiter, nachdem sie den Schutz der Ökosphäre als Regierungsverantwortung übernommen hatten. Noch etwas zaghaft, aber unübersehbar spielt die Ressourcenproduktivität als strategisches Element im Koalitionsvertrag vom November 2005 eine neue Rolle. Am 9. Januar 2006 sagte der Bundesumweltminister Sigmar Gabriel in der *Süddeutschen Zeitung*: »Viel spricht dafür, dass die Energie und Rohstoffintelligenz zur Basistechnologie unseres Jahrhundert wird.«

Es muss gelingen, ganzheitliche Politik zur Schaffung von zukunftsfähigem Wohlstand zu betreiben. Noch sind die Konturen nicht erkennbar, wie die verschiedenen Dimensionen der Nachhaltigkeit zusammengeführt und in ausgewogene politische Entscheidungen münden sollen. Was wir als Bürgerinnen und Bürger zur Gestaltung der Zukunft in Deutschland und Europa beitragen können, will Ihnen das vorliegende Buch näher bringen. Eine zentrale Rolle wird dabei die Mehrung des Nutzens spielen, wie dies im Eid der Bundeskanzlerin beschworen wird.

Dank

Herzlichen Dank an Klaus Wiegandt für seine Weitsicht und seine nimmermüde Unterstützung dafür, die Reihe »Forum für Verantwortung« Wirklichkeit werden zu lassen. Mögen diese Bände dazu beitragen, den immer schwieriger werdenden Weg in die wirtschaftliche, soziale und ökologische Nachhaltigkeit unseres Daseins auf unserem Planeten zu ebnen.

Ernst Peter Fischer sage ich mit besonderer Freude Dank für seine Hilfe. Er ist es, der meine Vision und meine Gedanken auf die Reihe brachte und bereicherte, um sie den Lesern dieses Buches präsentieren zu können. Willy Bierter nahm sich den Text am Ende noch einmal vor, um Unebenheiten aufzuspüren. Auch dafür Dank.

Noch einmal möchte ich auch an dieser Stelle meinen früheren Mitarbeitern in Wuppertal für ihre Mühen danken, unseren Konzepten »Faktor 10« und »MIPS« Anerkennung und Wirksamkeit zu verschaffen. Insbesondere geht dieser Dank an Stefan Bringezu, Friedrich Hinterberger, Christa Liedtke, Christopher Manstein, Joachim Spangenberg, Hartmut Stiller und Jolla Welfens. Dank auch für das Wissen und die scharfsinnige Kritik Harry Lehmanns, die mich von Anfang an begleitet haben.

Meinen Freunden in aller Welt sei der Dank zugerufen, der ihnen für die Verbreitung und Vertiefung von »Faktor 10« gebührt.

Dieses Buch wäre ohne die Engelsgeduld von Marie nie entstanden. Für immer Dank dafür – und viel mehr als Dank.

Dieses Buch ist unseren sieben Kindern und ihren Partnern gewidmet und ganz besonders ihren 17 Kindern.

Carnoules / Provence im Mai 2006

1. Die Erde in Bewegung

Menschen arbeiten für eine bessere Welt, und sie wollen dazu die Natur nutzen. Um dies möglichst effizient und erfolgreich tun zu können, haben sie die Wissenschaft erfunden. Wer die Naturgesetze kennt, wird in der Lage sein, mit ihrer Hilfe »die Bedingungen der menschlichen Existenz zu erleichtern«, wie das Ziel von Forschung und Technik in den Worten formuliert wird, die Bertolt Brecht seinem Galilei in den Mund legt. Und es braucht nicht betont zu werden, dass es viele Menschen in den letzten Jahrhunderten unter dieser Vorgabe zu spürbarem Wohlstand mit umfassender materieller und sozialer Sicherheit gebracht haben – erst in Europa und dann auch an anderen Stellen der Welt.

Wir nutzen die Natur aber nicht nur durch Anwendung ihrer Gesetze. Wir nutzen die Natur eher noch stärker durch den Verbrauch der Ressourcen, die sie uns kostenlos zur Verfügung stellt, zum Beispiel in Form von Öl, Mineralien, Land und Wasser. Und wir wenden ungeheure Mengen an Energie auf, um diese Ressourcen in gigantische Materialströme zu verwandeln, die den Globus umrunden, um dorthin zu gelangen, wo die Menschen leben, die versorgt werden wollen. Wir versetzen schon länger immer mehr die Erde in Bewegung, um unseren Nutzen zu mehren, und merken erst nach und nach und viel zu langsam, dass dieses Verfahren Grenzen hat. Nach übereinstimmender Ansicht vieler Wissenschaftler, die sich mit Fragen der Ökonomie und der Ökologie beschäftigen, reichen die Rohstoffe, die auf unserem Planeten zur Verfügung stehen, nicht einmal annäherungsweise, wenn alle Menschen so viel davon verbrauchen, wie es die derzeitigen Spitzenkonsumenten in Europa und Amerika tun.

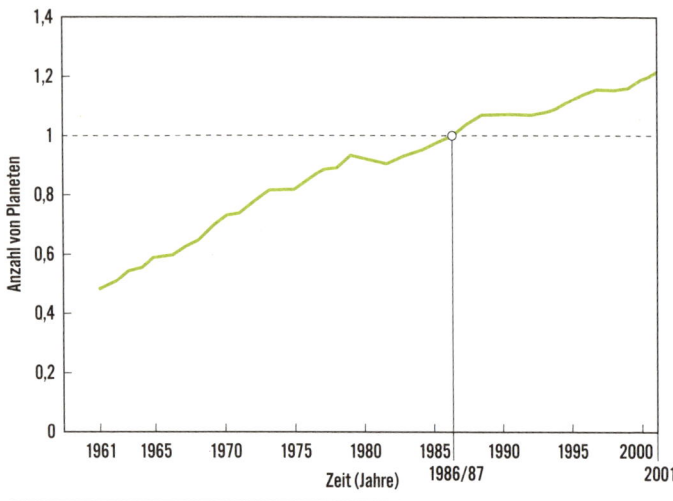

Abb. 1 Der Verbrauch eines Planeten: Jedes Land braucht ein Stück Erde, um für seine Menschen Nahrungsmittel zu produzieren, Zugang zu Wasser zu haben, Wohnungen und Infrastrukturen zu bauen, für Jobs und Sicherheit zu sorgen und Erholungsräume zu schaffen. Der »ökologische Fußabdruck« von Mathis Wackernagel ist hierfür ein einleuchtendes Maß. Für den ganzen Planeten zeigt er mit aller Deutlichkeit: Die Welt verbraucht Jahr für Jahr mehr Ressourcen als die Natur erneuern kann. Und unser Anteil hier im Westen liegt bei ca. 80 %. Wir verbrauchen also deutlich mehr als uns zusteht. Und dabei wächst die Menschheit jährlich um weitere 80 Millionen!

Umweltindikator	Trend
Atmosphäre	Das Weltklima hat sich in den letzten 100 Jahren um 0,6 bis 0,7 Grad Celsius erwärmt; der überwiegende Teil der globalen Erwärmung geht auf menschliche Aktivitäten zurück
Feuchtgebiete	Seit 1900 gingen über die Hälfte der weltweiten Feuchtgebiete verloren, die zum Wasserhaushalt und zur Artenvielfalt beitragen.
Biologische Vielfalt	Sowohl im Meer als auch auf dem Land hat der Artenverlust stark zugenommen; man sagt, die Erde befinde sich gegenwärtig in der sechsten Aussterbensperiode ihrer Geschichte
Boden und Land	Schätzungsweise 50 % der globalen Landfläche sind durch direkten menschlichen Einfluss verändert worden; 23 % der nützlichen Landfläche hat eine Verschlechterung ihrer Qualität mit Folgen für die Produktivität erfahren.
Wasser	Mehr als die Hälfte des zugänglichen Süßwassers wird für menschliche Zwecke genutzt; riesige unterirdische Süßwasservorkommen werden dabei abgebaut und übernutzt.
Wälder	Die Waldfläche hat sich während der Menschheitsgeschichte von 6 auf 3,9 Milliarden Hektar reduziert; in 29 Ländern gingen seit dem 16. Jahrhundert mehr als 90 % des Waldes verloren; in den 1990er Jahren ging die Waldfläche weltweit um 4,2 % zurück.
Fischgründe	Die Übernutzung zahlreicher Fischbestände gefährdet das ökologische Gleichgewicht der küstennahen Ökosysteme und Ozeane; nach Angaben der FAO sind derzeit mehr als ein Viertel aller Fischbestände erschöpft oder von Erschöpfung bedroht; weitere 50 % werden am biologischen Limit befischt.

Tab. 1 Einige globale Trends des Ressourcenverbrauchs

Unser Umgang mit natürlichen Ressourcen

Eine Konsequenz aus diesem Tatbestand besteht in der Verpflichtung unserer Gesellschaft, eine Symbiose von Umweltschutz und Marktwirtschaft zu finden. Mit anderen Worten, wir sollten versuchen, aus den Ressourcen, die wir der Umwelt entnehmen, mehr zu machen, als dies bisher geschieht. Wenn wir Produkte und Umweltgüter (Wasser, mineralische Rohstoffe, Böden usw.) effizienter als bisher nutzen würden, dann müssten wir der Natur nicht nur weniger Ressourcen entnehmen. Wir hätten es auch an der Stelle leichter, an der der Umweltschutz historisch gesehen eine entscheidende Aufgabe gesehen hat, nämlich bei den Abfällen, die wir in die Umwelt einleiten und mit denen wir Boden, Luft und Wasser belasten. Denn wenn es gelänge, mit einem geringeren Verbrauch von Ressourcen zumindest einen dem heutigen vergleichbaren Wohlstand zu schaffen – wenn es, mit anderen Worten, möglich würde, die Ressourcenproduktivität gezielt und geplant zu steigern –, dann würde unsere Wirtschaft zuletzt auch weniger Emissionen und Abfälle produzieren, wozu außer nutzlos gewordenen Produkten auch abgerissene Häuser und Infrastruktureinrichtungen wie Straßen, Brücken und Ähnliches zu rechnen sind. Da Ressourcen Geld kosten, könnte bei geeignetem Umgang mit ihnen unter günstigen Verhältnissen sogar ein doppelter Gewinn entstehen, nämlich geringere Kosten für unseren materiellen Wohlstand bei gleichzeitig verminderter Belastung der Ökosphäre.

Wir müssen den Hunger unserer Wirtschaft nach immer mehr Rohstoffen dämpfen. Eine der großen Aufgaben für die Zukunft besteht darin, die Wirtschaft zu dematerialisieren und andere Entwicklungsmöglichkeiten und Wachstumswege für sie zu finden.

Die Dematerialisierung der Wirtschaft

»Daß Wirtschaftswachstum und Ressourcenverbrauch voneinander abgekoppelt werden müssen«, wie hier dringend empfohlen wird, haben die Präsidenten und Regierungschefs der EU-Mitgliedstaaten bereits im Jahre 2001 als notwendige Voraussetzung für das Ziel erkannt, das inzwischen als »nachhaltige Entwicklung« Eingang in den allgemeinen Sprachgebrauch gefunden hat. Unter einer nachhaltigen Entwicklung versteht man demnach eine Entwicklung, die die Begrenztheit der natürlichen Ressourcen in Rechnung stellt und so ausgerichtet ist, dass alle Tendenzen vermieden werden, die sich für die Lebensqualität nachfolgender Generationen einschränkend auswirken können.

Nachhaltige Entwicklung meint eine Verbesserung der Lebensumstände mit mehr Zufriedenheit und Wohlbefinden in Sicherheit und Würde für die große Mehrheit der heute lebenden Menschen. Und darum geht es auch in diesem Buch, das keine Einschränkung des zuletzt erreichten Wohlstands predigen, sondern stattdessen Wege aufzeigen will, wie ein zukunftsfähiges Wachstum durch gezielte Einsparung von Ressourcen sogar weltweit gelingen kann und auf diese Weise mehr Menschen an ihm teilhaben lässt.

Als Stichwort haben wir das Konzept der Dematerialisierung genannt. Ist dieses Ziel erst einmal verstanden und akzeptiert, dann wird sich auch die technische und ökonomische Phantasie an ihm und anders als bisher orientieren. Ein völlig neuer Markt für ökointelligente Produkte und Dienstleistungen könnte entstehen, wie noch ausgeführt werden wird. Das Innovationspotenzial wäre enorm, und mit ihm die Chance für aufmerksame Unternehmer und Geschäftsleute, mit größerer Entschlussfreudigkeit und besseren Ideen als die Kon-

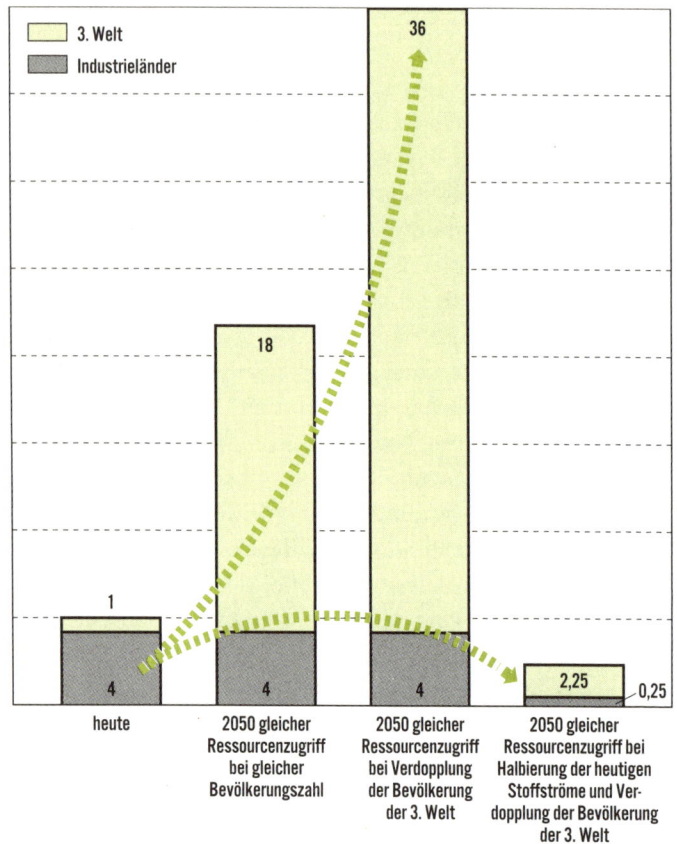

Abb. 2 Der Zugriff auf die globalen Stoffströme stellt die Grundlage des materiellen Wohlstandes dar. Er ist – pro Kopf gerechnet – heute sehr ungleich verteilt. Wenn die Menschen der »3. Welt« an Zahl weiter zunehmen und ihren Verbrauch dem der Industriestaaten angleichen, würden wir 2050 siebenmal mehr Ressourcen benötigen als heute. Das hält unsere bereits jetzt überforderte Ökosphäre nicht aus. Um ihre für uns lebensnotwendigen Dienstleistungen nicht zu gefährden, müssen wir die Stoffströme reduzieren, d. h. die Wirtschaft dematerialisieren.

kurrenz einen zusätzlichen Gewinn zu machen. Zugleich könnten auch neue Arbeitsplätze entstehen. Diese Herausforderungen und die erfreulichen Chancen für die Wirtschaft sind ein zentrales Thema dieses Buches.

Die Bewegung der Ressourcen

Meine Vision von einer dematerialisierten Wirtschaft habe ich in Buchform zum ersten Mal 1993 vorgeschlagen. Zu meiner eigenen Überraschung war mir aufgefallen, was wir in dem bis zu dem Zeitpunkt verfolgten Umweltschutz so gut wie völlig übersehen hatten, nämlich die ungeheure Bewegung der Erde, für die wir verantwortlich sind! Schon wenn wir Rohstoffe nur von ihrem natürlichen Ort in den Lagerstätten auf unserem Planeten entfernen, schon wenn wir sie lediglich an einen anderen Ort transportieren, stört das die Ökosphäre und ihre Evolution maßgeblich, und zwar auch dann, wenn wir die bewegten Massen gar nicht dazu benutzen, unseren Wohlstand zu mehren.

Als Beispiel für diese Art Entwicklung darf ich die Leser daran erinnern, dass der Abraum im Bergbau – etwa im Jülicher Tagebau westlich von Köln – kein Problem der Schadstoffe, kein Problem der biologischen Abbaubarkeit und kein Problem der Müllablagerung ist. Auch tragen diese Berge von Abraum nicht zum ökonomischen Gewinn seiner Verursacher bei. Im Gegenteil, sie kosten viel Geld. Sie werden von der »klassischen« Umweltpolitik nicht erfasst. Aber es wird sicherlich niemand bezweifeln, dass die Abraumhalden nur als Folge eines dramatischen Eingriffs in die Natur entstehen konnten und als Produkte einer materialintensiven Wirtschaft vor uns liegen.

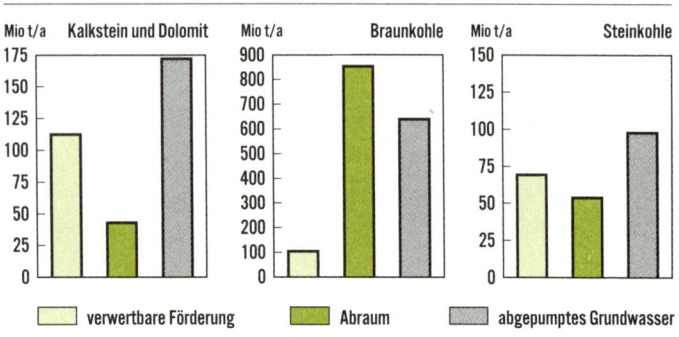

Abb. 3 Vergleich verschiedener ökologischer Rucksäcke (Abraum und Wasser) bei der Rohstoffgewinnung in den alten Bundesländern 1990

Und noch ein Beispiel aus dem Bergbau, das die Konsequenzen der von Menschen ausgelösten Materialströme in Erinnerung ruft: Die unterirdischen Schächte, aus denen die Kohle im Ruhrgebiet gebuddelt wurde, fallen heute zusammen. Etwa sechs Meter hat sich die Erde auf einer Fläche von 70 000 Hektar gesenkt. Was ist die Folge?

Wo heute noch einige Millionen Menschen leben und Tausende Betriebe Arbeit schaffen, wären längst riesige Seen entstanden, wenn nicht Tag und Nacht enorme Mengen von Wasser abgepumpt würden. Irgendwann einmal in nicht zu ferner Zukunft wird die dafür eingesetzte Energie die einst gewonnene Energie aus Kohle übersteigen. Künftige Generationen werden ohne Gewinn bis in die ferne Zukunft für den Hunger an Technik des 20. Jahrhunderts bezahlen müssen.

Natürlich blüht und grünt es auch auf Abraumhalden eines Tages wieder. Sogar Schlittenfahren ist bei Jülich vorgesehen. Die Natur kann vieles »reparieren«, und manchmal sogar mehr, als ihr die Pessimisten zutrauen. Aber sie braucht ihre

Zeit dazu. Wenn der Mensch mit seinen Eingriffen in die Ökosphäre die Natur so schnell umwälzt, dass natürliche Prozesse nicht mehr zum Zuge kommen können, dann wird die Schwelle der Übernutzung immer weiter überschritten. Dann führen wir ein Leben, das in dieser Form nur eine begrenzte Zeit lang möglich ist – eben so lange, bis wir die Ressourcen, die uns dieser Planet bietet, aufgebraucht oder weggeschafft und zerstört haben. Dann ist unsere Art zu leben und zu wirtschaften nicht zukunftsfähig, und aus dieser Einsicht gilt es, dringend Konsequenzen zu ziehen.

Die technisch verursachten Materialbewegungen auf dieser Erde und die scheinbar grenzenlos mögliche Gewinnung von Energie und anderen wie ewig verfügbar gedachten Ressourcen stellen bisher ein Haupthindernis dafür dar, unser Wirtschaften so einzurichten, dass menschliches Leben auf diesem Planeten zukunftsfähig wird. Wir sollten uns das Bild vor Augen halten, dass die menschliche Ökonomie wie ein Parasit wirkt, der auf seine Ökosphäre angewiesen ist. Wir können nur mit ihr leben, und wenn wir keine Änderungen vornehmen, sind wir auf dem besten Wege, durch gedankenlose und leichtfertige Überforderung unseres Gastgebers Erde das eigene Überleben infrage zu stellen.

Dabei besteht aus ökologischer Sicht die vordringlichste Aufgabe nicht darin, ausgewählte Ressourcen zu schonen und für unsere Nachkommen zu bewahren, wie es viele, auch namhafte Wissenschaftler vor allem seit den siebziger Jahren gefordert haben. Das Ziel muss aus heutiger Sicht vielmehr sein, dass Ressourcen maßvoll der Natur entnommen, bewegt und umgewandelt werden. Die Stoffflüsse und ihre ökologischen Konsequenzen sind das akute Problem, nicht das, was und wie viel davon unsere Kindeskinder für ihre Zwecke an den angestammten Plätzen in und auf der Erde noch vorfinden werden.

In den vergangenen vierzig Jahren ging fast ein Drittel des landwirtschaftlich nutzbaren Bodens der Erdoberfläche durch Erosion verloren (vgl. Tab. 1). Und dies passierte im Wesentlichen, weil wir uns eingeredet haben, auch Landwirtschaft sei eine Industrie wie jede andere, die davon lebe, mit immer größeren Maschinen und immer weniger Menschen immer mehr Tonnen an Nahrungsmitteln zu produzieren. Statistiker beweisen mit solchen Zahlen auch gerne unsere Überlegenheit gegenüber Menschen, die die Erhaltung von Mutterboden noch ernst nehmen. Runde zehn Millionen Hektar Ackerland gehen auf diese Weise jährlich verloren, 75 Milliarden Tonnen Ackerboden.

Es ist erschreckend, mit welchem Fatalismus diese ökologische Katastrophe weltweit hingenommen wird – zumindest scheinbar im Gegensatz etwa zu den Gefahren, die von Terroristen drohen. Offenbar ist für viele Menschen eine Landwirtschaft nicht vorstellbar, die ihren enormen Bedarf an Nahrungsmitteln befriedigen kann und zwar so, dass sie diese Leistung auch morgen und in zwanzig oder sogar hundert Jahren noch erbringen kann. Doch genau dies muss unser Ziel sein, wenn wir wollen, dass es auf unserem begrenzten Planeten eine Zukunft gibt für Milliarden von Menschen mit ihrem Reichtum an unterschiedlichen Kulturen.

Politisch gesehen sollte die Aussicht, durch Dematerialisierung der Wirtschaft die Abfallströme und Emissionen entscheidend verkleinern zu können, hochwillkommen sein. Dabei ist zu beachten, dass es keine wirkliche Entlastung mit sich bringt, wenn wir die heutigen Sturzbäche von Materialien in eine »Kreislaufwirtschaft« leiten. Jede Kreislaufführung benötigt Energie und zusätzliche Maschinen, sie erfordert Transporte und setzt so zusätzliche Materialströme in Bewegung. Und dabei bleibt es nicht, denn chemisch-technische

Kreisläufe sind niemals in der Lage, die eingesetzten Ausgangsstoffe zu 100 % zurückzugewinnen. Bei Aluminium zum Beispiel bleiben nach 15 Umläufen (Recycling) weniger als 3 % des Metalls übrig, was das Nachfüllen der Wirtschaft mit frischen Ressourcen aus der Natur unvermeidbar macht, zumal erheblich weniger als 100 % des »alten« Aluminiums gesammelt werden kann.

Alle Begeisterung für Kreislaufführung und Recycling macht leicht vergessen, dass es nicht möglich ist, mehr als 30 % der heute technisch bewegten Masse zu recyceln, wie wir noch zeigen werden. Die notwendige Entlastung der Umwelt gelingt erst, wenn wir die gewaltigen Ressourcenströme in unserer Wirtschaft a priori vermeiden – und dies gilt es zu lernen.

Mit Hilfe eines von mir eingeführten Maßes (MIPS), das weiter unten erläutert wird, kann man für jeden Fall berechnen, ob und wie weit sich Rezyklieren aus Sicht der Ressourcenproduktivität lohnt. Zum Beispiel bietet die Firma Hans Sperger in Vorarlberg (www.putzlappen.at) sowohl Einweg- als auch Mehrweg-Putzlappen an. Die Tücher stammen aus alten Kleidungsstücken. Die Einweglösung, inklusive umweltgerechter Entsorgung, ist um rund 40 % billiger, und ihre Ressourcenproduktivität ist der des Mehrweges um einen Faktor 8 (also 800 %) überlegen.

Eine Binsenwahrheit lautet: Wer in eine Wirtschaft viel hineingibt, kann nicht verhindern, dass hinten auch viel herauskommt. Gemeint sind die Ressourcenflüsse wie etwa Energieträger, Erze, Sand und Wasser, die in das Produzieren, das Transportieren, das Gebrauchen, das Erhalten, das Recyceln und das Entsorgen von Produkten, Gebäuden und Infrastrukturen gesteckt werden, um den uns vertrauten materiellen Wohlstand sicherzustellen und zu mehren.

Die Wahrheit ist aber auch, dass sich bereits zwei Generationen von Nachkriegskindern an den Irrglauben gewöhnt haben, dass es keine Grenze des noch immer beschworenen – und gesetzlich vorgesehenen – Wachstums gibt. Dabei sind unsere Ansprüche gewachsen. Während die Großmütter 1950 von einem Durchlauferhitzer träumten, glauben heute viele, dass der Besitz eines Autos und vieler anderer Energie verbrauchender technischer Geräte zu den Grundrechten des Menschen gehören.

Die Veränderung des Wirtschaftens

Spätestens seit der Konferenz der Vereinten Nationen für Umwelt und Entwicklung (UNCED) 1992 in Rio de Janeiro ist weltweit ins Bewusstsein gerückt, dass der Schaffung einer zukunftsfähigen Wirtschaft unter stabilen ökologischen Rahmenbedingungen weltweite Bedeutung zukommt.

Um dieses Ziel zu erreichen, müssen wir unseren Blick auf eine andere Stelle als bisher richten. Solange sich nämlich die Umweltpolitik auf die Ausgangsseite der Wirtschaft konzentriert – auf die Vermeidung von Emissionen und auf die Wiederverwertung und Entsorgung von Abfall –, solange die Qualität traditionell funktionierender Techniken nicht grundsätzlich hinterfragt wird, erzeugt der Umweltschutz für jede Leistung, die er erbringt, Zusatzkosten, und die anvisierte Zukunftsfähigkeit rückt in weite Ferne. Eine zukunftsfähige Wirtschaft muss ein ferner Wunschtraum bleiben, weil es sich als unrealistisch erwiesen hat, alle erkannten Umweltschäden auf nur eine wesentliche Ursache zurückzuführen, nämlich darauf, dass unsere Wirtschaft zu viele »schädliche Reststoffe« an die Erde, die Luft und an das Wasser abgibt.

Abgesehen davon, dass das ständige und niemals beendete Reinemachen am Ende der Wirtschaft Kosten über Kosten verursacht, wird ein entscheidender Teil der Umweltprobleme damit überhaupt nicht gelindert. Diese Umweltprobleme entstehen allein schon deshalb, weil das Bewegen von Material aus seinen natürlichen Lagerstätten Störungen ökologischer Entwicklungen verursacht – gleichgültig, ob wir aus ihnen Wohlstandsgüter produzieren oder sie gleich wieder zu Abraumhalden aufhäufen. Wie bereits angedeutet: Das wichtigste ökologische Problem sind die Stoffströme, die wir mit technischen Hilfsmitteln auf diesem Planeten in Bewegung setzen (Abb. 4). Diese Stoffströme aber entstehen am Eingang unserer Wirtschaft, nicht am Ausgang. Wir haben uns bislang einseitig darauf konzentriert, was aus der Wohlstandserzeugungs- und -verbrauchsmaschine herauskommt. Nun wird es Zeit, den Blick auf das zu richten, was vorne in diese Maschinerie hineingegeben wird. Dies soll in diesem Buch geschehen.

Als »Wirtschaftsleben« noch bedeutete, dass weltweit einige Millionen Menschen mit den Händen Löcher gruben, Äcker mit Ochsenkraft bestellten, Schutzwälle anlegten, die Wasserkraft entdeckten und den Wind benutzten, um aus Getreide Mehl zu machen, konnte die Erde diese Eingriffe durch Menschen oft noch verkraften; ihre natürlich ablaufende Veränderungsdynamik wurde dabei zwar gestört, aber dies blieb für die jeweilige Gegenwart ohne Folgen. Dabei lassen sich unter anderem in Nordafrika und dem früheren Jugoslawien noch bis heute die Spuren menschlicher Verwüstung aus weit vorindustrieller Zeit finden. Rom, als es noch den Mittelmeerraum beherrschte, brauchte die Kraft der Mutterböden in Nordafrika auf, um das Brot für seine Soldateska zu besorgen. Dort treffen wir jetzt auf Wüste. Und Venedig holzte die

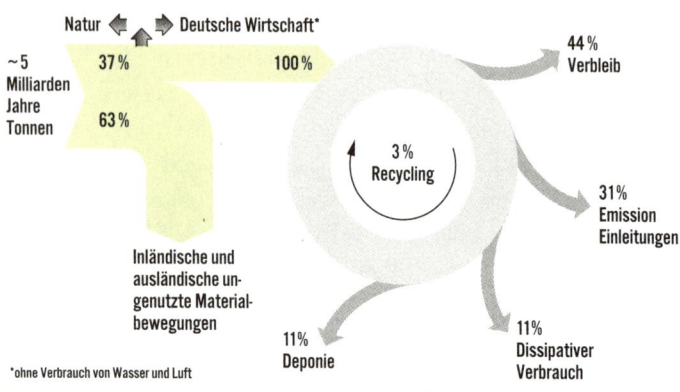

Abb. 4 Die Stoffströme in Milliarden Jahres-Tonnen gerechnet, die die materielle Wohlstandserzeugung in Deutschland (alte Bundesländer) im Jahre 2000 verursacht hat, ohne Wasser- und Luftverbrauch zu berücksichtigen. Die wesentlichen Endpunkte nach ihrem Durchlauf der Wirtschaft sind in % angedeutet. Wie ersichtlich, gelangen etwa zwei Drittel der ursprünglich in der Natur in Bewegung gesetzten Stoffmengen gar nicht in die Wohlstandsmaschine. Es geht hier zum Beispiel um Abräume beim Bergbau und die nicht nutzbaren Mengen an Gestein, die bei der Erzgewinnung abgeschieden werden. Sie verbleiben zu einem erheblichen Teil auch in anderen Ländern, müssen aber den Importen nach Deutschland als ökologische Rucksäcke zugerechnet werden. (Die Zahlen wurden freundlicherweise von H. Schütz vom Wuppertal Institut zur Verfügung gestellt.)

Höhen des westlichen Jugoslawien ab, um seine Handelsflotten zu erbauen. Dort zeigt sich heute nur noch Karst.

Seit das technische Genie James Watt mit seiner Dampfmaschine den Weg bereitete, mit wachsender Maschinenmacht in die Eingeweide der Erde einzugreifen, hat sich Grundlegendes verändert im Verhältnis von Mensch zur Ökosphäre. Kaum ein Quadratkilometer Erdoberfläche verbleibt, der nicht bewirtschaftet oder indirekt durch Technik verändert wäre.

Wir Menschen verändern diese Erde großräumig und dramatisch, und allzu oft wissen wir nicht einmal, was wir da tun. Mit Hilfe moderner Techniken beeinflusst unsere Art das ökologische Umfeld in vierfacher Weise:

1. Der Mensch bewegt und entnimmt der Erde immer größere Mengen fester Stoffe und Wasser: zur Energiegewinnung, zur Produktion von Gütern, um Infrastrukturen anzulegen und Gebäude zu errichten, Wasser zum Trinken, zum Reinigen und Kühlen in Haushalt und Industrie, zum Bewässern von Feldern und zur Gewinnung von Wasserkraft. Die Mengen, die der Mensch tatsächlich benutzt, sind nur ein Teil der Berge von Material, die er dabei bewegt, und der Berge von Stoffen, die er dabei zurücklässt, zum Beispiel als Abraum ohne jeglichen Marktwert.

   Mit Hilfe moderner Techniken wird auf den Kontinenten mehrfach so viel Masse bewegt, wie auf natürliche Weise durch geologische Kräfte. Die natürlichen Kräfte wie Wind und Wasser haben den Vorrang bei der Formung des Planeten verloren; der Mensch hat sie mit seinen technischen Hilfsmitteln überholt. In den Vereinigten Staaten veranschlagt man, dass auf künstlichem Wege knapp achtmal so viel Masse bewegt wird wie auf natürlichem.

   Dabei werden zum Teil giftige Stoffe freigesetzt, die Luft, Böden und Gewässer verseuchen, zum Beispiel Asbeststaub, Zyanide bei der Goldgewinnung, Ablagerung von Kadmium und anderen Schwermetallen in Flüssen oder Abwässer im Kohlebergbau, die sauer sind wie Schwefelsäure.

2. Der Mensch belegt täglich mehr Fläche dieser Erde, um Straßen und Industrieanlagen zu bauen, Landwirtschaft zu betreiben und Wohnhäuser zu errichten.

3. Alle in der Industrie verwendeten Rohstoffe werden vom Menschen denaturiert, um materiellen Wohlstand zu erzeugen. Mit Hilfe von Energie werden sie physikalisch und chemisch verändert. Dabei werden auch absichtlich Gifte produziert, etwa Chemikalien für die Landwirtschaft, organische Lösungsmittel wie Aceton beispielsweise zum Entfernen von Nagellack oder Stoffe, die unter gewissen Umständen giftig wirken können, wie Medikamente.

4. Das meiste, was wir der Umwelt entnehmen, geben wir ihr in Form von Abfall zurück. Wenn man von alten Bauwerken wie den Pyramiden in Ägypten, Tempelanlagen in Asien, von Wällen, Burgen und Schlössern einmal absieht, bleibt wenig vom Menschen Geschaffenes über lange Zeit erhalten.

Alles zusammengenommen, verbrauchen wir allein in Deutschland pro Kopf jährlich 70 Tonnen Natur – ohne Wasser und Luft –, und davon verbleiben nur etwa 20 % länger als ein Jahr in unserer Technosphäre (dem Bereich der Ökosphäre, der alle vom Menschen hergestellten und veränderten Dinge umfasst). Mehr als 50 % der in Deutschland technisch gebrauchten Stoffe werden aus verschiedenen Ländern importiert.

Der Abfall bewirkt bei seinem Übergang zurück in die »Wiege der Mutter Natur« erneut Veränderungen in der Ökosphäre, deren Art und Größenordnung uns weitgehend unbekannt sind.

Unser Wissen über die großräumigen und teilweise globalen Folgen unseres Handelns erschöpft sich meist in Einzelergebnissen punktueller Analysen. Auch die Geschwindigkeit, mit der sich die von uns verursachten Änderungen vollziehen, bleibt uns zumeist verborgen. Häufig stellen wir viel zu spät fest, wie massiv die Auswirkungen unseres Tuns sind. Viele Veränderungen gehen zudem so langsam vor sich, dass ein Menschenleben nicht ausreicht, sie zu bemerken. Veränderungen dieser Art sind häufig nur wissenschaftlichen Messverfahren zugängig. Doch was für den Menschen unmerklich langsam ist, kann für die Ökosphäre eine Geschwindigkeit haben, die ihre Anpassungsfähigkeit überfordert.

Die Notwendigkeit der Dematerialisierung

Bereits im Jahre 1990 »verbrauchte« jeder Deutsche etwa 70 Tonnen fester Materialien aus der Umwelt und 500 Tonnen Wasser. Für die US-Amerikaner und die Finnen sind die Beträge höher. Die Niederländer kommen mit etwas weniger aus, und die Japaner begnügen sich mit rund der Hälfte. Schon dies ist für Wirtschaftslenker ein erster Hinweis darauf, dass es möglich ist, mit kleineren Materialströmen auszukommen, ohne Lebensqualität einzubüßen. Aber auch die für Japan geltenden 40 Tonnen im Jahr pro Person stellen keine Zukunftsperspektive für die ganze Welt dar. Wenn der Rest der Menschheit einen Verbrauch in dieser Höhe erreicht, werden wir kaum noch die Kraft haben, uns um Staatsfinanzen, Globalisierung, Renten und Arbeitslosigkeit große Gedanken zu machen. Wir werden voll damit beschäftigt sein, das nackte Überleben in einer immer menschenfeindlicher werdenden Umwelt zu sichern.

Die entscheidende Frage, die meine Mitarbeiter und mich bei unseren ersten Überlegungen zur Dematerialisierung im Jahre 1992 am Institut in Wuppertal umtrieb, lautete: Kann man den uns vertrauten Wohlstand technisch mit viel weniger Ressourceninput gestalten?

Die überraschende und im Grunde zauberhafte Antwort lautet: Ja, das ist machbar – und zwar gerade unter den Bedingungen der sozialen Marktwirtschaft! Unsere Überlegungen zeigten sogar, dass sie davon wahrscheinlich noch profitieren würde. Doch selbst unter diesen günstigen Vorgaben wird sich jeder Vorschlag, der an das Grundmuster unseres Wirtschaftens rührt, an der Frage messen lassen müssen: Was passiert mit der Arbeitslosigkeit, wenn wir die Wirtschaft umfassend dematerialisieren? Soweit sich dieses Thema bis heute untersuchen und abschätzen lässt, sehen auch hier die Perspektiven so gut aus, dass man die Realisierung dieser Idee anpacken sollte. Auch darüber werde ich in diesem Buch berichten.

Es sollte dabei um eine radikale Dematerialisierung gehen. Damit ist der Versuch gemeint, den Materialverbrauch weltweit auf ein zukunftsfähiges Maß zu reduzieren, was mit großer Wahrscheinlichkeit die Ökosphäre weder übermäßig belastet noch langfristig schädigt. Konkret wird damit ein Zeitraum von einigen Jahrzehnten anvisiert. Was wir leisten müssen, um dieses Ziel zu erreichen, zeigt der Hinweis, dass eine radikale Dematerialisierung verlangt, den Ressourcenverbrauch weltweit zu halbieren. Diese Forderung belastet unterschiedliche Länder und Regionen der Erde unterschiedlich stark. Spricht man nämlich allen Menschen an dem weltweit halbierten Ressourcenverbrauch den gleichen Anteil zu, so bedeutet dies, dass die alten Industrieländer ihren Ressourcenverbrauch auf etwa ein Zehntel des heutigen zurückfahren müssen (vgl. Abb. 5).

So hart und einschneidend diese Reduzierung um den Faktor 10 auch klingt, unsere Überlegungen zeigen, dass sie erreichbar ist. Und ich halte die damit verbundene Dematerialisierung für eine unverzichtbare Voraussetzung, ein nachhal-

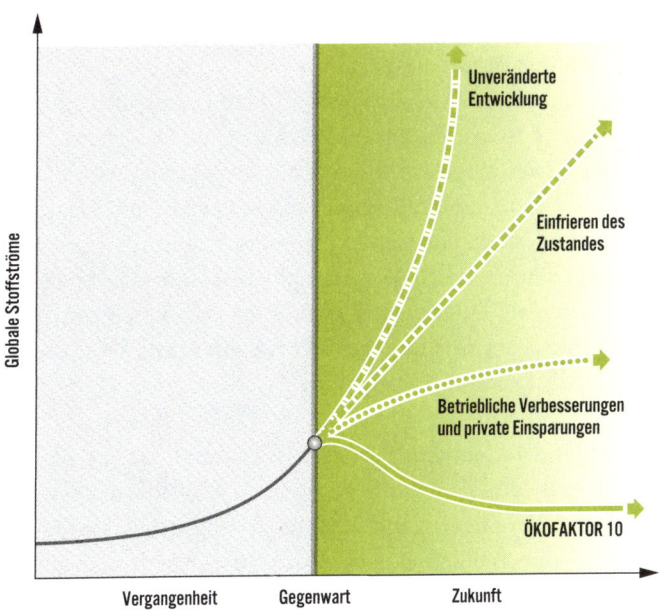

Abb. 5 Verschiedene Verläufe der globalen Stoffströme projiziert in die Zukunft – a) bei unveränderter dynamischer Entwicklung, b) für den Fall, dass der gegenwärtige Zustand beibehalten wird, c) bei einigen Verbesserungen und Einsparungen (etwa Faktor 4) und d) bei drastischer Reduktion (mindestens Faktor 10). Wahrscheinlich führt nur der letzte Weg zu einer zukunftsfähigen Wirtschaft und damit zu einem lebenswerten Planeten.

tiges und zukunftsfähiges Wirtschaften in Gang zu setzen. Seit Anfang der 1990er Jahre fordere ich deshalb, die Wirtschaftssysteme der alten Industriestaaten im Verlauf der nächsten Jahrzehnte um mindestens einen Faktor 10 zu dematerialisieren, was nur durch eine neue industrielle Revolution in dem Sinne erreichbar sein wird, dass in allen technischen

Bereichen mit weniger Natur mehr Nutzen erzeugt wird. Man kann hier auch von der neuen »Basistechnologie« des 21. Jahrhunderts sprechen.

Der von mir 1994 zusammengerufene Faktor-10-Club hat sich dieser Forderung verschrieben und hierzu Erklärungen veröffentlicht, denen allmählich Gehör geschenkt wurde. Der Club besteht aus einer Gruppe weltweit bekannter Fachleute aus 15 Ländern mit viel praktischer Erfahrung aus Leitungsfunktionen in Politik, Wirtschaft und Wissenschaft, unterstützt von einer Gruppe von »Zuhörern«, zu denen zum Beispiel Gro Harlem Brundtland und Nelson Mandela gehörten (siehe www.factor10-institute.org).

Immer häufiger tauchen in internationalen Beschlussvorlagen Begriffe auf, die mit der neuen Sicht auf unser Verhältnis zur Umwelt und der damit verbundenen Vision untrennbar verbunden sind und die im Verlauf dieses Buches vorgestellt werden – neben dem Faktor 10 auch das Konzept des »ökologischen Rucksacks«, der angibt, wie viel Umwelt wir mit uns herumtragen, wenn wir etwa mit einem Handy telefonieren oder an einem Laptop arbeiten, und das als MIPS (Material Input pro Einheit Service) bezeichnete Maß für das ökologische Wirtschaften.

Im Januar 1997 schrieb die damalige schwedische Umweltministerin Anna Lindh einen Brief an ihre Ministerkollegen in Europa und mahnte sie, die »interessante Idee« des Faktors 10 bei der Umsetzung der fünf Jahre zuvor in Rio de Janeiro eingegangenen Verpflichtungen zum Schutz der Umwelt zu berücksichtigen:

»Was der Ansatz des Faktors 10 uns gibt, ist die Größenordnung der Veränderungen, die allgemein im Hinblick auf unterschiedliche Sektoren der Industrie und der Nationen nötig sind. Das bedeutet, dass einige sogar noch darüber hinausgehen werden müssen. Das Ziel ist, innerhalb einer Generation etwa den gleichen Stand der Dienstleistungen zu erreichen, den wir heute haben, und dazu aber nur einen Bruchteil der gegenwärtig benutzten Ressourcenmenge einzusetzen.«

Zum Entsetzen vieler Menschen wurde Anna Lindh später ermordet, nachdem ihr Weg zur Spitze der schwedischen Regierung sicher schien.

Wir werden noch mehr über den wichtigen Begriff der Dienstleistung zu sagen haben, mit dem wir besser verstehen können, was eigentlich der Nutzen ist, an dem Menschen interessiert sind. Im Rahmen dieses Buches wollen wir darunter die Bereicherung der Lebensqualität und der Befindlichkeit verstehen, die Menschen durch die freie Wahl von Dienstleistungen möglich ist. Wir bekommen Dienstleitungen sowohl durch die Natur als auch durch Technik.

Eine ökologisch signifikante Dematerialisierung der heutigen Wirtschaft bei gleichwertigen Dienstleitungen für uns Verbraucher setzt eine Verschiebung der Steuern und Abgaben auf Arbeit hin zur Verteuerung des Naturverbrauchs voraus. Wir fordern in diesem Buch eine solche Maßnahme, da sie der wirtschaftlichen Entwicklung zugute kommt und positive Folgen für den Arbeitsmarkt haben wird.

Dieses Buch soll zeigen, wie die geforderte Dematerialisierung der Wirtschaft vor sich gehen kann. Ich werde Beispiele nennen, Rezepte anführen, Checklisten aufstellen und Verfahren beschreiben. Ich möchte so praxisnah sein, wie es der Stand der Forschung nur eben erlaubt; und dieser Stand der Forschung erlaubt viel, denn das »Wuppertal Institut für Klima, Umwelt und Energie«, an dem viele der in dem Buch dargelegten Einsichten und Thesen überprüft und verfeinert wurden, arbeitet gern und mit großem Erfolg mit Praktikern aus Wirtschaft und Politik zusammen. Ausgangspunkt der ersten Vorschläge war die Analyse unseres Umgangs mit natürlichen Ressourcen, die zum ersten Mal 1992 von mir vorgestellt und danach in der Abteilung »Stoffströme und Strukturwandel« des neu gegründeten Wuppertal Instituts weiterverfolgt wurde.

Der ökologische Rucksack und ein ökologisches Maß

Wenn es richtig ist, dass wir zu viele natürliche Ressourcen verbrauchen, um unseren Wohlstand zu schaffen, um Mausefallen und Musikpaläste, Autos und Autobahnen zu bauen, dann heißt das doch, dass alles, was produziert worden ist, einen großen Ballast mit sich herumschleppt, einen Berg von Natur, der für dieses Produkt in Bewegung gesetzt worden ist – eben einen großen ökologischen Rucksack. Es ist natürlich ein unsichtbarer Rucksack, denn ich kann dem Computer auf meinem Schreibtisch nicht ansehen, dass zu seiner Herstellung mehr als 14 Tonnen solide Natur umgeschaufelt und gründlich verändert wurden. Genauso wenig kann ich sehen, dass der Rucksack noch um mehrere Tonnen schwerer wird, während ich den Computer benutze, denn in dieser Zeit braucht er ebenfalls Ressourcen, Energie zum Beispiel. Mein Fußboden würde einbrechen, wenn dieser Rucksack in meinem Büro gefüllt würde. Doch geschieht dies an ganz anderen Orten, und so bekommen wir ihn nicht zu Gesicht.

Es ergeben sich überraschende Einsichten, aus denen viele Menschen Konsequenzen ziehen werden. Wen kann es kalt lassen, wenn er erfährt, dass – ökologisch gesehen – der Goldring am Finger des Familienvaters mehr wiegt als der Kleinbus, in dem er seine Kinder spazieren fährt? Dies ist aber der Fall, denn Gold ist wegen der aufwendigen Abbaumethoden ein ökologisch besonders »teures« Material. Im Durchschnitt schleppt jedes Kilogramm Industrieprodukt bei uns etwa 30 Kilogramm Natur mit. Das bedeutet, dass heute weniger als 10 % der in der Natur bewegten Materialien letztlich in nutzbringende Industrieprodukte verwandelt werden.

Meine Forderung ist daher klar, und sie lautet in der einfachen Sprache der Medien: Entrümpelt die Dinge gründlich! Nicht mit Materialaufwand klotzen, sondern mit Intelligenz! Mit Intelligenz kann Technik viel besser gemacht werden; und sie muss es auch. Sonst bricht die ganze natürliche Basis unserer Wirtschaft zusammen, und es gibt keinen anderen Boden, auf dem wir stehen können.

Wer fordert, die Wirtschaft müsse dematerialisiert und die dazugehörigen ökologischen Rucksäcke müssten leichter und kleiner werden, der muss auch sagen, wie man den Materialverbrauch und die Größe der Rucksäcke bestimmen und quantifizieren kann. Und dies muss nicht nur möglichst einfach und unzweideutig, sondern auch so geschehen, dass die Ergebnisse schnell und mit der nötigen Zuverlässigkeit vorliegen. In der Praxis ist die Zeit nicht verfügbar, in jedem Einzelfall eine wissenschaftliche Studie über den Ressourcenverbrauch anzustellen. Aber für die praktische Anwendung müssen die Daten auch nicht allen wissenschaftlichen Detailanforderungen genügen; es genügt, dass sie verlässlich und »richtungssicher« sind, also bei aller verbleibenden Unschärfe in der Größenordnung stimmen und die handelnden Personen in die richtige Richtung lenken. Jeder Designer in der Industrie, jeder Manager in den Führungsetagen und jeder Handwerker vor Ort muss in der Lage sein, mit Hilfe eines einfachen Maßes Alternativen zu erkennen, zwischen ihnen zu entscheiden und zumindest die richtige Richtung einzuschlagen. Dieses Maß muss so konstruiert sein, dass es internatio-

nal akzeptiert werden kann, einerlei, ob für den Vergleich der
Ressourceneffizienz von Mausefallen oder den Vergleich der
Wirtschaftssysteme von Deutschland und Japan.

Das so genannte MIPS-Konzept erfüllt diese Anforderun-
gen. Die vier Buchstaben MIPS stellen dabei die Abkürzung
für »Material-Input pro Einheit Service« dar, wobei das letzte
Wort für die Dienstleistungen steht, die schon angesprochen
wurden. Der Materialinput (MI) umfasst alles, was an natürlichen Rohmaterialien bewegt und eingesetzt wird, um Sachgüter herzustellen, zu gebrauchen, zu transportieren und
auch zu entsorgen: Sand, Wasser, Kohle, Erde, Erze, Raps und
Bäume, eben alles, was wir von der Ökosphäre brauchen.

Die Energie im ökologischen Rucksack

Im MIPS-Konzept werden auch die aufgebrachten Energiemengen in Materialeinheiten ausgedrückt und bei der Be-
stimmung von MI hinzugefügt. Hierzu rechnet man den »von
der Wiege bis zur Bahre« notwendigen Materialaufwand aus,
der für die Verfügbarmachung der eingesetzten Energie notwendig ist. Dieses Vorgehen hat den Vorteil, dass nicht zwei
verschiedene physikalische Einheiten (Material und Energie)
getrennt berücksichtigt werden müssen beim Vergleich des
Naturinputs pro erzieltem Service oder Nutzen.

Die ökologische Berechtigung für dieses Vorgehen liegt
darin, dass der technische Verbrauch von Energie an sich
keine wesentlichen ökologischen Änderungen verursacht (abgesehen von massiv auftretender radioaktiver Strahlung in
der Umwelt und großen Explosionen). Die energiebezogene
Ursache einiger der heute bedenklichsten Gefahren für die
Stabilität der Ökosphäre – wie zum Beispiel der Klimawechsel

– liegt im hohen Materialverbrauch pro Einheit technisch verfügbar gemachter Energie sowie Verlusten von Energie und Energieträgern während der Gewinnung, des Transports und ihrer Anwendung. Die Energieversorgung mit Hilfe von Milliarden Tonnen von Kohle, Öl und Gas ist das wirkliche Umweltproblem, nicht die technisch hieraus gewonnene Energie. Es sind die Emissionen von CO_2, SO_2 und Rußpartikel und es sind die ölverschmierten Strände, welche die Umwelt verändern, nicht die Energie als solche. Die Einsparung von Energie ist demnach dann kein ökologischer Gewinn, wenn sie mit großem Massenaufwand pro erzieltem Gesamtnutzen erkauft wird. Und schließlich ist die Ernte solarer Energie oder von Erdwärme ökologisch nur dann zu rechtfertigen, wenn MIPS, der Einsatz materialintensiver Technik klein ist. Optimaler Einsatz von Masse und Energie können demnach mit Hilfe von MIPS berechnet werden. Je kleiner MIPS, desto besser für die Umwelt.

Zur Verdeutlichung der Situation noch einige Hinweise: Die MIPS-Werte der heute üblichen Techniken zur Gewinnung von Elektrizität – von Braunkohlekraftwerken über Kernreaktoren, Photovoltaik bis hin zur Verbrennung von Raps – schwanken um mehr als das Fünfzigfache. Ökologisch gesehen ist also eine Kilowattstunde aus einer Stromquelle nicht unbedingt dasselbe wie eine Kilowattstunde aus einer anderen. Der deutsche Strommix ist zum Beispiel um einen Faktor 5 materialintensiver als der in Finnland und Österreich. Da die Dematerialisierung der Wirtschaft um den Faktor 10 eine Einsparung von bis zu 80 % der heute verbrauchten Energie mit sich bringen würde, führt die gezielte Erhöhung der Ressourcenproduktivität gleichzeitig auch zur Einsparung von Energie.

Der einschließlich Energie errechnete Gesamt-Materialaufwand MI wird im MIPS-Konzept auf den Nutzen bezogen, den wir davon haben; denn schließlich kann es ja sinnvoll sein, einen hohen Materialinput zu akzeptieren, wenn dadurch ein überproportional hoher Gewinn an Nutzen entsteht. Deshalb rechnen wir den Materialinput »pro Einheit Service« aus und benutzen dieses Maß. Wenn wir es nicht tun würden, dann würde es keine Rolle spielen, ob eine einzige Person in der S-Bahn sitzt oder 300 Fahrgäste transportiert werden. Denn der Materialinput (MI) für die S-Bahnbewegung ist in beiden Fällen derselbe.

MIPS ist das bisher einzige Maß, das angibt, wie viel Nutzen aus einer bestimmten Menge Ressourcen gezogen wird. Es liefert einen Index für die Ressourcenproduktivität, und wir können den errechneten Zahlenwert nutzen, um zu sagen, ob wir dem Ziel der Dematerialisierung näher kommen.

Wir haben das MIPS-Konzept im Laufe der vergangenen 15 Jahre auf viele Beispiele angewandt. Dabei konnten einige Überraschungen zutage gefördert werden, die viele ökologisch orientierte Menschen staunen ließen. Ein Beispiel dafür ist, dass die Produktion von einem Kilogramm Baumwolle in einigen Teilen der Welt mehr als 40 000 Liter Wasser verbraucht.

Andere Beispiele sind ebenso beeindruckend: Für die Ernte von einem Kilogramm Raps gehen fast vier Kilogramm Erde durch Erosion verloren. Der Transrapid erweist sich bei solchen Abschätzungen als dem ICE ökologisch deutlich überlegen. Die kostenlose Rücknahme von so genannten Einwegkameras (u. a. durch Eastman Kodak und Fuji) für Gelegenheitsfotografen stellt die ökologisch verträglichste Weise dar, Bilder mit nach Hause zu bringen. Und der ökologische Rucksack von Einwickelpapier wiegt ein Vielfaches mehr als jener von Kunststofffolie.

Im vorliegenden Buch will ich erzählen, wie man die Dinge praktisch angeht, wie Designer dematerialisierte Produkte entwerfen können, wie man MIPS berechnet und wie ökologische Rucksäcke im Einzelnen aussehen. Natürlich gibt es theoretische Abschnitte, in denen unter anderem erläutert wird, warum eine technisch kluge Dienstleistungsgesellschaft dasselbe ist wie eine dematerialisierte Gesellschaft, warum die Erhöhung der Ressourcenproduktivität von Produkten zum Aufspüren neuer Marktnischen führt und warum eine kluge Ökopolitik auf marktwirtschaftlichem Wege Arbeitsplätze schafft.

Wahrscheinlich muss ich mehr Antworten schuldig bleiben, als dem Leser lieb sein kann. Dafür bitte ich um Verständnis.

Unser Umgang mit Ressourcen

Wenn heute in der Politik die Rede von Ressourcen ist, dann geht es fast immer darum, dass wir mit ihnen sparsam umgehen sollten, sie schonen müssten, um künftigen Generationen nicht die Lebensgrundlage zu entziehen. Einige Umweltexperten fordern sogar, die Verwendung »nicht erneuerbarer« Rohstoffe möglichst umgehend einzustellen. Dazu gehören zum Beispiel Sand und Erze, Kalkstein und Granit. Ich halte diesen Ansatz für falsch. Nicht die »Schonung« von Ressourcen in ihren natürlichen Lagerstätten sollte das Ziel sein, sondern die möglichst schnelle Minimierung der technisch verursachten Stoffströme. Das heißt, die natürlichen Rohstoffmengen, die von Menschen tagtäglich in Bewegung gesetzt und physikalisch oder chemisch verändert werden, müssen verkleinert werden. Sie sind – in mehrfacher Hinsicht – die Auslöser von ökologischen Veränderungen, auch vom Klimawandel. Unter diesem Aspekt besteht aber grundsätzlich kein Unterschied zwischen nicht erneuerbaren Rohstoffen und solchen, die biologisch nachwachsen oder die – wie Wasser – über natürliche Kreisläufe wiederkehren. Plakativ ausgedrückt: Die Menge an umgesetzten Rohstoffen ist das primäre Problem, nicht die Art der Rohstoffe.

Wenn es darum geht, die Grenzen einer umweltverträglichen Nutzung von nicht erneuerbaren Ressourcen – einschließlich der Energieträger – festzulegen, dann ist das entscheidende Kriterium nicht, dass diese Stoffe zu einem bestimmten Zeitpunkt erschöpft sein werden, sondern es sind vielmehr die Veränderungen der Ökosphäre, die mit ihrer Gewinnung und mit ihrem Verbrauch verbunden sind. So ist etwa zu erwarten, dass sich durch die Verbrennung von Kohle und Erdöl ökologische Gleichgewichte dramatisch verschieben werden, schon lange bevor die Lagerstätten erschöpft sind.

Will man messbar machen, wo die Grenzen einer nachhaltigen Nutzung von Böden liegen, dann sind entscheidende Kriterien zum einen die Vermeidung von Erosionen und zum anderen die Erhaltung ihrer ökologischen Funktionstüchtigkeit. Die Böden müssen ihre Aufgabe als Wasserspeicher zur Dämpfung von Temperaturunterschieden zwischen Tag und Nacht und zur Speisung von Quellen und Grundwasserstraßen mit trinkbarem Wasser erfüllen können. Dies wird durch die Versiegelung von Böden unmöglich gemacht, und es wird deutlich eingeschränkt durch Bodenverdichtung mittels riesiger Land- und Forstmaschinen. Zur Erhaltung der ökologischen Funktionstüchtigkeit von Böden gehört auch die Erhaltung der geeigneten Mischung von Nährstoffen und Mineralien für das Wachstum von in einer Region heimischen Pflanzen.

Will man die Grenzen für eine nachhaltige Nutzung von Biomasse – Pflanzen und Tieren – festlegen, dann ist das entscheidende Kriterium, wo immer möglich nur standortgerechte Produkte zu erzeugen und nicht mehr davon zu ernten, als unter naturnahen Bedingungen nachwachsen kann. Die Wege zum Verbraucher sollten so kurz wie möglich sein.

Wozu Überdüngung und das Ausbringen zu großer Güllemengen führen können, ist oft beschrieben worden. Darüber hinaus ist aber der Ressourcenverbrauch pro Tonne aus Biomasse gewonnener Produkte von ausschlaggebender Bedeutung. Er soll so gering wie irgend möglich sein. Dies bedeutet zum Beispiel, dass, gemessen an den eingesetzten Mitteln, Ackerboden mit möglichst geringen Erdbewegungen und Verdichtungen vorbereitet und bearbeitet wird und Produkte möglichst effizient verarbeitet, gelagert und verpackt werden. Wir nennen es: Die Ressourcenproduktivität der eingesetzten Mittel soll maximiert werden.

Nach Analysen von Gunter Pauli gehen bis zu 90 % der Biomasse, die auf landwirtschaftlich genutzten Böden und insbesondere Plantagen produziert wird, verloren – eine enorme Vergeudung von Ressourcen. Man schaue sich zum Vergleich hierzu die Erdölindustrie an. Dort ist das Verhältnis genau umgekehrt: Mehr als 90 % des eingesetzten Rohöls wird zu verkaufbaren Produkten. Dabei gäbe es durchaus chemische und biochemische Verfahren, mit denen Biomasse effizienter genutzt werden könnte. Dieser Aspekt ist besonders wichtig, weil er in Diskussionen über »Grüne Revolution«, Gentechnik und Chemikalien in der Landwirtschaft bisher unberücksichtigt bleibt. Im Grunde ist das Problem gar nicht die Produktion von immer mehr Biomasse, sondern die intelligente Nutzung des ohnehin Verfügbaren. Pauli nennt Beispiele: Viele Bäume werden nur geschlagen, weil man die Zellulose zur Papierherstellung braucht. Doch Zellulose macht nur 35 % der Holzmasse aus; der Rest wird zu Abfall. Bei der traditionellen Bierproduktion enden 90 % des verwendeten Wassers niemals in der Bierflasche, und Biomassereste werden deponiert oder allenfalls als Viehfutter verwendet. Paulis Fazit: »Das ist die neue Grüne Revolution: Aus der gleichen Menge mehr herstellen.«

Von der alten zur neuen Umweltpolitik

Das oberste umweltpolitische Ziel der Bundesrepublik Deutschland ist, die Wirtschaft ökologisch zukunftsfähig zu gestalten. Es stellt sich die Frage, ob ein Gesetz, das unserer Wirtschaft vor allem vorschreibt, Stoffströme im Kreis zu führen, sinnvoll sein kann. Dies ist das wesentliche Ziel des »Kreislaufwirtschaftsgesetzes«. Meine Antwort lautet: Nein. Wenn man den Sturzbächen von Ressourcen, die gegenwärtig in unsere Güterproduktion fließen, nicht Einhalt gebietet, sondern sie in Kreisläufe zwingt, die zusätzlichen Transport verlangen, neue Ressourcen verschlingen und noch mehr Energieeinsatz erfordern, werden wir letzten Endes eine materielle »Verstopfung« der Wirtschaft erleben – mit nicht abschätzbaren ökologischen Folgen.

Gegen eine Kreislaufführung als oberstes Prinzip spricht schon die Tatsache, dass – wie schon erwähnt – etwa 70 % der derzeit vom Menschen verursachten Ströme fester Materialien technisch gar nicht im Kreis geführt werden können, weil ein Großteil davon niemals in den Produktions-»Kreislauf« eintritt, sondern einfach Abraum, Bodenaushub oder anderes ist, was zur Herstellung von Gütern bewegt, aber nicht genutzt wird. Darüber hinaus aber werden viele Stoffe während ihres Gebrauchs fein verteilt in die Umwelt verbracht, etwa Farben und Lacke, und aus Energieträgern wie Kohle, Teersande und Erdöl wird der Kohlenstoff zu CO_2 verbrannt. Beides macht eine Kreislaufführung unmöglich, zumindest in wirtschaftlich und ökologisch vernünftigen Grenzen.

Sehen wir uns die Welt des werkstofflichen Recyclings etwas genauer an. Zunächst kann man für viele Fälle zeigen, dass diese Art des Recyclings im Hinblick auf den Ressourcenverbrauch ökologisch sehr teuer ist. Außerdem muss man beim Recycling immer in Rechnung stellen, dass bei jeder Kreislaufführung mehr oder weniger viel Masse verloren geht, weil kein technischer Recyclingprozess 100 % der eingesetzten Stoffe zurückgewinnen kann. Die Effizienz liegt also immer unter 100 %. So gehen selbst beim Aluminiumrecycling, das oft als Beispiel für hohe Effizienz der Rohstoffwiedergewinnung genannt wird, einige Prozent des Aluminiums im Altmaterial beim Recycling verloren. Wenn ein Recyclingprozess 90 % des Rohmaterials zurückgewinnt, bedeutet das, dass nach fünfzehnmaliger Kreisführung nur noch etwa 20 % der ursprünglichen Masse verfügbar sind. Hinzu kommt, dass auch die beste Sammelaktion nie alles Material, das ursprünglich in der Wirtschaft eingesetzt wurde, dem Recycling zuführen kann (zumal dann, wenn es wirtschaftlich nicht viel wert ist). Noch nicht einmal Gold kehrt zu 100 % aus dem Recyclingprozess zurück. Wenn wir eine Rückführquote von 75 % annehmen, dann sind von der ursprünglich eingesetzten Masse nach 15 Durchläufen fast 99 % verschwunden.

Wenn wir die Wirtschaft zukunftsfähig machen wollen, müssen wir den Durchfluss von Ressourcen langsamer gestalten und unser Wohlstandsniveau dabei dennoch halten. Die Kreislaufführung bewirkt keine wesentliche Geschwindig-

keitsverringerung der Ressourcenströme durch die Wirtschaft, und werkstoffliches Recyceln ist für die meisten Länder auch gar nicht erschwinglich – es sei denn, die Ärmsten
der Armen übernehmen einen wichtigen Teil der Arbeit. Viele
Menschen leben von und auf Müllhalden, auf die abgekippt
wird, was die Reichen übrig lassen. In Djakarta beispielsweise
werden Kunststoffe aus dem Müll offiziell angenommen und
recycelt; die Stadtverwaltung unterstützt diese Praxis, die vielen Menschen ein bescheidenes Auskommen verschafft. Aber
auch dort, wo aus dem Wohlstandsmüll Gegrabenes nicht
wieder verkauft werden kann, hat die Weiter- und Wiederver-
wendung von Industrieprodukten eine lange Tradition. Ver-
packungsmaterial aller Art – Fässer, Pappkartons, Kunststoffe
– wird für alle möglichen Zwecke benutzt, etwa zum Dachde-
cken. Gemessen an den globalen Stoffströmen ist dieses Recycling jedoch ein Tropfen auf den heißen Stein, zwar wichtig
für die Menschen, die davon profitieren, doch auch nur dort
möglich, wo die Armut keine Alternative lässt.

Das heißt: Selbst wenn das Kreislaufwirtschaftsgesetz vor-
läufig eine gewisse Entlastung für die Umwelt bringt, bedeutet es keinen ausreichenden Aufbruch in die Zukunft.

Um dies zusammenfassend auf den Punkt zu bringen: Die
bisherige Umweltpolitik geht in eine falsche Richtung und
wird das Ziel der Zukunftsfähigkeit verfehlen, da sie die
Hauptproblematik nicht erkannt hat, die in der Bewegung von
Stoffströmen liegt. Eine in die Zukunft gerichtete Umweltpolitik muss die Ressourcenproduktivität entscheidend verbessern und darf sich nicht verzetteln mit Einzelanalysen, mit
der Rückführung von Getränkebehältern, mit dem Abfangen
von »schädlichen Stoffen« und dem Recycling von Abfall.

Die alte Umweltpolitik funktioniert nach dem Prinzip: Die
Menschen produzieren, essen, trinken, waschen, fliegen –

mehr oder minder unbekümmert. Und am Ende fangen Klär-anlagen, Filter und Katalysatoren für viel Geld einen Teil der Schadstoffe ab. Die festen Reste der Ressourcen-Durchfluss-gesellschaft werden mit Milliarden von Stunden Schwarzar-beit in fünf oder 15 verschieden gefärbten und scheußlich aus-sehenden Abfalltonnen gesammelt, die mit großem Getöse und Ressourcenaufwand von Spezialfahrzeugen geleert wer-den.

Sie merken: Ich bin etwas ungeduldig geworden mit der hergebrachten Umweltpolitik, obschon ich selbst vor 25 Jah-ren für die Entwicklung und Anwendung des Umweltschutzes im Chemikaliengesetz verantwortlich war.

Immerhin sorgte die alte Art »Schutz der Umwelt« auch für einige hunderttausend – wenn auch letzten Endes unpro-duktive – Arbeitsplätze in der Wirtschaft und in der sie kon-trollierenden Verwaltung. Sie ist aber zu uneffektiv und zu teuer geworden. Sie ist nicht zielführend, wenn es um Nach-haltigkeit geht.

Umweltpolitik des neuen Stils funktioniert anders: Die Menschen verbrauchen von Anfang an weniger Wasser, Roh-stoffe und Energie – und das nicht, weil sie sich einschränken und auf Lebensqualität verzichten, sondern dank eleganter Technik, guter Ideen und neuem Produktdesign. Die Kon-trolle von Gefahrstoffen bleibt davon weitgehend unberührt.

Zuletzt ein Beispiel dafür, wo neue Ideen gebraucht werden: Wer etwa von Wuppertal nach Paris und zurück mit dem Zug fahren will, dem stellt ein Reisebüro neun (!) Stück Papier zur Fahrtberechtigung und Platzreservierung aus, Halbkarton, etwa 6 x 20 Zentimeter. Dazu bekommt man einen Fahrplan-ausdruck für die Hinreise und einen für die Rückreise, je etwa 12 x 20 Zentimeter. Das macht insgesamt ein Stück Halbkar-ton der Größe von 78 x 20 Zentimeter. Wenn wir annehmen, dass die Bundesbahn täglich 100 000 Fahrgäste hat, die mit solchen Dingen ausgerüstet werden, dann ergibt sich eine Gesamtstrecke von etwa 80 Kilometer Halbkarton, 20 Zentimeter breit. Bei einem Gewicht von etwa 10 Gramm Papier pro Fahrgast sind das etwa 1000 Kilogramm oder eine Tonne. Wie wir noch sehen werden, muss man dieses Gewicht mit dem so genannten »Materialinputfaktor« (MIF) von Papier multiplizieren, um die Gesamtmenge von natürlichen Ressourcen zu ermessen, die hierfür aufgewendet werden. Der Materialinputfaktor von Papier ist 15 Tonnen pro Tonne Papier, Wasser nicht mitgerechnet. Das macht insgesamt für Fahrkarten der Deutschen Bahn etwas weniger als 3500 Tonnen im Jahr, was etwa dem Gewicht von 3000 VW-Golfs entspricht.

Es sollte wohl nicht sehr schwer fallen, diese Situation um den Faktor 10 zu verbessern. Fluggesellschaften könnten da Rat geben, obschon auch sie noch ganz erhebliche Verbesserungen einführen könnten.

2. Der wahre Preis der Dinge

Wenn wir etwas kaufen – ein Auto, einen Schal, eine Uhr, ein Joghurt –, dann tun wir das meist nicht, nur um das Produkt zu haben und anderen zu zeigen. Wir wollen nutzen, was wir erworben haben, wir geben Geld für etwas aus, um ein Bedürfnis zu befriedigen. Wir schaffen ein Auto an, um mobil zu sein; wir erwerben einen Schal, um unseren Hals zu wärmen und so weiter. Worauf es also letztlich ankommt, ist nicht das Produkt selbst, sondern der Dienst, den es für uns erfüllt – die Zeitanzeige im Fall der Uhr und die Befriedigung Nahrungsbedarf im Fall des Joghurts.

Dass an einem Produkt der Dienst das Wichtigste ist, den es Menschen leistet, hat Erich Jantsch bereits in den 1970er Jahren festgestellt. Er unterschied zwischen Funktionen einerseits und materiellen Produkten sowie immateriellen Dienstleistungen andererseits, die diese Funktionen erfüllen können:

»Bei den Funktionskriterien geht es also darum, wie gut ein gegebenes Produkt eine Funktion erfüllt, verglichen mit zur Wahl stehenden anderen Produkten, die vielleicht ganz andere Technologien verwenden, und wie sich seine Einführung auf das System des menschlichen Lebens auswirkt – zum Beispiel welchen Einfluss die Technologie des Kraftfahrzeugs auf das Leben in Großstädten ausübt, verglichen mit Untergrundbahnen, Einschienenbahnen, Fahrrädern, rollenden Bürgersteigen oder anderen Formen und Kombinationen der städtischen Verkehrstechnologie.«

In diesem Zitat stecken mindestens drei wichtige Gedanken. Erstens: Wenn es nicht auf das Produkt an sich ankommt, sondern darauf, welchen Zweck es erfüllt, dann ist klar, dass wir unter verschiedenen Produkten, die im Prinzip dieselbe Funktion erfüllen, dasjenige wählen können, welches diese Aufgabe für uns am besten und billigsten erfüllt. Zweitens: Sofern wir über entsprechende Informationen verfügen, können wir bei dieser Wahl berücksichtigen, welches Produkt am umweltfreundlichsten arbeitet und ebenso hergestellt wurde, also möglichst ökointelligent ist. Und drittens: Aus all dem geht hervor, dass es nicht wesentlich ist, ob wir ein Produkt besitzen. Das eigentlich Wichtige ist die Funktion, nicht der Besitz eines Produkts, das die Funktion erfüllt.

Aristoteles wusste dies bereits vor mehr als zweitausend Jahren, da wir bei ihm lesen können: »Wahrer Reichtum ist die Nutzung der Dinge, nicht ihr Besitz.«

Funktionsorientierung

Ziel muss sein, nach den ökologisch und ökonomisch wirksamsten Wegen zur Erfüllung einer bestimmten Funktion, zur Befriedigung eines bestimmten Bedarfs zu suchen. Dies ist umweltpolitisch von entscheidender Bedeutung, weil es aus der simplen und fruchtlosen Alternative »Kaufen oder Verzichten« herausführt und zur Suche nach Möglichkeiten anregt, die aufzeigen, wie vergleichbare Dienstleistungen (Funktionserfüllungen) mit wesentlich weniger Ressourcenaufwand bereitgestellt werden können.

Zur Verdeutlichung einiger praktischer Optionen für den Konsumenten nehmen wir als Beispiel den Bedarf »Kurzhalten von Gras«. Hierfür kann man sich einen Rasenmäher kaufen und dafür mehr oder weniger Geld ausgeben, je nachdem, ob er von einem Elektro-, einem Benzinmotor oder von menschlicher Muskelkraft angetrieben wird. Auf manchen Luxusausführungen kann man sogar sitzen und Abgeschnittenes automatisch sammeln. Jede einzelne Version hat ihren eigenen Ressourcenverbrauch.

Statt ein solches Gerät zu erwerben, kann man aber auch einen Gartenpflegebetrieb beauftragen, den Rasen nach Bedarf einige Male im Jahr zu schneiden. Der Gärtner bringt dann das Firmengerät mit, dessen Nutzung im Preis inbegriffen ist. Eine dritte Möglichkeit ist, sich mit Nachbarn zusammenzutun und ein »Rasenmäher-Sharing« zu betreiben. Als vierte Lösung kann man ab und zu ein Schaf das Gras fressen lassen (nicht eine Ziege, weil sie die Wurzel mit ausreißt). Schließlich gibt es als fünfte Möglichkeit die so genannte »Nulloption«, nämlich das Gras mitsamt seiner eingesäten Blumenpracht einfach wachsen zu lassen und es allenfalls nach dem Winter von abgedorrtem Gras zu befreien.

Diese fünf möglichen Alternativen zur Erfüllung der Funktion »Rasenmähen« sind, gemessen am Verbrauch von natürlichen Ressourcen, völlig unterschiedlich. Die erste Möglichkeit ist die nach wie vor am weitesten verbreitete und die mit dem bei weitem höchsten Ressourcenverbrauch, sofern man nicht auch den Bedarf an Muskelbelastung mit ihr verbindet. Bei der zweiten Möglichkeit wird das Gerät des Gartenpflegebetriebes intensiv genutzt, seine »Kapazitätsauslastung« ist vergleichsweise hoch. Da professionelle Geräte hierfür im Allgemeinen stabiler ausgelegt sind als die für den privaten Gebrauch, sind ihre Rucksäcke oft größer, wie noch klar werden wird. Der von uns bevorzugte MIPS-Wert hingegen ist regelmäßig kleiner, weil solche Geräte langlebiger sind und pro Leistungseinheit weniger Ressourcen während der Nutzung und weniger Reparatur erfordern. Im Übrigen schafft man mit dieser Lösung auch Arbeit.

Bei einer angenommenen Lebensdauer des professionellen Geräts von zehn Jahren erhöht sich die Ressourcenproduktivität verglichen mit der ersten Lösung deutlich. Bei der dritten Möglichkeit, dem Rasenmäher-Sharing, ist, wenn sich fünf Familien ein Gerät teilen, der MIPS-Wert im Vergleich zur ersten Möglichkeit um etwa einen Faktor 3 oder 4 geringer.

Wichtig ist, auf welchem Wege jeweils erreicht wird, den Materialaufwand bei gleichem Nutzen zu senken. Während bei der zweiten und dritten Problemlösung die Ressourcenproduktivität des Nutzens dadurch verbessert wird, dass das Gerät besser ausgenutzt wird (die Nutzungsintensität erhöht wird) – also durch organisatorische Maßnahmen –, liegen die vierte und fünfte Problemlösung auf einer anderen Ebene.

Beim Schaf sinken die dem Grasabfressen zurechenbaren Inputs von Ressourcen ganz erheblich verglichen mit den ersten drei Optionen. Darüber hinaus verwendet (»recycelt«) das Schaf das gefressene Gras (den sonst zu entsorgenden »Abfall«), um Biomasse in Form von Fleisch und Wolle zu produzieren. MIPS tendiert also gegen null. Man spart Geld und gewinnt Biomasse, eine *win-win*-Option. Da wir gerade über *win-win* durch Recyceln reden, sei den Lesern in Erinnerung gerufen, dass von alters her Schweine und Enten als »Essensresteveredler« gehalten wurden. Warum dies in ländlichen Gegenden nicht weit verbreitet ist – z. B. für die profitable Verwertung von Restaurantabfällen –, ist mir nicht klar.

Im fünften Fall verbessert sich die Ressourcenproduktivität durch eine persönliche Entscheidung zugunsten eines veränderten Verhaltens. Die Materialintensität pro Quadratmeter geschnittenes Gras ist gegenüber dem eigenen Rasenmäher um mindestens den Faktor 100 geringer! Diese Nutzenerfüllung kann man als Nulloption bezeichnen. In Hamburg und vielen anderen Städten wird sie von der Stadtverwaltung praktiziert.

Natürlich setzt die letztgenannte Option auch eine andere Betrachtungsweise voraus: Wer einen englischen Rasen als ein »Muss« betrachtet, vielleicht gar nicht einmal, weil er ihn schöner findet als eine bunte Blumenwiese, sondern weil er glaubt, damit sein Ansehen bei den Nachbarn und Bürgern generell anheben zu können, der wird sich kaum eine Blumenwiese leisten wollen.

Freiwillige Nulloptionen zeichnen sich immer durch eine hohe Ressourcenproduktivität und finanzielle Einsparungen aus. In unserem Fall ist außerdem die Erhaltung der Artenvielfalt von Blumen, Schmetterlingen und Insekten interessant. Aus meiner Sicht sind Verbote und Gebote kein guter Weg, um Nulloptionen für die Einsparung von Ressourcen zu erwirken. Nicht nur kostet ihre Administration viel Geld, sie führt auch zur Einschränkung freier Entscheidungen und zur Verkümmerung von Eigenverantwortung. Ich bin immer dafür, Ressourceneinsparungen auf dem Wege über wirtschaftliche Anreize zu lenken.

Fassen wir das bisher in diesem Kapitel Gesagte knapp zusammen: Wir kaufen Produkte nicht in erster Linie, um sie zu besitzen, sondern weil sie uns nützlich sind, uns Dienste leisten. Aus dieser Tatsache lassen sich ökologische und wirtschaftliche Gewinne ziehen, denn wenn nur der Nutzen von Produkten verkauft wird (durch Vermieten, Leasen etc.), werden sie effizienter genutzt, es werden weniger Güter gebraucht und produziert und diese werden aus dem ureigenen wirtschaftlichen Interesse der Dienstleister-Hersteller langlebiger sein, weil sie jetzt eben am Nutzen verdienen.

Beim Materialeinsatz sparen statt beim Personal und dafür mehr Dienstleistung anbieten – auf diese Weise wird die Wirtschaft wegen der geringeren Kosten wettbewerbsfähiger, und gleichzeitig werden Jobs geschaffen. Nicht Rasenmäher verkaufen, sondern die Möglichkeit, den Rasen zu pflegen, sollte das Motto lauten. Nicht Autos verkaufen, sondern Mobilität, würde es in einem anderen Fall heißen, und die Frage ist, wie man die Menschen, die nach Nutzen Ausschau halten, dazu bringen kann, möglichst die Dienstleitungen in Anspruch zu nehmen, die ich mit dem Attribut »ökointelligent« versehen habe. Ich verstehe darunter die Befriedigung eines definierten Bedarfs – oder eines Bedarfsbündels – zu marktgängigen Preisen mit Hilfe von Produkten (so genannten Dienstleistungsmaschinen), die wiederum als Gegenstände, Geräte, Maschinen, Gebäude und Infrastrukturen verstanden werden können, die bei marktgängigen Preisen und bei Minimierung von Material, Energie, Fläche, Abfall, Transport, Verpackung und gefährlichen Stoffen über ihre gesamte Lebensdauer hinweg möglichst lange und möglichst viele verschiedene Dienstleistungen erbringen.

Zwei neue Konzepte

Aus ökologischer Sicht wäre es ideal, wir könnten Dienstleistungen pur kaufen, ohne jede materielle Hilfe. In dem Fall würden wir die Umwelt überhaupt nicht belasten. Doch die Verhältnisse sind nicht so. Denn auch eine Dienstleistungsgesellschaft braucht ihre natürlichen Ressourcen. Sie sollte sie aber so produktiv wie nur eben möglich einsetzen. Damit dies gelingt, müssen zwei Dinge beachtet werden, denen ich mich jetzt zuwende.

Erstens muss bekannt sein, wie stark ein Produkt oder eine Dienstleistung die Umwelt belastet, wie schwer sein ökologischer Rucksack ist. Diese Information wird gebraucht, damit verschiedene Produkte und Dienstleistungen vergleichbar werden und damit man sieht, wo eine technische Optimierung ansetzen kann. Nur wenn etwa ein Bohrmaschinenproduzent weiß, dass für jedes Gramm Kupfer, das in der Maschine verarbeitet ist, 500 Gramm natürliche Ressourcen bewegt werden müssen, kommt er auf die Idee, am Kupfer drastisch zu sparen. Und nur wenn der Handwerker weiß, dass in einer elektronisch gesteuerten Bohrmaschine Bauteile enthalten sind, die in der Regel mit sehr hohem Ressourcenaufwand hergestellt werden, kommt er auf die Idee, darüber nachzudenken, ob es nicht auch eine Maschine ohne Elektronik tut.

Zweitens brauchen wir ein Ziel für unsere Sparbemühungen. Wie viel Ressourcenverbrauch ist zu viel? Diese Information ist wichtiger, als sie auf den ersten Blick scheint. Warum sollten wir nicht sparen, wo immer es geht?

Die Antwort heißt: Weil wir dann möglicherweise drastisch am Ziel vorbeischießen, in welcher Richtung auch immer. »Zu viel« zu sparen würde der Umwelt zwar nicht schaden, aber vielleicht müssten wir uns dazu so einschränken, dass wir niemals auf einen Kurs kämen, der sich auf Dauer durchhalten ließe. Näher liegt die Gefahr, dass wir uns beim Schonen der Ökosphäre zu früh zurücklehnen, weil wir denken, wir hätten genug getan. Und was noch schlimmer ist: Wer seine Ziele zu bescheiden steckt, realisiert möglicherweise eine Reihe von Möglichkeiten, auf einfache Weise die Natur zu entlasten, ohne dabei zu merken, dass er das eigentliche Ziel gar nicht erreicht. Wenn eine umweltbewusst agierende Familie weiß, dass sie um den Faktor 4 zu viel Ressourcen verbraucht, dann schafft sie vielleicht das Zweitauto ab und kauft Busfahrkar-

ten. Damit kann das Ziel im Bereich Transport bereits erreicht
sein. Weiß die Familie jedoch, dass sie um den Faktor 10 zu
viel Ressourcen verbraucht, führt diese einfache Lösung nicht
zum Ziel. Dann wird es nötig, sich sehr grundlegende Gedanken über den eigenen Lebensstil und die Art der benutzten
Technik zu machen.

Dies aber ist der entscheidende Punkt. Wenn wir das Ziel
einer zukunftsfähigen Lebens- und Wirtschaftsweise erreichen wollen, dann müssen wir wissen, ob es genügt, zu den
Lösungen zu greifen, die in unsere bestehenden Strukturen
und Gewohnheiten in Wirtschaft, Verkehr und Freizeit hin-
einpassen, oder ob wir diese Strukturen und Gewohnheiten
ändern müssen. Trifft Letzteres zu, dann müssen wir von
vornherein anders an die Aufgabe herangehen. Tun wir es
nicht, dann besteht die Gefahr, dass wir uns jahrelang um
viele kleine Verbesserungen im Umgang mit natürlichen Ressourcen bemühen, viel Zeit und Kraft investieren und uns am
Ende eingestehen müssen, dass die Ökosphäre um uns herum
weiterhin degeneriert. Diese Situation kennt jeder Bergstei-
ger: Der Gipfel, den man erklimmen wollte, rückt in uner-
reichbare Ferne, wenn man stundenlang dachte, man sehe ihn
bereits dicht vor sich, und dann, dort angekommen, feststellen
muss, dass man auf einem kleinen Vorhügel steht, der die
Sicht auf das eigentliche Ziel verdeckt hat.

Um wie viel zu groß ist der ökologische Rucksack der Wirtschaftsweise der Industriestaaten? Um wie viel müssen sie dematerialisieren? Meine Antwort heißt, um mindestens den
Faktor 10. Dies wird zwar erst weiter unten im Detail erläutert, wir tun aber gut daran, dieses Ziel von Anfang an fest ins
Auge zu fassen. Es ist anspruchsvoll, aber nicht unerreichbar.
Zum Beispiel ist der Materialinput für Strom aus Windkraft
50-mal geringer als wenn man für den gleichen Zweck Braun-

kohle verbrennt. Und in Haellefors in Schweden gelang es
einer Firma, den Verbrauch von Kühlflüssigkeit beim Bohren
und Fräsen von Metallteilen um das 18 000-fache zu verkleinern.

Ökologische Rucksäcke

Die Idee der Rucksäcke kam mir, als ich darüber nachdachte,
wie man rechnerisch am besten vorgehen könnte, um die
Menge an Natur zu erfassen, die in jedem Sachgut steckt
(Abb. 6). Das Problem liegt darin, dass das Gewicht von klassischen Wäscheklammern wenig darüber aussagt, wie viel
Holz aus dem Wald geholt werden musste, um die Brettchen
zu schneiden. Auch gibt mir das Gewicht der Stahlfedern
keine Auskunft über den Abraum, welcher aus seinem geolo-
gisch gewachsenen Platz bewegt werden musste, um das Erz
verfügbar zu machen, wie viel Transport nötig war und wie
viele natürliche Ressourcen für den Bau der Hochöfen für die
Stahlgewinnung nötig waren. Und das ist erst der Anfang der
Geschichte.

   Man kann aber alle Prozessschritte von der Mausefalle zurück zu dem Punkt verfolgen, an dem die natürlichen Rohmaterialien ursprünglich gewonnen wurden, also »bis zur
Wiege« des Produkts. Man kann diesen Weg »materiell« zu-
rückverfolgen, indem man die dazugehörigen Prozessketten
aufrollt. Man kann ihn darüber hinaus »geographisch« nachvollziehen, also fragen, aus welchem Land oder aus welcher
Gegend die einzelnen Materialien kommen. Wer sich unter
diesem Aspekt für ökologische Handelsbilanzen interessiert,
wird bei ihrer Aufstellung bemerken, dass die ökologischen
Rucksäcke von Importen in die EU deutlich höher geworden

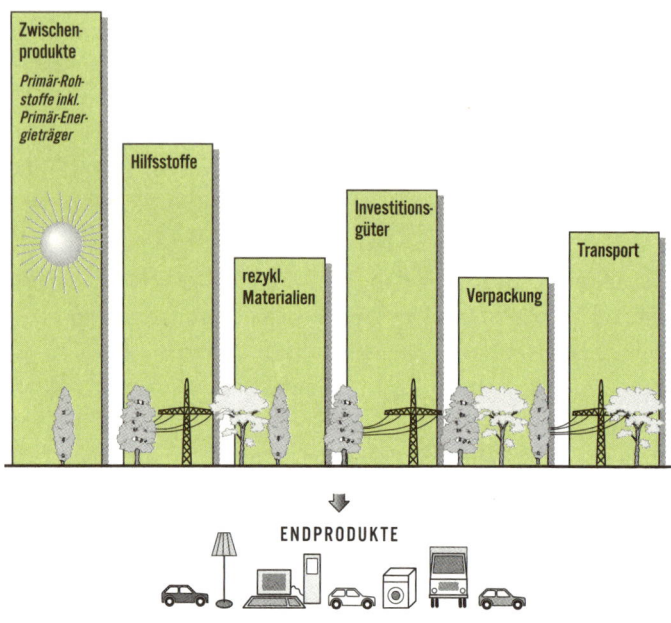

Abb. 6 Das Packen eines ökologischen Rucksacks: Auf dem Weg zu einem Endprodukt, das wir nutzen wollen – zum Beispiel ein Auto –, werden viel mehr Materialien benötigt, als in ihm erscheinen. Aus Rohstoffen wie Eisenerz und Kohle entsteht Roheisen, das erneut mit anderen Ressourcen (und Energiezufuhr) zu dem Stahl verarbeitet wird, mit dem das gewünschte Auto gebaut werden kann. Damit haben wir nur den Teil des ökologischen Rucksacks ins Auge gefasst, der in der linken Säule zum Tragen kommt. Die anderen vergrößern sein Gewicht spürbar. Jedes Produkt wiegt schwerer, als man meint.

sind (Abb. 7). Wir haben zwar die Umweltlasten pro Einheit Brutto-Inland-Produkt in Europa verringern können, dafür aber die ökologischen Kosten in die Entwicklungsländer verlagert.

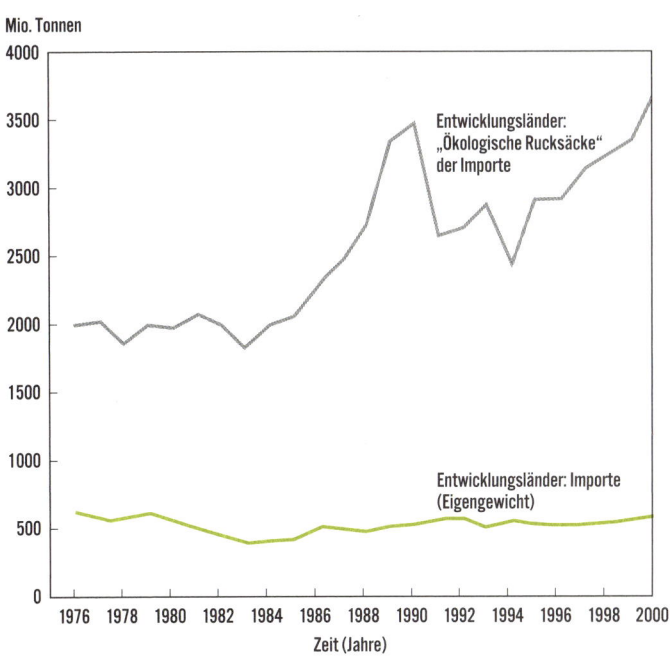

Mio. Tonnen

Entwicklungsländer: „Ökologische Rucksäcke" der Importe

Entwicklungsländer: Importe (Eigengewicht)

Zeit (Jahre)

Abb. 7 Ökologische Rucksäcke von Importen: Die ökologischen Rucksäcke der Importe steigen seit der Mitte der 1980er Jahre und sind mittlerweile sehr viel größer als die Importmenge selbst.

Der ökologische Rucksack ist definiert als die Summe aller in und aus der Natur bewegten Massen – Material Input MI – in Tonnen (Kilogramm oder Gramm) bis zum verkaufsfertigen Produkt in Tonnen (Kilogramm oder Gramm), vermindert um das Eigengewicht des Produktes selbst. Die Rechnung reicht also »von der Wiege« bis zum fertigen Produkt.

Im ökologischen Rucksack sind also auch die Massen der beanspruchten Energieträger eingeschlossen beziehungsweise die anteiligen Massen der Anlagen, welche die für die Fertigung des Produktes notwendige Strommenge produziert haben. Für eingesetzte Wärme aus solarer Technik oder Erdwärme gilt das Entsprechende.

Der ökologische Rucksack weist damit auch auf den nutzlosen Teil des Ressourcenverbrauchs bei der Herstellung von Gütern hin. Er ist der unsichtbare Teil von Gütern, und wenn man sie auf die Waage legt, dann fehlt er gänzlich.

Der Rucksack sollte möglichst leicht sein, er ist aber oft erstaunlich schwer, wie das nachfolgende Beispiel zeigt, das von Eija Koski vom finnischen Bund für Naturschutz in Helsinki stammt:

Mirjas gewichtiger Morgen

Mirja wacht auf und legt die 12,5 kg schwere Armbanduhr um ihr Gelenk, sie schlüpft in ihre 30 kg schweren Jeans, macht sich Kaffee mit ihrer 52 kg schweren Maschine und trinkt aus ihrem 1,5 kg schweren Becher die gewohnte Erfrischung. Nachdem sie ihre 3,5 kg schweren Joggingtreter angezogen hat, radelt sie mit ihrem 400 kg schweren Fahrrad zum Büro. Dort angekommen, schaltet sie ihren tonnenschweren Computer ein und führt ihr erstes Gespräch mit ihrem 25 kg wiegenden Telefon. Der Tag von Mirja hat begonnen – wie jeder Tag. Dieses Mal aber mit ökologischen Rucksäcken.

Den ökologische Rucksack von Dienstleistungen, die durch die Nutzung von Gütern erbracht werden, kann man entsprechend so formulieren: Der ökologische Rucksack einer Dienstleistung ist die Summe der anteiligen Rucksäcke der eingesetzten technischen Mittel (z. B. Geräte, Fahrzeuge und Gebäude) vermehrt um die Summe des anteiligen Verbrauchs an Material und Energie während der Nutzung der benutzten technischen Mittel.

Ökologische Rucksäcke bleiben unverändert, wenn ein Produkt ungenutzt in der Ecke steht. Sie spiegeln so etwas wie den Eingriff in die Umwelt wider und erlauben den ökologisch ausgerichteten Vergleich von Waren und Dienstleistungen jeder Art. Kenntnisse über ökologische Rucksäcke erlauben es, die Gestaltung und Anfertigung von Produkten oder Dienstleistungen zu dematerialisieren. So kann die Suche nach leichteren Rucksäcken begonnen werden, um ökointelligentere Güter auf den Markt zu bringen.

Der ökologische, der wahre Preis von Dingen

Wer ein Produkt kauft, bezahlt dafür den Ladenpreis, der sich – abgesehen von der Gewinnspanne des Verkäufers – aus der Summe aller Einzelpreise ergibt, die für Rohstoffe, Werkstoffe, Vorprodukte, Zulieferungen und die Herstellung selbst (Löhne mit Nebenkosten) zu zahlen sind. Wenn man einen aus der Sicht der Nachhaltigkeit echten Preis zahlen würde, müsste man auch Geld für den oben vorgestellten Rucksack hinlegen. Wir wollen für den so genannten ökologischen Preis aber keinen Geldwert, sondern ein Gewicht angeben, nämlich die Summe aus dem ökologischen Rucksack und dem Produkt – dem Auto – selbst. Der ökologische Preis erfasst damit den gesamten Material Input bzw. den Material-Mehrwert, der von der Wiege der Rohstoffe bis hin zum verkaufsfertigen und dienstleistungsfähigen Produkt anfällt.

Jedes Produkt hat seinen traditionellen Preis – in einer bestimmten Währung – und seinen ökologischen Preis in Kilogramm Natur. Wenn ein Händler beide Preise angeben würde, sähe das entsprechende Preisschild für ein Auto der Mittelklasse etwa so aus:

Kaufpreis: 31 000 Euro
Leergewicht: 1300 kg
Ökologischer Preis: 40 300 kg Natur (nicht nachwachsende Ressourcen)

Diese Information lässt sich auch anders angeben:

Kaufpreis: 31 000 Euro
Also 24 Euro / kg Auto
Und 77 Cent / kg Natur (nicht nachwachsende Ressourcen)

Ob eine derartige Angabe von Preisen die Kaufentscheidung von Konsumenten beeinflusst, bleibt zurzeit offen, was nicht zuletzt damit zusammenhängt, dass es eine verwirrende Fülle von (oft schwer verständlichen) Ökokennzeichnungen gibt.

Material-Input-Faktoren – MIF

Um Rucksäcke einfach berechnen zu können, nutzt man die so genannten Material-Input-Faktoren (auch Rucksackfaktoren genannt). Sie stammen aus detaillierten Berechnungen der Massenbewegungen für die Bereitstellung einzelner Rohstoffe und Zwischenprodukte – von der Wiege an gerechnet – und werden in kg / kg angegeben. MIF sind für Metalle überraschend groß, wie unsere Analysen ergeben haben. So ergibt der Rucksack von Gold einen Material-Input-Faktor von 540 000. Das heißt, für jedes Gramm Gold müssen 540 000

Gramm Rohstoffe aus ihren natürlichen Plätzen geholt und verarbeitet werden (Wasser nicht mitgerechnet). 540 000 Gramm – das ist ein Gewicht von mehr als einer halben Tonne pro Gramm Gold. Dagegen ist MIF für Glas nur etwa 2 kg / kg. Der Unterschied zwischen MIF-Werten ist also ganz erheblich. Kennt man die Zusammensetzung eines Produktes und sein Gesamtgewicht, so lässt sich der Rucksack leicht und schnell errechnen.

Christa Liedtke hat am Wuppertal Institut in den 1990er Jahren zusammen mit ihren Mitarbeiterinnen und Mitarbeitern den Materialinput von vielen Werkstoffen erarbeitet. Wir stellen einige der heute vorhandenen Zahlen im Anhang vor. Die dort wiedergegebenen Werte sind die Ergebnisse von Informationen aus vielen Ländern. Sie sind Mittelwerte und werden in Zukunft sicherlich noch verbessert werden.

Bei deren Analyse fällt auf, dass sekundäre (recycelte) Werkstoffe ökologisch sehr viel günstiger sein können als primäre, deren Ausgangsstoffe der Natur entnommen wurden. Bei Kupfer zum Beispiel verhält sich MIF »primär« zu MIF »sekundär« wie 500 zu 10. Allein das Ersetzen von frischem durch rezykliertes Kupfer entspricht also einer Dematerialisierung um einen Faktor 50 (!). Dies setzt allerdings voraus, dass das ursprünglich aus Rohstoffen gewonnene Kupfer seinen »Dienst für die Menschheit« in der ersten Phase der Anwendung schon hinter sich gebracht hat.

Fünf verschiedene Rucksäcke

Wir haben am Wuppertal Institut die natürlichen Rohmaterialien aus praktischen Gründen in fünf Kategorien eingeteilt. Die ökologischen Rucksäcke in diesen fünf Kategorien berechnen und listen wir getrennt, und das in diesem Buch vertretene Ziel der Dematerialisierung um einen Faktor 10 muss in jeder Kategorie getrennt erreicht werden. Die MIF-Kategorien werden also nicht gegeneinander verrechnet. Die 5 MIF-Kategorien sind die folgenden:

1. Abiotische (unbelebte) Rohmaterialien sind erstens feste mineralische oder unbelebte organische Rohstoffe aus Bergbau, Hüttenwerken und Fördereinrichtungen wie Gestein, Erze und Sand, zweitens fossile Energieträger wie Kohle, Erdöl und Erdgas, die überwiegend zur Energieerzeugung genutzt werden, drittens Gesteins- und Bodenmassen, die lediglich bewegt werden, um abiotische Rohstoffe zu gewinnen, und viertens bewegte Erde, zum Beispiel Bodenaushub. Zum Letzteren gehören alle Boden- und Erdbewegungen zur Erstellung und Instandhaltung von Infrastrukturen (Gebäude, Straßen, Schienen).

2. Zu den biotischen (belebten) Rohmaterialien zählen wir pflanzliche Biomasse aus der Bewirtschaftung des Bodens, also alle geernteten, gepflückten, gesammelten oder sonstigen genutzten Pflanzen. In diese Kategorie gehört auch die tierische Biomasse, die allerdings zurückgerechnet wird auf die pflanzlichen Inputs, die zu ihrer Gewinnung nötig waren (das Gras, das die Kuh frisst, wird gezählt, nicht die Kuh selbst). Zu den biotischen Rohmaterialien gehört außerdem Biomasse aus nicht bewirtschafteten Bereichen, also wild lebende Tiere, Fische und wild wachsende Pflanzen (auch Bäume).

3. Bodenbewegungen in Land- und Forstwirtschaft entstehen durch mechanische Bodenbearbeitung und Erosion. Diese Massen sind wichtig, weil auch die mit Land- und Forstwirtschaft verbundenen Bewegungen natürlicher Ressour-

cen grundlegende ökologische Veränderungen auslösen. Menge und Häufigkeit der Bodenbewegungen dienen als Indikatoren für den Grad des ökologischen Einflusses. Da das Volumen der pro Ernteperiode mechanisch bewegten Erde (durch Pflügen, Eggen usw.) bezogen auf den Ertrag außerordentlich groß ist (das Verhältnis liegt bei mehr als 100:1), benutzen wir in den meisten Fällen für bodenabhängige Produktion die Erosion als Indikator für das Ausmaß der Bodenbewegung in Land- und Forstwirtschaft. Die Bodenbewegung durch Pflügen und Eggen fließt also in diesen Rucksack nicht direkt ein. Dieser Indikator enthält also streng genommen nicht einen technisch bewegten Massenstrom – nämlich durch mechanische Bodenbearbeitung –, sondern dessen Folgestrom, die Erosion. Aus diesen und anderen Gründen ist auch die Reduktion der durch mechanische Bodenbearbeitung bewegten Erde um den Faktor 10 dringend geboten. Alternative Bearbeitungsmethoden stehen durchaus bereits heute zur Verfügung.

4. Wasser wird in der Rechnung immer dann berücksichtigt, wenn es der Natur aktiv, das heißt durch technische Maßnahmen, entnommen wird. Dazu zählt auch das Aufstauen. Wasser, das durch ein Wasserrad am natürlichen Bach- oder Flusslauf fließt, oder das von Schiffsschrauben bewegte Wasser wird also nicht mitgerechnet. Es ist sinnvoll, nach dem Ursprung des Wassers zwischen Oberflächenwasser, Grundwasser und Tiefengrundwasser zu unterscheiden. Ein Austausch zwischen diesen drei Wasservorräten findet nämlich nur mit Verzögerung statt; außerdem haben sie unterschiedliche ökologische Funktionen. Tiefengrundwasser beispielsweise erneuert sich meist so langsam, dass es nach menschlichen Maßstäben schon fast eine nicht erneuerbare Ressource ist. Für detaillierte Untersuchungen

wird auch der Verwendungszweck festgehalten. Hierbei sind die Kategorien Wasser als chemischer Rohstoff, Wasserkraft, Wasser zur Kühlung, Wasser zur Bewässerung, Ableitung oder Umleitung von Wasser, Wasser als Transportmittel und mechanischer Einsatz von Wasser sinnvoll.

5. Luft beziehungsweise ihre Bestandteile werden dann als Materialinput gezählt, wenn sie vom Menschen aktiv entnommen, in chemische Bestandteile getrennt oder chemisch verändert werden. Dazu gehören im Einzelnen die Luft, die zur Verbrennung benötigt wird, und Luft, die für chemisch-physikalische Umwandlungen benutzt wird. Dabei zählt jeweils nur das Gewicht der veränderten Komponenten der Luft, etwa der Anteil an Sauerstoff, der zur Verbrennung gebraucht wurde. Rein mechanisch bewegte Luft (Windräder, Luftkühlung, Pressluft und Belüftung) wird nicht berücksichtigt, obwohl sie, streng genommen, technisch bewegt wird.

Bei Industrieprodukten stellt sich oft heraus, dass nur die Kategorien »abiotische Rohmaterialien« und »Wasser« wesentlich zum Gesamtergebnis beitragen.

Und warum nun diese Unterteilung? Die fünf verschiedenen Stoffströme sind für die Umwelt von ganz unterschiedlicher Bedeutung, und außerdem ist die Stärke dieser Stoffströme sehr unterschiedlich. Zum Beispiel liegt der Wasserverbrauch für die meisten Industrieprodukte um einen Faktor 10 bis 20 höher als für feste Massen. Allein durch das Sparen von Wasser kann demnach der Faktor 10 oft relativ leicht erreicht werden. Das wäre natürlich nicht unsinnig und durchaus im Sinne des MIPS-Konzepts. Es könnte aber dazu verleiten, sich bei der Entlastung der Ökosphäre auf die Teilstoffströme zu beschränken, die sich technisch und finanziell besonders vorteilhaft verringern lassen. Dies würde aber nur zu teil- oder gar suboptimalen Lösungen führen.

Wir teilen den ökologischen Rucksack in fünf Teilrucksäcke auf, um sichtbar zu machen, dass auch auf dem Feld der Entlastung der Ökosphäre keine Monokultur wachsen darf, sondern dass die ganze Breite der ökologisch relevanten Eingriffe berücksichtigt werden muss.

Der Faktor 10

Im Jahre 1995 hatte ich das Vergnügen, eine außerordentlich intelligente Bürgerin Hongkongs kennen zu lernen, eine Musiklehrerin. Selten habe ich einen Menschen getroffen, der mehr von der Art Fortschritt überzeugt war, wie ihn die alten Industrieländer dem anderen, viel größeren Teil der rund sechs Milliarden Menschen auf dieser Erde vorleben. Sie glühte geradezu vor Eifer, uns die atemberaubenden Fortschritte ihrer Stadt bei der Unterbringung von Millionen Menschen in riesigen Wohnblöcken vorzuführen. Die alte Bootsvorstadt Aberdeen mit ihren 40 000 Bewohnern war über Nacht verschwunden. – Wovon die Menschen, die dort einmal gewohnt haben, wohl jetzt auf der 20. Etage träumen mögen?

Mehr als zwei Milliarden Chinesen, Inder und Indonesier sind dabei, den von den klassischen Industrieländern vorgeführten Sprung in den materiellen Wohlstand mit allen ihnen zur Verfügung stehenden Mitteln so schnell wie nur möglich nachzuvollziehen. Was bei uns im Fernsehen angeboten wird, bekommen auch sie per Satellit in ihre Wohnungen geliefert und mit Hilfe von haushohen Reklamewänden bei jedem Stadtbummel eingehämmert. Damit sind ihre materiellen Ziele abgesteckt.

Während bei uns die Zweifel sprießen, ob unsere Wirtschaftsform für das vor uns liegende Jahrtausend taugt, sind die Menschen dort noch mit relativ ungebrochenem Enthusiasmus auf dem Weg, es uns nachzutun. Was bleibt ihnen übrig, als dabei mehr oder weniger in unsere Fußstapfen zu treten? Sind ihre Bemühungen aber erfolgreich, wird sich die ohnehin schon nicht zukunftsfähige Belastung der Ökosphäre vervielfachen, denn die Zahl der Menschen, die uns nacheifert, entspricht etwa vier Fünfteln der Menschheit. Das ist die schlechte Nachricht für die Umwelt. Es gibt aber auch eine gute Nachricht. Sie lautet:

Während in den Industrieländern das Nachdenken über einen zukunftsfähigen Weg des Wirtschaftens auf einem nicht zukunftsfähigen Niveau des Ressourcenverbrauchs beginnt, starten viele der Länder, die wir nicht zu den »alten« Industrieländern zählen, mit einem Pro-Kopf-Verbrauch an Ressourcen, der noch Spielräume offen lässt – Spielräume für Fortschritt im klassischen Sinne, Spielräume aber auch dafür, den Umweg über die ökologischen Fehler der Industriestaaten von vornherein auszulassen und gleich eine zukunftsfähigere Richtung einzuschlagen.

Es tut sich eine Spannweite der Möglichkeiten auf, zumindest theoretisch, hoffentlich auch praktisch. Das MIPS-Konzept kann helfen, die ökologisch bessere Alternative auch dort zu finden, wo der Wunsch nach Wohlstand noch viel mit Grundbedürfnissen des Menschen zu tun hat und deshalb die Sorge um die Ökosphäre in den Hintergrund drängt. Aber besonders auf diesem internationalen Feld zeigt sich auch, dass das MIPS-Konzept, wie wir natürlich geahnt haben, kein Allheilmittel ist.

Bei der Gestaltung von Wohlbefinden und Sicherheit der Menschen greifen gegenwärtig verschiedene Länder höchst unterschiedlich auf natürliche Ressourcen zu; selbst innerhalb »armer« Länder können die Unterschiede erstaunlich sein. Immer und überall scheint es reich und arm zu geben. Einige der am stärksten ausgeprägten Differenzen begegnen uns heute gerade in den ärmeren Ländern.

Im Faktor 10 sind diese Unterschiede berücksichtigt. In ihm ist gezielt ein gewisser Freiraum für Schwellen- und Entwicklungsländer einkalkuliert, damit diese auf dem Wege zum wirtschaftlichen Wohlstand ihren Pro-Kopf-Konsum an natürlichen Ressourcen noch wachsen lassen können.

Die Zahl 10 kommt durch eine einfache Überschlagsrechnung zustande: Der gegenwärtige Ressourcenverbrauch der gesamten Menschheit zusammengenommen ist nicht zukunftsfähig. Zahlreiche Studien deuten darauf hin, dass eine Halbierung dieses Ressourcenverbrauchs der Ökosphäre eine dringend benötigte Entlastung bringen würde. Das ist die Forderung nach dem Faktor 2. Will man aber den dann vielleicht noch möglichen Ressourcenverbrauch gleichmäßig auf alle Menschen aufteilen, was ein Gebot der internationalen Gerechtigkeit ist, dann müssen die Industrieländer ihren Verbrauch weit stärker als nur um einen Faktor 2 reduzieren, während arme Länder noch zulegen dürfen.

Wie stark müssen die Industrieländer reduzieren? Wenn alle nach einer Phase der Gewöhnung und des Umlernens auf einen annähernd gleichen Verbrauch einschwenken sollen, dann müssen die Industrieländer bei rund einem Zehntel ihres heutigen Verbrauchs ankommen. Ein Zehntel muss uns – den Reichen – reichen. Das ist die Forderung nach dem Faktor 10.

Für China sähe eine grobe Kalkulation etwa so aus: Das Land hat ungefähr so viele Einwohner wie die alten Industrieländer zusammengenommen, etwa 20 % aller Menschen. Der

Ressourcenverbrauch pro Kopf liegt schätzungsweise bei rund 20 % des Verbrauchs in den reichen Ländern. Wenn nun die Reichen ihren Ressourcenverbrauch im Mittel um den Faktor 10 senken, dann könnte China seinen Verbrauch verdoppeln, und das Ziel der Halbierung des Ressourcenverbrauchs weltweit wäre dennoch erreicht – vorausgesetzt, dass andere arme Länder nicht noch ärmer sind als China und deshalb mehr Raum für Wachstum beanspruchen. Denkbar ist auch, dass Entwicklungsländer zunächst den Rahmen sprengen, den der Faktor 10 ihnen für ihren Ressourcenverbrauch setzt, aber im Laufe der dann folgenden Jahre durch Verbesserung der Ressourcenproduktivität auf den ihnen »zustehenden« Anteil zurückgehen.

In jedem Falle wäre es unrealistisch zu glauben, man könne Entwicklungsländer mittels theoretischer Diskussionen davon abhalten, den Weg weiterzugehen, der ihnen den materiellen Wohlstand der »reichen« Länder verspricht. Nur wenn es uns gelingt, in praktischer Weise zu demonstrieren, wie vergleichbarer Wohlstand auch mit wesentlich weniger Natur zu schaffen ist, hätten die Menschen in den Entwicklungsländern ein anderes Modell, welches ernst zu nehmen sich lohnte. Sie würden es vermutlich insbesondere dann ernst nehmen, wenn sie den Eindruck bekämen, dies sei der neue, der »moderne« Weg, im Kreis der Wirtschaftsmächte dieser Erde ein wichtiges Wort mitzureden. Vielleicht stellt sich aber schon in naher Zukunft heraus, dass die natürlichen Ressourcen zum großen Sprung in eine Verbrauchsgesellschaft nach westlichem Muster einfach nicht verfügbar sind. Die jüngsten Preisentwicklungen für Erdöl, Gold, Zement und Stahl deuten dies jedenfalls an. Laut *Herald Tribune* vom 27. Juni 2006 sind die Preise von Rohstoffen seit 2002 um das Doppelte gestiegen.

Nachteile von der Dematerialisierung hätten die Rohstoffe exportierenden Länder. Da der Faktor 10 aber auf einer Einschränkung der Ressourcenströme in die Wirtschaft um global den Faktor 2 basiert, müssten die Rohstoffe exportierenden Länder insgesamt einen Verlust von 50 % der Exporte hinnehmen, nicht etwa 90 %, was dem Faktor 10 entspräche! Dieser Rückgang der Exporte auf die Hälfte würde sich im Verlauf von Jahrzehnten aufbauen, sodass Zeit sein sollte, sich darauf mit entsprechenden Strukturveränderungen im Inneren und einer Verlagerung der Wirtschaftstätigkeit einzustellen.

Das Unterfangen, den Entwicklungsländern einen neuen, zukunftsfähigen Wohlstand vorzuleben, würde aber auf der Seite der Industrieländer eine fast völlige Abkehr von der heute üblichen Wirtschaftshilfe der OECD-Länder bedeuten. Die gegenwärtige Wirtschaftshilfe besteht darin, Techniken und Produkte der Generation mit hohem Ressourcenverbrauch zu exportieren und die Herstellung solcher Produkte und entsprechender Infrastrukturen voranzutreiben. Das aber ist der falsche Weg. Wie tief greifend die nötige Veränderung wäre, wird offenbar, wenn man sich ansieht, wie unsere Massenmedien heute üblicherweise Staatsbesuche bewerten. Je mehr Lokomotiven, Autofabriken, Werkzeugmaschinen und Kraftwerke bei solchen Gelegenheiten verkauft werden, desto jubelnder erklingen die Lobeshymnen auf die Staatenlenker und die mitgereisten Wirtschaftsführer – eine aus ökologischer Sicht geradezu groteske Fehleinschätzung.

Lassen sich so tief sitzende Verhaltensmuster noch rechtzeitig ändern? Ich weiß es nicht. Aber ich glaube daran.

Auf den Punkt gebracht

Jedes materielle Produkt kann nur hergestellt werden, wenn dazu in die Ökosphäre eingegriffen wird, wenn Stoffströme in Bewegung gesetzt werden. Mindestens muss dazu die Stoffmenge bewegt werden, die in dem Produkt steckt; doch das genügt in aller Regel nicht. Jedes materielle Produkt schleppt einen ökologischen Rucksack mit sich herum, der aus den Rohmaterialien besteht, die zusätzlich bewegt werden mussten, um das Produkt herzustellen. Das Gleiche gilt für fast alle Dienstleistungen: Selbst wenn nichtmaterielle Dienste erbracht werden, sind dazu Transporte, Hilfsmittel oder andere materielle Dinge nötig, die mit Stoffströmen verbunden sind. Auch Dienstleistungen tragen ökologische Rucksäcke.

Die ökologischen Rucksäcke müssen kleiner werden, und zwar müssen die Industrieländer ihre Wirtschaftssysteme um einen Faktor 10 innerhalb von dreißig bis fünfzig Jahren dematerialisieren. Wenn die »reichen« Industrieländer von heute dieses Ziel verwirklichen, erlaubt dies den »ärmeren« Ländern von heute, ihren Rohstoffverbrauch zu erhöhen, bis sie mit den Industrieländern im Pro-Kopf-Konsum gleichgezogen haben, und dennoch die Stoffströme der Weltwirtschaft insgesamt zu halbieren. Dieser Faktor 2 weltweit ist das Mindestziel, das erreicht werden muss, um die Weltwirtschaft zukunftsfähig zu machen.

3. Das ökologische Maß

Wir haben die Idee eines ökologischen Rucksacks eingeführt, um beurteilen zu können, ob wir aus ökologischer Sicht den tatsächlichen Preis von Produkten entrichten und damit auch für den Service, den wir durch ihre Nutzung erhalten. Wir wollen nun folgende Frage stellen: Wenn man zwei Produkte vergleicht, die uns bei Gebrauch denselben Nutzen bringen, kann man allein mit Hilfe des ökologischen Rucksacks entscheiden, welches der beiden Güter aus Sicht des Ökologen den Zuspruch verdient und besser ist?

Merkwürdigerweise lautet die Antwort Nein, denn der ökologische Rucksack berücksichtigt nur die Entstehungsgeschichte des Industrieproduktes, also alles das, was von der Wiege der Rohstoffe für Einzelteile bis zu ihrer Zusammensetzung als gebrauchsfähiges Kaufangebot passiert, das natürlich auch noch in den Laden gebracht werden muss, wo wir es schließlich erwerben und mit nach Hause nehmen können – allerdings ohne den ökologischen Rucksack dabei mitschleppen zu müssen.

Das eigentliche Leben von Produkten fängt damit aber erst an, denn wir geben ja unser Geld für sie aus, um anschließend Nutzen aus ihnen ziehen zu können. Damit erfüllen sie ihren Daseinszweck, und wenn wir uns an einem Produkt erfreuen, werden viele weitere Ressourcen benötigt, wie man sich leicht klarmachen kann und wie wir auch immer wieder merken, wenn wir dafür zahlen müssen – zum Beispiel wenn wir Benzin tanken oder unsere Stromrechnung vom Konto abgebucht wird.

Die Kosten pro Dienstleitung

Um zum Beispiel den Nutzen eines Autos zu genießen, müssen wir nicht nur tanken. Damit das Auto als Transportmittel funktioniert, müssen wir uns zusätzlich – neben der Versicherung und der Steuer – um Motoröl, Batterien, Reifen, Putzmittel, Ersatzteile und im Winter auch um Schneeketten kümmern. Die Kosten und der Aufwand für materielle Folgekosten sind weder im Verkaufspreis des Autos enthalten noch in seinem ökologischen Rucksack zu finden. Sie sind in ihrer Summe insgesamt nur schwer abzuschätzen, allein deshalb, weil die dazugehörigen Informationen nicht leicht – wenn überhaupt – zu bekommen sind.

Wir wollen trotzdem versuchen, eine erste Abschätzung der Kosten vorzunehmen, wobei jeder diese Rechnung leicht nachvollziehen kann: Nehmen wir an, das Auto verbraucht sieben Liter Benzin auf 100 Kilometer und wird 100 000 Kilometer gefahren. Bei einem Benzinpreis von rund 1,20 Euro summieren sich allein die Benzinkosten auf mehr als 8400 Euro, und die weiteren Kosten – für Autowäsche, Reparaturen, Inspektionen, Steuern, Versicherung – ergeben alle zusammen ungefähr noch einmal mindestens diesen Betrag. Damit sind wir nach acht bis zehn Jahren Nutzungszeit schon beim Preis eines Kleinwagens angekommen – und dabei, in der Theorie, nur 100 000 Kilometer gefahren!

Rechnet man den Kaufpreis auf die gefahrenen Kilometer oder die Nutzungszeit des Autos um, dann sind die Kosten pro Kilometer oder pro Monat am Anfang zwar sehr hoch, sie

nehmen aber mit dem Alter des Fahrzeugs ab, da sich der
Kaufpreis amortisiert. Das hat allerdings zu dem Zeitpunkt
ein Ende, an dem sich die Reparaturen häufen und teurer werden. Die Haltbarkeit von Dingen, die wir benutzen, ist wirtschaftlich also von großem Interesse, was zur Folge hat, dass
ein kluger Konsument Marktangebote nur vergleichen kann,
wenn er die gesamten im Leben eines Produktes anfallenden
Kosten pro Nutzungs- oder Dienstleistungseinheit kennt und
zu Rate zieht. Ein anfänglich teures und auch schwereres
Auto kann sich dabei als wirtschaftlicher erweisen als ein bil-
liges und leichtes (so muss es aber nicht sein). Dies hat man als
Rolls-Royce-Effekt bezeichnet. Mit dieser Wortprägung wird
angedeutet, dass langlebige Produkte, die beim Ankauf wesentlich teurer sind als andere, auf die lebenslange Leistung
gerechnet insgesamt billiger sein können.

Das gilt natürlich auch für den lebenslangen Ressourcenaufwand pro Einheit Leistung. Eine Energiesparbirne etwa ist
im Schnitt fünf- bis achtmal teurer als eine traditionelle
Glühbirne. Die Energiesparbirne hält aber zehnmal so lange
wie eine herkömmliche Glühbirne und gibt fünfmal so viel
Licht bei gleichem Stromverbrauch. Die höheren Anschaf-
fungskosten lohnen sich also, weil uns in dem Falle die billi-
gere Dienstleistungserfüllungsmaschine zur Verfügung steht,
und um die geht es.

Um den wirtschaftlich wirklich aussagekräftigen Gesamt-
preis eines Produktes angeben zu können, der für die meisten
heutigen Sachgüter bislang leider hypothetisch und praktisch
unberechenbar bleibt, habe ich vorgeschlagen, die »Kosten per
Einheit Service« anzugeben. Dabei habe ich mir gestattet,
statt der deutschen Kosten die englischen *costs* einzusetzen,
was die Abkürzung COPS (»Costs pro Einheit Service«) erlaubt.

Wir rechnen die Kosten deshalb »pro Einheit Service«, weil die Funktion eines Produkts der Dienst ist, den es erfüllt. Darauf kommt es an. Beim Auto wären die COPS der Preis pro Kilometer, wenn man außer Benzin auch alle sonstigen Kosten, einschließlich des Kaufpreises und natürlich der Kreditkosten, Versicherung und Steuer einrechnet. Privat genutzte Mittelklassewagen kosten (ohne Kreditkosten) in diesem Sinne selten weniger als 60 Cent pro Kilometer, wahrscheinlich eher 70, 80 oder mehr.

Bei den uns geläufigen Dienstleistungen stimmt der Preis, den der Kunde zahlt, mit den COPS überein. Wir bezahlen den Friseur, den Taxifahrer oder die Behandlung beim Arzt als Kosten pro Dienstleistungseinheit. COPS gibt es also bereits! Wenn Sie Ihre Telefon- und Stromrechnungen bezahlen oder eine Fahrkarte bei der Deutschen Bahn kaufen, dann zahlen Sie auch in COPS. Das heißt, Dienstleistungsanbieter werden grundsätzlich in COPS bezahlt. Anbieter von »harten« Gütern hingegen bekommen ihr Geld für die »Kosten pro Stück« – und wie viel der Käufer für die Nutzung insgesamt aufwenden muss – das herauszufinden bleibt ihr oder ihm selbst überlassen.

Der Privatbesitzer eines dienstleistungsfähigen Produkts kann dies im Allgemeinen nicht. Er wird die COPS nicht kennen, was bedeutet, dass er letzten Endes gar nicht weiß, wie viel er für den Nutzen bezahlt, auf den es ihm ankommt. Diese Information könnte ihm aber geliefert werden, wie am Beispiel des Automobils skizziert werden kann. Man braucht nur in alle Kraftfahrzeuge Armaturen ähnlich einem Taxameter einzubauen, welche die gesamten wie auch die aktuellen Kosten pro Kilometer digital in COPS anzeigen. Und das wäre so möglich:

Beim Erstverkauf gibt der Händler das Datum und die Gesamtkosten, also neben dem Kaufpreis die Versicherungs-, Steuer-, Darlehens-, Überführungs- und Anmeldekosten, mittels einer zum Fahrzeug gehörenden Scheckkarte in den Bordcomputer ein. Die vom Hersteller garantierte Gesamtkilometerleistung wurde bereits vor Auslieferung an den Händler im Computer verbucht. Mit der Scheckkarte werden auch jede Tankfüllung, die Wartung, Reparaturen, Autobahn- und Parkgebühren sowie kostenpflichtige Verwarnungen durch die Polizei bezahlt. Und dank einer technischen Anbindung an die Hausbank können mit der Scheckkarte außerdem Bankdarlehen registriert und abgerechnet, Kfz-Steuern und Versicherungsbeiträge bezahlt werden. Ohne die Karte können weder die Rechnungen bezahlt noch kann das Fahrzeug gestartet werden. Bei jedem Start wird der inzwischen aufgelaufene Zusatzbetrag automatisch in den Bordcomputer eingegeben. Die Karte verbleibt beim Besitzer des Fahrzeugs. Sie ist selbstverständlich mit einer Geheimnummer versehen. Beim Verkauf des Fahrzeugs wird die Karte (nachdem sie mit dem Wiederverkaufspreis geladen wurde) dem neuen Besitzer übergeben.

Das eingebaute COPS-Meter gibt sichtbar am Armaturenbrett laufend Auskunft über verschiedene Dinge: Zum Beispiel die aktuellen Kosten pro km in Cents, gemessen an allen bisher erstatteten Kosten und der garantierten Gesamtleistung, die monatlichen Kosten seit das Auto erworben wurde, der Treibstoffverbrauch in Cent pro km in Intervallen von zehn Sekunden gemessen und im Schnitt für die aktuelle Nutzung usw.

Ein Autohändler könnte unter Berücksichtigung von Erfahrungswerten, fester Kosten (wie etwa Kfz-Steuern) und garantierter Gesamtleistung des Fahrzeuges ein Angebot so auszeichnen:

Preis für das Auto 31 000 €
COPS = 70 € pro 100 km (bei normalem Gebrauch für … km
garantierte Gesamtleistung).

Was für das Auto gilt, kann man mittels COPS-Meter auch
für andere Geräte, Maschinen oder Gebäude ablesbar machen,
die während ihrer Nutzungszeit Betriebskosten verursachen.

Bei Wegwerf- oder Einwegprodukten (etwa Verpackungs-
materialien) liegt die Sache anders, weil für die Nutzung
selbst keine Kosten entstehen. Das gilt auch für viele langlebige Gegenstände wie Sonnenuhren, Wäschetruhen, oder Bilder und Schmuck. Auch für einfache Werkzeuge und manuell
genutzte Geräte entstehen keine nennenswerten Folgekosten,
selbst wenn hin und wieder einige Materialien – wie ein paar
Tröpfchen Öl – hinzukommen.

Sie haben es längst gemerkt: Nur Dinge mit eingebauten
Motoren, Heizung, Kühlung und Beleuchtung und solche, die
Strom verbrauchen und auf laufende Wartung angewiesen
sind, verursachen Folgekosten während der Nutzung. Entsor-
gungskosten allerdings können für alle fällig werden.

Der ökologische Preis des Nutzens

COPS sagt uns, wie viel Geld wir für die Nutzung der Dienstleistung tatsächlich aufbringen müssen, die in einem Produkt
steckt. Diese finanziellen Kosten haben (leider) wenig mit den
so genannten »Umweltkosten« zu tun, also mit dem »Verbrauch« an Umwelt, der nötig ist, um diese Dienstleistung zur
Verfügung zu haben.

Um den lebenslangen Umweltverbrauch in den Griff zu bekommen, habe ich frühzeitig ein Maß eingeführt, nämlich

MIPS, den lebenslangen Material Input (einschließlich Energie) pro Einheit Service für Dienstleistungsmaschinen. MIPS geht also über den ökologischen Rucksack hinaus und endet erst, wenn das Gerät entsorgt worden ist.

Wie wir bereits wissen, wird MI in MIPS in Tonnen, Kilogramm oder Gramm angegeben. Der Service S hingegen ist »dimensionslos« und muss, wie wir noch erfahren werden, als die spezifische Leistung eines Gutes definiert werden. Hierbei kommt es zuerst immer auf den »Basis-Service« an. Beim PKW also zum Beispiel den Personen-Kilometer. Zusätzliche Wünsche und besondere Bedingungen sind zunächst zweitrangig. Ein Auto braucht keine geheizten Ledersitze, um das zu tun, wozu es erfunden wurde.

Für Produkte, die während ihrer Nutzung Ressourcen verbrauchen, also zum Beispiel eine Waschmaschine, rechnet sich MI in MIPS als Summe des ökologischen Rucksackes plus das Eigengewicht plus die Summe aller Materialinputs (einschließlich Energie) für eine definierte Dienstleistung S. Bei einer Waschmaschine bietet sich für S zum Beispiel »die Reinigung von 5 kg Trockenwäsche« an.

Handelt es sich um ein Produkt, das wirklich nur einmal benutzt wird (das gilt zum Beispiel für einen Papierbecher, nicht aber für »Wegwerfkameras«, die bis zu 30 Mal mit unbelichtetem Film beladen wieder in den Handel gehen), so ist S = 1 und MIPS = ökologischer Rucksack plus Eigengewicht.

Handelt es sich um sehr langlebige Produkte wie etwa eine Sonnenuhr, ein Gemälde oder einen Stuhl, die ihren Dienst während einer sehr langen Zeitdauer ohne Ressourcenverbrauch tun, so ist MIPS = ihr Rucksack MI plus das Eigengewicht, geteilt durch eine sehr große Zahl von leistbaren oder geleisteten Serviceeinheiten S. MIPS ist also für »anspruchslose« langlebige Produkte sehr klein, was bedeutet, dass die

Ressourcenproduktivität solcher Dinge extrem hoch werden kann. Aus ökologischer Sicht geht es hier also um besonders interessante Güter.

MIPS kann in verschiedener Weise definiert und beschrieben werden: MIPS = Materialinput pro Einheit Service = ökologische Gesamtkosten (bezogen auf Material- und Energieverbrauch) für die Abrufung / Nutzung einer Serviceeinheit von einer Dienstleistungsmaschine = ökologische Benutzungskosten für ein Produkt = die Subvention durch die Umwelt pro Einheit Service.

MIPS ist offenbar das ökologische Äquivalent zu COPS

COPS beantwortet die Frage: »Was kriege ich wirklich für mein Geld?«

MIPS erlaubt uns zu verstehen: »Wie hoch wird der Service durch die Umwelt subventioniert?« Künftige Öko-Innovationen profilieren sich demnach durch neue Nutzungs- und Bereitstellungsformen, die die Bedürfnisse zumindest genauso befriedigen wie konventionelle Güter und Dienstleistungen, dabei aber wesentlich weniger Umweltverbrauch pro Dienstleistungseinheit benötigen.

MIPS wie COPS sind also Maßstäbe in der besten Tradition ökonomischer Prinzipien: Es kommt darauf an, ein bestimmtes Ergebnis mit einem Minimum an Input zu realisieren; und es gilt, mit einem bestimmten Input maximalen Nutzen zu erzielen (Produktivität).

Sowohl MIPS als auch COPS sind Maße, die nur für dienstleistungsfähige Güter sinnvoll sind, also nicht etwa für Roh- oder Werkstoffe. Ein Rohstoff wie Kohle oder ein Werkstoff wie Aluminium leistet keinen Dienst. Das tun nur die Pro-

dukte und Dienstleistungen, zu denen diese Ressourcen benutzt werden. Es gibt keine MIPS für Kohle oder Aluminium,
sondern nur für das Kraftwerk, das die Kohle verbrennt bzw.
für die Dienstleistung »Strom herstellen«, für die Kohle verbrannt wird, und für die Fensterrahmen, die aus Aluminium
hergestellt werden.

Die Dienstleistungseinheit S

MIPS setzt den Material- und Energieinput (MI) in Beziehung
zu einer oder einer Anzahl von Dienstleistungs- beziehungsweise Serviceeinheiten (S), für die dieser Input berechnet
wurde. Um MIPS benutzen zu können, müssen wir uns darauf
einigen, wie eine Dienstleistungseinheit definiert werden
kann. Service- oder Dienstleistungseinheiten sind Nutzungseinheiten, die mit der Verfügung (Eigentum, Besitz oder Nut-
zungsrecht) über ein Gut verbunden sind. Die Begriffe
Dienstleistung, Nutzung und Service bedeuten in unserem
Sinne das Gleiche; sie werden hier synonym verwendet. Wir
unterscheiden, je nach Produkt, drei verschiedene Arten, die
Serviceeinheit zu bestimmen:

1. Die Dienstleistung von erdgebundenen Kraftfahrzeugen –
   zum Beispiel Lastkraftwagen, Pkw und Motorrädern, nicht
   aber Schiffen und Flugzeugen –, deren Hauptzweck in der
   Überbrückung von Distanzen besteht, wird in Kilometer
   gemessen, wobei zusätzlich berücksichtigt werden muss,
   welche Menge an Fracht oder wie viele Personen pro Kilometer befördert werden. In die Berechnung von MIPS geht
   die Gesamtheit der Nutzungseinheiten ein, vom Beginn der
   Nutzung bis zum Ende.

2. Die Dienstleistung von Geräten, Maschinen und Produkten, die einen eingebauten Nutzungszyklus haben, wird für eine bestimmte Zahl von Zyklen angegeben. Das trifft zum Beispiel auf Waschmaschinen, Geschirrspüler, Wäschetrockner, Uhren zum Aufziehen, Wasserspülungen, Zementmixer und Kaffeemaschinen zu. Auch in diesem Fall wird die Gesamtheit der Nutzungseinheiten gezählt, also hier die Zahl der Nutzungszyklen, und zwar vom Beginn der Nutzung des Produktes bis zum Ende der Nutzung. Dabei muss die pro Zyklus bearbeitete oder verarbeitete Menge zusätzlich angegeben werden. Eine Waschmaschine wäscht zum Beispiel pro Zyklus fünf Kilogramm Trockenwäsche. Das ist ihre Dienstleistung. Die Gesamtheit ihrer Dienstleistungen ist die Zahl der Trommelfüllungen Wäsche, die sie reinigen kann. Entsprechend kann eine Uhr eine begrenzte Anzahl von Malen aufgezogen werden und läuft dann eine bestimmte Zeit lang, und eine Kaffeemaschine liefert soundso viele Male eine Portion mit sechs oder zwölf Tassen Kaffee.

3. Als Dienstleistungseinheit von Geräten, Maschinen, Produkten und Gebäuden, deren Nutzungszeit der Nutzer selbst bestimmt, wird die Dauer der Nutzung eingesetzt, wobei die Zahl der während dieser Dauer nutznießenden Personen oder die Kapazität zusätzlich berücksichtigt werden muss. Die Dienstleistung eines Kochherdes zum Beispiel hängt nicht nur ab von der Dauer der Nutzung, sondern auch von der Zahl der mit Hilfe dieses Herds mit Essen versorgten Personen und der Zahl der Kochplatten, die gleichzeitig benutzt werden können. Andere Beispiele: Die Kapazität eines Staubsaugers ist die Saugleistung, als Kapazität des Computerbildschirms kann man die Größe der Bildschirmfläche ansetzen, bei einem Gebäude wird die Ka-

pazität über die Nutzfläche berücksichtigt, und die Kapazität eines Kühlschrankes wird üblicherweise in Liter Fassungsvermögen angegeben.

Die Dauer der Nutzung kann in verschieden lange Nutzungsperioden eingeteilt werden. Die Nutzungsperioden werden – wo immer möglich – so gewählt, dass sie der kleinsten sinnvollen Zeitspanne für eine einzelne Nutzung entsprechen. Sie werden also gemessen

– in weniger als einer Stunde, zum Beispiel für die Nutzung von Geräten zur Signalübertragung, Schuhputzbürste, Werkzeuge, Armbanduhr;

– in Stunden etwa für die Nutzung von Flugzeugen, Staubsaugern, Küchenherden, Glühlampen, Rollschuhen, Computern, Fernsehern und Geräten der Unterhaltungselektronik;

– in Tagen zum Beispiel für Schnittblumen;

– in Jahren für Langzeitgüter und solche, deren Nutzung wechselnden Häufigkeiten und Intensitäten unterliegt. Zu Langzeitgütern gehören u. a. Gebäude, Schwimmbäder, Autobahnbrücken, Infrastrukturen, Kunstgegenstände, Straßenbaumaschinen, Heizungsanlagen, Möbel, Boote, Badezimmer, Geschirr, Besteck und Bücher.

Die Festlegung der Serviceeinheit ist immer auch abhängig vom Untersuchungsgegenstand, insbesondere davon, was verglichen werden soll. Beim Vergleich zweier oder mehrerer Produkte sollte ein kleinstmöglicher gemeinsamer Dienstleistungsanspruch definiert werden, etwa der Transport einer Person über einen Kilometer (Personenkilometer). Material- und Energieeinsatz für das Anbieten dieser Dienstleistungseinheit durch verschiedene Verkehrsmittel (Bus, Bahn, Auto) kann dann direkt verglichen werden.

Bittet man zehn Menschen, eine Reihe von Produkten nach ihrer Nützlichkeit zu ordnen, so bekommt man wahrscheinlich zehn verschiedene Antworten. Ob etwas nützlich ist oder nicht und ob es nützlicher als das Konkurrenzprodukt ist, ist eben unter anderem auch eine Frage der subjektiven Prioritäten und Vorlieben. Da aber ein Vergleich unterschiedlicher subjektiver Bewertungen wissenschaftlich nicht möglich ist, stellt die Festlegung von vergleichbaren Dienstleistungseinheiten einen pragmatischen und praktikablen Kompromiss dar. Am Ende steht natürlich immer die persönliche Entscheidung. Doch es ist ein Unterschied, ob diese Entscheidung durch nachvollziehbare Fakten und einen klar definierten Maßstab wie MIPS unterstützt wird, oder ob die entscheidenden Personen ganz auf ihr subjektives Urteil und ihr zufälliges Vorwissen angewiesen sind. Kaum ein Mensch wird beispielsweise Schwierigkeiten haben sich zu entscheiden, wenn er zwei Alternativen angeboten bekommt, ein Reiseziel zu erreichen. Dennoch kann es eine wertvolle Hilfe sein, wenn er vor der Entscheidung weiß, dass die eine Reisemöglichkeit pro Personenkilometer ökologisch deutlich aufwendiger ist als die andere.

Ein Beispiel: Dematerialisierter Stahl – was ist das?

Ein hoher Funktionär der deutschen Stahlindustrie fragte einmal mit Hintersinn, was er denn als Ökolaie unter dematerialisiertem Stahl zu verstehen habe. Stahl sei doch wohl Stahl, und Materie von Masse wegzunehmen ergebe doch nichts weiter als weniger vom selben Stahl.

Aber so ist die Dematerialisierung natürlich nicht gemeint. Weniger Stahl zu verwenden dematerialisiert zwar eine Karosserie, die aus Stahl hergestellt ist. Doch eine Tonne Stahl bleibt eine Tonne Stahl. Die Tonne Stahl selbst kann man nur dematerialisieren, wenn man mit Materialintensitäten (MI) von der Wiege an rechnet, das heißt, von der Erzgewinnung an. Dabei gibt es aber, auch für Stahl, durchaus noch Spielraum für Veränderungen. Man kann zum Beispiel beim Wasserverbrauch vorsichtiger sein und Transporte vermeiden; man kann den Hochofen anders fahren oder (ökologisch weniger aufwendigen) Elektrostahl produzieren, und man kann mehr Schrott mit einschmelzen. Kurz, man kann den ökologischen Rucksack verkleinern.

Als er das erfuhr, fing der Funktionär prompt an, eine lange Reihe von schon erledigten und noch geplanten Verbesserungen dieser Art aufzuzählen, und fragte, was das denn mit Ökologie zu tun habe? Da werde doch allenfalls ein bisschen Kohlendioxid gespart!

Das klingt richtig, übersieht aber den wichtigen Aspekt von MIPS, der darin liegt, den Nutzen von Produkten als Dreh- und Angelpunkt im Auge zu haben. So kann man zum Beispiel aus Stahl Brücken bauen. Eine Brücke dient dazu, mit Fahrzeugen von einem Hang über eine Talsohle hinweg zum anderen Hang fahren zu können. Diesen Nutzen – die Dienstleistung – kann man im Wortsinne auf verschiedenen Wegen erreichen: über eine Brücke aus Beton, über eine Brücke aus Stahl oder auf einer sehr langen Straße bergab und dann bergauf.

Der ökologische Rucksack einer Brücke aus Stahl ist aber – bezogen auf ihren Nutzen – erheblich kleiner als der einer Brücke aus Beton. Von der langen Straße, die ja auch noch Wiesen verschlingt, wollen wir erst gar nicht reden. Diesen Hinweis fand der Funktionär der deutschen Stahlindustrie zuletzt dann doch durchaus interessant.

Ressourcenproduktivität: Mehr Nutzen für weniger Umwelt

Die Begriffe »Material Input« (MI) und MIPS sind aufs engste mit einem Begriff verknüpft, der Praktikern in der Industrie sehr vertraut ist, dem der Produktivität. Je geringer der Materialaufwand ist, den ich für eine Dienstleistung benötige, desto produktiver setze ich, umgekehrt formuliert, die Ressourcen ein. Eine unproduktive Verwendung natürlicher Ressourcen ist gleichbedeutend mit einem hohen Materialinput. Mathematisch formuliert sind Ressourcenproduktivität und Materialverbrauch zueinander umgekehrt proportional; wird das eine kleiner, entspricht das einer Erhöhung des anderen, und umgekehrt. Und genauso wie es den Materialinput (MI) beziehungsweise den ökologischen Rucksack auf der einen Seite und den Materialinput pro Dienstleistungseinheit (MIPS) auf der anderen Seite gibt, müssen wir auch zwei Arten von Ressourcenproduktivität unterscheiden. Je nachdem, ob es um bestimmte Produkte oder um das Erbringen von Dienstleistungen geht, sprechen wir von der Ressourcenproduktivität der Produktion oder der Ressourcenproduktivität der Dienstleistung.

Ressourcenproduktivität der Produktion

Die Ressourcenproduktivität der Produktion ist ein Maß für die Effizienz, mit der Energie und Material zum Bau eines Produktes eingesetzt werden. Je kleiner der ökologische Rucksack (ÖR) eines Produktes ist, desto größer ist die Ressourcenproduktivität seiner Herstellung.

Zur Erinnerung: Der ökologische Rucksack ist der Materialaufwand, den ich einem Produkt zusätzlich »auf den Rücken binden« muss, um deutlich zu machen, wie viel Umweltressourcen wirklich in ihm stecken. Die Masse des Produktes und der ökologische Rucksack ergeben zusammen den gesamten Materialinput (MI) für das Produkt. Man berechnet daher die Ressourcenproduktivität der Produktion, indem man das Gewicht des Produktes durch die Summe aus Produktgewicht und ökologischem Rucksack teilt, also durch die Materialintensität (MI).

Nehmen wir als Beispiel eine Berechnung, die Christopher Manstein vom Wuppertal Institut durchgeführt hat. Wiegt ein Motorrad 190 Kilogramm (0,19 Tonnen) und sein ökologischer Rucksack 3,3 Tonnen (ohne Eigengewicht), so errechnet sich die Ressourcenproduktivität entsprechend als $0,19 / (3,3 + 0,19) = 0,054$. Dies bedeutet, dass nur 5,4 % der aus ihrer natürlichen Umgebung bewegten (abiotischen) Rohmaterialien in eine nutzbringende Maschine überführt wurden – fürwahr keine technische Glanzleistung.

Wie wir aber bereits wissen, ist diese Rechnung aus ökologischer Sicht noch nicht vollständig, weil wir neben den natürlichen Rohmaterialien zur Herstellung auch diejenigen berücksichtigen müssen, die zu seiner Benutzung benötigt werden. Motorräder verbrauchen nun einmal Benzin, solange man damit fährt, und Mausefallen brauchen Speck. Ganz grob über den Daumen gepeilt ist der ökologische Rucksack dienstleistungsfähiger Maschinen, die während der Nutzung Ressourcen verbrauchen, für das ganze Produktleben berechnet etwa doppelt so groß wie der Rucksack, der sich bis zum Ende der Produktion angesammelt hat. Im Beispiel des Motorrades reduziert sich damit die Ressourcenproduktivität auf etwa 2,8 %.

Dieses Beispiel ist leider keineswegs besonders extrem gewählt. Im Durchschnitt haben unsere maschinellen Erzeugnisse einen ökologischen Rucksack von 30 Tonnen pro Tonne Produkt. Grob abgeschätzt und im Durchschnitt erreicht also die gesamte Branche der Hersteller technischer Produkte in Deutschland eine Ressourcenproduktivität von $1/(30+1)$, das sind etwa 3,2 %.

Ressourcenproduktivität der Dienstleistung

Bisher habe ich bei meiner Definition der Ressourcenproduktivität noch nicht von Dienstleistungen gesprochen. Ich habe vorgeführt, wie man die Ressourcenproduktivität eines Produktes berechnet, unabhängig davon, welche Dienstleistung es erbringt, wenn es einmal hergestellt ist. Hat man sie erst einmal berechnet, stößt man meist sehr schnell auf Ansatzpunkte, wo Verbesserungen möglich sind. Die viel größeren Chancen für eine Dematerialisierung unserer Wirtschaft sehe ich aber, wie gesagt, wenn wir nicht bei vorhandenen Produkten ansetzen, sondern uns überlegen, welchen Bedarf an Service wir haben, und dann nach einem möglichst Ressourcen sparenden Weg suchen, ihn zu erfüllen.

Was wir verbessern müssen, ist die Ressourcenproduktivität für das Erbringen von Dienstleistungen oder Nutzen, d. h. die Ressourcenproduktivität bei der Herstellung einer Einheit Leistung oder Service S, geteilt durch den Materialinput MI, beziehungsweise das Eigengewicht plus den ökologischen Rucksack.

Die Ressourcenproduktivität der Dienstleistung errechnet sich als S pro MI. Das Umgekehrte hatten wir schon: MI pro S ist MIPS, der Materialinput pro Dienstleistungseinheit. Wir sehen, dass die Ressourcenproduktivität des Nutzens einer Dienstleistungserfüllungsmaschine das Umgekehrte von

MIPS ist. Das heißt: MIPS ist ein Maß für die Ressourcenproduktivität der Dienstleistung.

Die Ressourcenproduktivität von Dienstleistungen kann man durch ökointelligente Innovationen im technischen Bereich verbessern, also durch das technisch raffinierte Verkleinern der Materialintensität. Aber dies ist nicht der einzige Weg. Eine Vergrößerung des Faktors Nutzen bringt das gleiche Ergebnis. Verbesserungen auf diesem Feld stehen jedem Menschen offen. Wenn Menschen bewusst Entscheidungen treffen, um Ressourcen zu sparen, dann erreichen sie damit das gleiche Ziel wie Erfinder und Konstrukteure mit technischen Neuerungen: Sie verbessern die Ressourcenproduktivität der Dienstleistung, die hinter einem Produkt steht. Die einen, die Techniker, verkleinern MI; die anderen, die Konsumenten, vergrößern S, den Nutzen. Die Beteiligung der Konsumenten an diesem Verbesserungsprozess ist enorm wichtig, denn eine Verbraucherentscheidung für die Lösung mit dem geringeren Ressourcenverbrauch kann die Produktivität in einem Maße verbessern, für das Techniker mit neuen Erfindungen Jahrzehnte brauchen würden, wenn sie es überhaupt je erzielen könnten. Ein verändertes Konsumentenverhalten ist in vielen Fällen der schnellste Weg zu drastischen Verbesserungen der Ressourcenproduktivität. Nennen wir diesen Weg kurz die »private« Erhöhung der Ressourcenproduktivität von Dienstleistungen.

Zum Beispiel kann jeder mit Arbeitskollegen zusammen ein Auto benutzen, statt jeder das seine. Wenn dann zwei Personen in einem Auto fahren, statt vorher in zwei Autos, dann erbringt das benutzte Auto seine Dienstleistung von einem Tag auf den anderen mit etwa der doppelten Ressourcenproduktivität. Das ist eine sensationelle Verbesserung, aus technischer Sicht ein »Jahrhundertsprung« der Effizienz. Seit Be

ginn der industriellen Revolution sind technische Effizienz-
verbesserungen an existierenden Systemen von durchschnitt-
lich etwa 0,5 % pro Jahr die Regel.

Ähnliches erreicht eine Familie, die sich entschließt, mit
anderen Familien »car-sharing« zu betreiben oder darauf hin-
zuarbeiten, ihr Auto länger als bisher üblich zu besitzen. Man
kann auch Aluminiumfolie in der Küche mehrere Male benutzen und ab sofort selten gebrauchte Sportgeräte nur noch
ausleihen. Die Vielfalt der Möglichkeiten ist wesentlich größer als alle technischen Potenziale, die noch so raffinierte
Technik mit der Zeit auszuschöpfen lernen wird.

Entscheidend wichtig ist in allen Fällen, dass die Verbesserung der Ressourcenproduktivität der Dienstleistung mit
Hilfe persönlicher Entscheidung keine technischen Veränderungen voraussetzt, sofort wirksam wird und immer Geld
spart.

Je höher die Preise von natürlichen Rohmaterialien sind,
die für die Herstellung eines Produktes eingesetzt werden,
desto mehr macht sich auch die Verbesserung der »technischen« Ressourcenproduktivität der Produktion bezahlt.
Würde man zum Beispiel bestimmte Teile eines technischen
Gerätes aus Gold herstellen, dann würde es sich lohnen, diese
Teile möglichst klein zu gestalten oder sich nach billigeren Er-
satzstoffen umzusehen. (Hier liegt eine der ganz großen
Chancen für die Chemieindustrie.) Zurzeit sind jedoch die
meisten natürlichen Rohmaterialien vergleichsweise spottbil-
lig: Für den Preis von zwei Schachteln Zigaretten bekommt
man eine Tonne Sand oder zwei Tonnen Trinkwasser ab Was-
serhahn in der Küche. Kein Wunder also, dass bisher nur wenige Unternehmer diesen Weg gezielt nutzen, um ihre Profite
zu verbessern. Er setzt innovative Intelligenz, Beharrlichkeit
und Langzeitplanung voraus.

»Ökologische Preise« und ihre Kennzeichnung

Als das Fernsehen einmal einen Bericht über unsere Arbeit am MIPS-Konzept sendete, wollte der Moderator seinen Zuschauern besonders plastisch veranschaulichen, was es für sie bedeuten würde, wenn MIPS eines Tages zur Bewertung von Produkten herangezogen würde. Sein kurzer Film zeigte einen Supermarkt. Die Kamera schwenkte durch die Regale und auf die Produkte. Preisaufkleber waren auf den Produkten, wie wir es kennen. Doch außer dem Preis stand auf diesen Aufklebern auch noch, wie viel MIPS dem Produkt zugerechnet werden muss. Die Lehre, die der Betrachter daraus ziehen konnte: Wenn zwei Konkurrenzprodukte annähernd den gleichen Preis haben, kauft man natürlich das mit der geringeren Materialintensität pro geleistetem Nutzen. Und wenn man besonders umweltbewusst kaufen will, darf der Preis des ökologisch »besseren« Produktes auch schon mal ein bisschen höher sein.

Der Journalist hatte für seinen Bericht realisiert, was ich mir in der Tat wünsche: Eine Kennzeichnung von Produkten und Dienstleistungen, der die Käufer entnehmen können, welchen Preis die Umwelt »zahlt«, damit sie diese Dienstleistung oder dieses Produkt kaufen können.

Schauen wir uns an, wie solche »ökologischen Preise« in der Währung MIPS in der Praxis ermittelt werden könnten. Grundsätzlich muss ein ökologischer Preis ein nachvollziehbares Maß dafür sein, in welchem Ausmaß das Produkt oder die Dienstleistung die Umwelt belastet. Ökologische Preise müssen Umweltbelastungspotenziale – oder ökologische Störpotenziale – von Sachgütern und Dienstleistungen in physikalischen Größen ausdrücken. Soweit die Umweltbelastung auf den Ressourcenverbrauch zurückgeht, können diese

Preise den ökologischen Rucksäcken von Werkstoffen und dienstleistungsfähigen Sachgütern gleichgesetzt werden.

Warum sollte eigentlich nicht in Zukunft neben der Preisauszeichnung in Euro und Cent oder der jeweiligen Landeswährung auch regelmäßig eine Angabe über die ökologischen Rucksäcke stehen, gerechnet »von der Wiege bis zum Händler«, oder besser noch in MIPS?

Die spannende Frage ist, ob und wie weit eine solche Kennzeichnung dazu beitragen könnte, unsere Wirtschaft auf dem Weg in die Zukunftsfähigkeit voranzubringen. Bekannt ist, dass Informationen über die Abwesenheit von Umweltgiften in Nahrungsmitteln einen erheblichen Lenkungseffekt haben. Garantiert ein Produzent zum Beispiel, dass seine Produkte frei von absichtlich verwendeten Herbiziden und Pestiziden sind, dann kann er diese Produkte mit ganz erheblichen Preisaufschlägen verkaufen. Auf dieses Kaufverhalten hat jedoch mit Sicherheit auch der Wunsch nach persönlicher Gesundheit einen großen Einfluss – wahrscheinlich erheblich mehr als die allgemeine Sorge um den Zustand der Umwelt.

Aus der Sicht des Umweltschutzes wäre es interessanter zu wissen, ob zum Beispiel Äpfel aus Neuseeland weniger gerne gekauft werden als Äpfel vom Bodensee oder aus Meran. Untersuchungen über die Wirksamkeit von Angaben zum Ursprungsland der Ware könnten uns eher eine Auskunft darüber geben, wie die Sorge um die Umwelt das Kaufverhalten beeinflusst. Werden Orangen aus Israel denen aus Spanien vorgezogen? Unterschiede im Geldpreis gibt es kaum. Die umfangreichen, offenen und verdeckten Subventionen für Transporte in Europa (und anderen Regionen der Welt) verdecken die Unterschiede der Entfernungen praktisch vollkommen.

Eine Kennzeichnung in den Größen ökologischer Rucksack

oder MIPS allein würde den Konsumenten zudem nicht viel
weiterhelfen. Was bedeutet schon ÖR = 255? Ist das viel? Ist
das wenig? Kann ich es mir leisten? Jede Angabe eines Geld-
preises kann der Konsument direkt mit seinem persönlichen
Budget und seinen Wirtschaftsinteressen vergleichen.
2,50 Euro für ein kleines Plastikspielzeug mögen dann teuer
sein, aber der Betrag schlägt nicht weiter zu Buche. Der Preis
von 250 000 Euro für eine Eigentumswohnung in guter Lage
mag billig sein, aber wenn der Betrag das Budget übersteigt,
ist es dennoch zu teuer.

Doch was ist das Budget, mit dem man den ökologischen
Rucksack vergleichen soll? Der Käufer kann ein in ökologischen Rucksäcken oder MIPS ausgedrücktes »Umweltstörpo-
tenzial« nicht in Beziehung setzen zur Gesundheit der Umwelt insgesamt.

Obschon also kaum damit zu rechnen ist, dass alleine die
Kennzeichnung von Gütern mit einem ökologischen Preis zu
entscheidenden Fortschritten in Richtung Zukunftsfähigkeit
führen wird, so scheint mir die Entwicklung einer allgemein
anwendbaren und international harmonisierungsfähigen
ökologischen Kennzeichnung von Industriegütern aus meh-
reren Gründen dennoch sinnvoll und wichtig:

Erstens berücksichtigen wohlhabende Käuferschichten in
Deutschland ökologische Kennzeichnungen durchaus, soweit
sie Vertrauen in diese Kennzeichnung haben. Hersteller sind
im Allgemeinen über das Kaufverhalten von Konsumenten
gut unterrichtet und reagieren entsprechend. Ein gewisser
Schub in Richtung Zukunftsfähigkeit kann sich also auch aus
Kennzeichnungen ergeben.

Wie erste Erfahrungen mit Kindern gezeigt haben, ist es
zweitens durchaus möglich, Jugendlichen schon in frühem
Alter innerhalb kurzer Zeit ein gutes Verständnis für die Be-

deutung von ökologischen Rucksäcken zu vermitteln. Das Projekt »MIPS für Kids« des Wuppertal Instituts unter Leitung von Maria Welfens und Heike Steinkamp soll weitere Wege zur Vermittlung des MIPS-Konzeptes an Jugendliche aufzeigen. Wünschenswert wäre eine durchgreifende Verbreitung dieses Wissens im Erziehungsbereich mit dem Ziel, Konsumenten so früh wie möglich mit der wirschaftlichen und ökologischen Bedeutung der Ressourcenproduktivität vertraut zu machen. Unabhängig davon, wie weit es in der Zukunft gelingen mag, »ökologische Störwerte« durch gesetzliche oder andere Maßnahmen in den Ladenpreis von Produkten oder die COPS von Dienstleistungen zu integrieren, werden Kenntnisse über ökologische Rucksäcke und MIPS nicht zuletzt für den Grenzausgleich (Zölle) gebraucht und außerdem für die Beantwortung der Frage, wie weit einzelne Marktpreise von der »ökologischen Wahrheit« im Sinne Ernst Ulrich von Weizsäckers entfernt sind.

Ökologische Preise

Ich habe den ökologischen Rucksack so definiert, dass alle natürlichen Rohmaterialien darin enthalten sind, die von der Wiege bis zum fertigen Werkstoff oder Produkt aufgewendet wurden, abzüglich des Eigengewichtes. Ökologischer Rucksack (ÖR) plus Eigengewicht ist der Materialinput (MI). Wie wir bereits wissen, können dabei fünf verschiedene Rucksäcke unterschieden werden: je einen für abiotische und biotische natürliche Rohmaterialien, den für Wasser, den für Luft und schließlich einen für Bodenbewegungen. Obgleich für die Herstellung abiotischer Werkstoffe wie etwa Nickel, Elektrostahl und Kupfer auf dem Wege von der Quelle bis zum Werk-

stoff auch Rucksäcke für Wasser (z. B. Aufbereitung der Erze)
und Luft (z. B. Transport) entstehen, ziehe ich es der Einfach-
heit halber hier vor, nur jeweils die abiotischen Rucksäcke für
die Bemessung der ökologischen Preise abiotischer Werkstoffe heranzuziehen.

Damit müssen wir als ökologischen Preis von abiotischen
Werkstoffen nur noch die Masse natürlicher Materie angeben
– plus die für Energie –, die pro Tonne Werkstoff bewegt werden muss, bis der Werkstoff technisch genutzt werden kann.
Preisauszeichnungen für abiotische Werkstoffe könnten demnach in der Zukunft wie folgt aussehen:

Sand (Tonne):	10 €;	MI 1,2 (Tonnen / Tonne)
Nickel (Tonne):	11 200 €;	MI 141 (Tonnen / Tonne)
Elektrostahl (T):	620 €;	MI 3,36 (Tonnen / Tonne)
Kupfer (Tonne):	3250 €;	MI 500 (Tonnen / Tonne)
Gold (Tonne):	22 600 000 €	MI 540 000(Tonnen / Tonne)

Kommen wir nun zu den ökologischen Preisen von dienstleistungsfähigen Sachgütern. Nehmen wir den Materialinput als
ökologischen Preis, dann könnte eine Preisauszeichnung
eines Dreiwegekatalysators zum Beispiel so aussehen: Drei-
wegekatalysator: 1200 €; MI 2,7 (Tonnen pro Stück). Und für
einen Fingerring aus Gold: Fingerring (Gold, 7 Gramm): 550
€; MI 3,8 (Tonnen pro Ring).

Selbst den ökologischen Preis für ein Gemälde von Rembrandt kann man auf diese Art angeben. Nehmen wir an, das
Bild wöge zehn Kilogramm (ohne Rahmen), hat einen (angenommenen) ökologischen Rucksack von 100 (unter den Pig-
menten befinden sich auch Schwermetalle) und einen (geschätzten) Handelswert von 20 Millionen €. Hieraus ergäbe
sich:

Bild (Rembrandt): 20 000 000 €; MI 0,1 (Tonnen pro Bild) –
Investitionen in Kunstwerke können ökologisch gesehen also
außerordentlich interessant sein.

Als weitere Beispiele wollen wir alltäglichere Dinge betrachten, über deren Kauf wir alle nachdenken können:

Nagel (Stahl):	0,01 €; MI 0,0 000 036 (Tonnen pro Nagel)
Nagel (Kupfer):	0,05 €; MI 0,0004 (Tonnen pro Nagel)
Auto	
(Mittelklasse):	30 000 €; MI 45 (Tonnen pro Auto)
Auto (S-Klasse):	90 000 DM; MI 70 (Tonnen pro Auto)

Um zu diesem Ergebnis zu kommen, muss man berücksichtigen, dass ein Auto der S-Klasse in seinem Leben etwa doppelt
so viele Kilometer hinter sich bringt wie ein Mittelklassewagen. Man muss also zwei Mittelklassewagen mit einem Wagen des Typs S-Klasse vergleichen. Für ein Fahrzeug der
S-Klasse nehmen wir an, es führe insgesamt rund 400 000 Kilometer in seinem Leben, ein Mittelklassewagen nur 200 000.
Zwischen »Wiege« und Händler »kosten« zwei Mittelklassewagen 90 Tonnen, ein S-Klasse-Wagen 70 Tonnen.

Kommen wir als Nächstes zu den ökologischen Preisen
von Dienstleistungen, MIPS. Der Mittelklassewagen braucht
etwa sieben Liter Treibstoff auf 100 Kilometer, die S-Klasse
jedoch elf Liter. Auf 400 000 Kilometer verbraucht man also
mit Mittelklassefahrzeugen rund 4000 mal sieben Liter, das
sind 28 Tonnen. Da der Materialinputfaktor MIF von Treibstoff bei etwa 1,2 liegt, ist der ökologische Preis für diesen
Treibstoff 34 Tonnen. Mit einer entsprechenden Rechnung
kommt man für das Fahrzeug der S-Klasse auf 53 Tonnen
(4000 mal 11 mal 1,2). Alles in allem summieren sich die Materialinputs in der Mittelklasse auf einer Strecke von 400 000

Kilometern auf 118 Tonnen, in der S-Klasse auf 123 Tonnen (Reifenersatz, Reparaturen und Infrastrukturen etc. nicht mitgerechnet).

Dies ist nur ein grober erster Vergleich. In beiden Fällen ergibt sich ein Naturverbrauch von etwa 300 Gramm (nicht-nachwachsende) Natur pro Kilometer, ohne MI für Reifen, Öl etc. und ohne die Infrastruktur für den Straßenverkehr zu berechnen. Nach neuesten finnischen Erkenntnissen können die ökologischen Infrastrukturkosten pro Kilometer Autofahrt bis zu einem Faktor 10 (!) höher sein als für das Fahrzeug selbst.

Wenden wir uns schließlich noch kurz den ökologischen Preisen von Nahrungsmitteln zu. Auch in den ökologischen Rucksack von Nahrungsmitteln muss man – streng genommen – so viel hineinpacken, dass die Rechnung sehr aufwendig wird. Ich beschränke mich daher auf den ökologischen Preis »von der Wiege bis zum Verkauf durch den Erzeuger«, vernachlässige also Saatgutproduktion, Chemikalienaufwand, Transport, Verarbeitung, Frischhaltung und Verpackung auf dem Wege zum Endnutzer. Unter dem Gesichtspunkt der Ressourcenproduktivität kann man dann den ökologischen Preis von Nahrungsmitteln am einfachsten durch die Erosion ausdrücken. Wir beschränken uns dabei auf den Teil der Erosion, der sich eindeutig der Nahrungsmittelproduktion zurechnen lässt, und packen jedem Nahrungsmittel den Anteil der Erosion in den Rucksack, der zu diesem Nahrungsmittel in Beziehung steht. Das Ergebnis ist eine Angabe in Tonnen Erosion pro Tonne produzierter Nahrungsmittel.

Die Zahlen für viele Feldfrüchte sind im Anhang dieses Buches angeführt. Sie wurden von S. Bringezu und H. Schütz am Wuppertal Institut für die nach Deutschland importierten Biomassen ermittelt. Einheimische Werte für hier wachsende

Produkte der Land- und Forstwirtschaft sind sehr ähnlich. Die angeführten Werte schwanken um ganz erhebliche Werte und deuten auf drei wichtige Erkenntnisse hin:

(1) Die gesamte heutige land- und forstwirtschaftliche Produktion von Biomasse ist erstaunlich ressourcenintensiv, gemessen in Tonnen Erosion pro Tonne Produkt und ist durchaus vergleichbar dem Ressourcenverbrauch bei industriellen Produkten in Tonne pro Tonne von der Wiege bis zum Produkt (auf die hohe Abfallrate von Biomassen haben wir bereits hingewiesen).

(2) Für Kalb- und Rindfleisch ergibt sich in den Exportländern eine Erosionsrate, die vergleichbar ist mit dem biotischen Material-Input-Faktor (MIF) für das Fleisch von diesen Tieren. Will sagen, die Ressourcen-Effizienz der Produktion von tierischem Eiweiß ist nicht nur sehr gering im Hinblick auf Ressourceninput pro Outputeinheit, sie wird durch die begleitende Erosion zusätzlich noch halbiert.

(3) Speziell für die Produktion von Biodiesel und anderer erneuerbarer Energieträger sorgen die heutigen Anbaumethoden für ökologische Rucsäcke, die weit über den MIF-Werten von Treibstoffen aus fossilen Energieträgern liegen.

Diese Erkenntnisse sollten bei der Diskussion und bei Entscheidungen zum Thema Verbrauch von nachwachsenden Rohstoffen sehr wohl Berücksichtigung finden.

Bei der Auszeichnung von Früchten empfiehlt es sich weiterhin, das Ursprungsgebiet anzugeben (Apfelsinen aus Florida, Äpfel aus Neuseeland, Schinken aus Norddeutschland). Die

Angabe des Herkunftslandes ist bereits vorgeschrieben; aber bei Grundnahrungsmitteln, die fast überall hergestellt werden, wäre auch die Verpflichtung zur Angabe der Herkunftsregion innerhalb Deutschlands sinnvoll. Hingegen sollte bei Fleisch und Fisch das Ursprungsland der verfütterten Biomasse angegeben werden (Soja aus Brasilien, Fischmehl aus Japan), da dies den größten Transportaufwand und damit die höchsten ökologischen Kosten verursacht.

Sagen die Preise die ökologische Wahrheit?

Seit Jahren lautet eine der bekanntesten Aussagen Ernst Ulrich von Weizsäckers, dass die Preise nicht die ökologische Wahrheit sagen. Viele Produkte und Rohstoffe sind zu Preisen zu haben, die nichts mit dem Ausmaß des Eingriffs in die Ökosphäre zu tun haben, der hinter dem Angebot steckt. Niemand bezweifelt wohl die Richtigkeit dieser Aussage. Sofern wir uns damit zufrieden geben, das ökologische Störpotenzial von Sachgütern mit Hilfe der ökologischen Rucksäcke abzuschätzen, können wir aber sehr wohl einen Vergleich zwischen Gütern anstellen und eine Aussage über die »ökologische Unwahrheit« ihres Marktpreises machen.

Dazu schauen wir uns bei einer Reihe von Werkstoffen an, wie viel Tonnen der Materialinput pro Tonne des Werkstoffes wiegt. Wir rechnen also den Materialinput in Tonnen pro Tonne (t/t) aus. Das Ergebnis vergleichen wir mit dem Preis pro Tonne, indem wir den ökologischen Rucksack durch den Preis teilen. (Die Weltmarktpreise von Werkstoffen ändern sich täglich. Die hier eingesetzten Preise können erheblich vom Tageskurs abweichen. Für unseren Vergleich ist dies aber unerheblich.)

Wenn wir Elektrostahl kaufen, bekommen wir nach Tab. 3 recht wenig ökologischen Rucksack pro Euro; anders gesagt: Der ökologische Rucksack von Elektrostahl muss relativ teuer bezahlt werden. So gesehen ist andererseits Kupfer ökologisch billiger als Sand, und Gold mehr als vier Mal billiger als Elektrostahl. Man kann auch sagen, die Preise dieser Werkstoffe weichen untereinander um den Faktor 28 von der »ökologischen Wahrheit« ab. »Ökologisch wahr« wären die Preise, wenn der Materialinput in allen Fällen ungefähr gleich viel pro Tonne kosten würde, unabhängig vom Produkt.

Werkstoff	MI (abiotisch) / Euro
Kupfer	0,308
Sand	0,2
Gold	0,0480
Nickel	0,0252
Elektrostahl	0,01096

Tab. 2 Vergleich von Materialinput und Preis abiotischer Werkstoffe

Aber schon bei so ähnlichen Produkten wie den verschiedenen fossilen Energieträgern trifft das nicht zu. Hier weichen die Preise untereinander um den Faktor 24 von der »ökologischen Wahrheit« ab, wie unsere Berechnungen am Wuppertal Institut schon länger nachweisen können (Tab. 3).

Energieträger	MI / Euro abiotisch	MI / Euro normiert
Braunkohle	0,112	21
Steinkohle (Import)	0,132	24
Schweres Heizöl	0,024	4,4
Steinkohle (Deutsch)	0,0188	4,1
Diesel	0,0054	1
Leichtes Erdöl	0,0104	2,1
Erdgas	0,0072	1,3

Tab. 3 Vergleich von Materialinput (MI) und Preis einiger Energieträger mit dem Vergleich zum Dieseltreibstoff

Wer einen Vergleich des Verhältnisses von Materialinput und Preis bei einigen der dienstleistungsfähigen Sachgütern anstellt, wird feststellen, dass der Preis des Bildes von Rembrandt 450 000-mal ökologisch günstiger (»wahrer«) als der des Dreiwegekatalysators, etwa fünf Millionen Mal ökologisch günstiger als der von Gold und 30 Millionen Mal ökologisch günstiger als der von Kupfer ist. Nicht ganz überraschend gehören demnach Kunstgegenstände zu den ökologisch empfehlenswerten Gütern, jedenfalls solange es sich nicht um monumentale Werke handelt, es sei denn um solche, die aus recycelten Teilen oder Werkstoffen geschaffen wurden.

Ernst Ulrich von Weizsäcker hat mit seiner Äußerung zur »ökologischen Unwahrheit« von Preisen offenbar Recht. Um sowohl der Wahrheit als auch einer dematerialisierten Wirtschaft näher zu kommen, schlagen wir die Kennzeichnung von Produkten mit einem Maßstab wie MIPS vor. Mit diesem ökologischen Maß hat der Konsument ein universell anwendbares Mittel an der Hand, Produkte nach ihrer ökologischen Qualität zu vergleichen und ökointelligente Kaufentscheidungen zu treffen.

4. Stoffwechsel der Wirtschaft

Ohne Stoffströme durch das Wirtschaften und ohne Nutzung von Fläche ist weder ein ökonomisches Auskommen noch ein biologisches Dasein auf der Erde möglich. Die Ökonomie und die Ökologie, die Wirtschaft und die Umwelt – diese beiden komplexen und nicht linear gekoppelten Bereiche der Wirklichkeit sind auf Gedeih und Verderb miteinander verwoben. Zwischen ihnen findet ein ständiger Austausch statt, bei dem Materie und Energie fließen und die Nutzung von Grund und Boden zwischen den Sphären wechselt. Dieser Zusammenhang ist unvermeidlich, und eine Wirtschaft, die sich von der Natur fern hält und die Umwelt nicht antastet, die sich auf diese Weise also »umweltfreundlich« verhalten würde, gibt es nicht und kann es nicht geben (Abb. 8).

Wenn wir Kleidung, Wohnraum oder Transportmittel anfertigen wollen, müssen wir auf Ressourcen zurückgreifen, die uns von der Erde bzw. der Natur zur Verfügung gestellt werden. Auf Eingriffe in die Umwelt verzichten können wir nicht. Wir kommen aus der Natur und greifen auf sie zurück. Unsere Option besteht ausschließlich darin, die enge Verknüpfung zwischen der Wirtschaft und der Ökosphäre erstens zu verstehen und zu akzeptieren und zweitens diese Erkenntnis überlegt und geplant in der gesamten Wirtschaft in Rechnung zu stellen. Unser einziger Handlungsspielraum besteht darin, bei den unvermeidlichen Eingriffen in die Natur darauf zu achten, dass die Dienstleitungen, die die Ökosphäre für uns

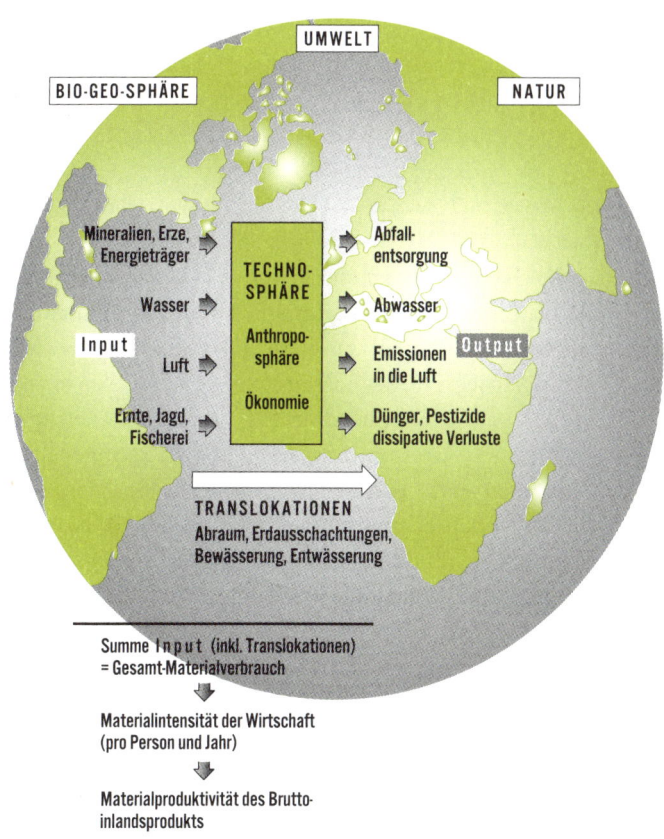

Abb. 8 Der natürlichen Umwelt (Luft, Boden, Wasser, lebende Materie) entnehmen wir Ressourcen, aus denen Waren und Nahrungsmittel werden. Diese werden von Menschen genutzt, zum Teil zurückgehalten, zum Teil ziemlich schnell als nunmehr nutzlos und durch Technik verändert der Natur zurückgegeben. Stoffstrombilanzen erfassen alle Komponenten für definierte Wirtschaftsräume, einschließlich Importe von und Exporte nach anderen Ländern und setzen sie wie Puzzles zu einem größeren Bild zusammen.

erbringt und auf die wir existenziell angewiesen sind, nach
unserem Eingreifen weiter erbracht werden können und auch
den folgenden Generationen zur Verfügung stehen.

Grundsätzlich betrachtet wäre es erstrebenswert, zwischen
den genannten Sphären einen Zustand zu erreichen, den man
»Koevolution« nennen könnte. Mit diesem Ausdruck soll eine
Situation bezeichnet werden, in der sich sowohl das Ökonomische als auch das Ökologische weiterentwickeln können –
jeder Bereich sowohl für sich als auch im engen Kontakt mit
dem anderen. Evolutionäre Veränderungen sind in beiden Bereichen unvermeidlich und so etwas wie ein Naturgesetz, wie
sich leicht klarmachen lässt. Was nämlich die Wirtschaft auf
der einen Seite angeht, so benötigt sie beständig neue Ideen
für innovative und wettbewerbsfähige Produkte, mit denen
sie Wachstum in Lebensqualität und Sicherheit für eine wachsende Zahl von Menschen schafft. Eine fortschreitende Wei-
terentwicklung dieser Art kann aber nur funktionieren, wenn
wir der Ökosphäre die dazu notwendigen Ressourcen auch in
Zukunft stetig weiter entnehmen können. Stellt die Umwelt
sie nicht mehr zur Verfügung, verweigert sie uns die dazugehörigen Dienstleistungen, dann brechen die Wirtschaft und
die Ernährung zusammen.

Was die Ökosphäre angeht, so entwickelt sie sich immerzu
weiter, indem sie sich nach ihren Gesetzen mit ihrem Tempo
anpasst an sich ändernde Bedingungen. Das vermag sie aber
nicht mehr in der ihr eigenen Weise, wenn eine allzu gefrä-
ßige Wirtschaft allzu kurzfristig und kurzsichtig plant und die
Natur als scheinbar unerschöpfliches Vorratslager behandelt,
das es so schnell und effizient wie möglich auszunutzen und
in Produkte und Rendite zu verwandeln gilt.

Man kann das auch so darstellen: Zwischen der menschlichen Lebenswelt, der Technosphäre und der Natur sollte es

eine Symbiose, eine Lebensgemeinschaft zu gegenseitigem Vorteil geben. Das Wesen einer Symbiose liegt darin, dass das Verhalten der Partner sich im Laufe der Evolution so einstellt, dass die erreichten Vorteile erhalten bleiben und damit die Chancen des Überdauerns besser werden.

Es gibt noch immer Entscheidungsträger in Wirtschaft und Politik, die materielles Wachstum als wesentliche Voraussetzung für eine gesunde Wirtschaftsentwicklung betrachten, wie dies in den vergangenen Jahrhunderten gelungen ist. Und es fällt ihnen in diesem Zusammenhang ganz leicht, die Meinung zu vertreten, dass der Menge des stofflichen Austausches zwischen Wirtschaft und Ökosphäre grundsätzlich keine physikalischen Grenzen gesetzt seien. Unter dieser Vorgabe weist man dem materiellen Metabolismus für das wissenschaftliche Verständnis von Wirtschaftsabläufen keine besondere Bedeutung zu. Das »Umweltproblem« wird in diesem Denkschema nicht als inhärente Schwierigkeit, sondern eher als die lästige Summe von »externen« Angelegenheiten verstanden. Damit sind die erkenn- und messbaren Schäden von Umwelt und Gesundheit gemeint, die durch wirtschaftliche Aktivitäten bestimmter Akteure der Umwelt und Menschen sichtbar und nachweislich zugefügt werden. Solche Fälle liegen etwa vor, wenn bleihaltige Emissionen aus Produktionsanlagen Erkrankungen von Menschen bedingen, die in der näheren Umgebung wohnen, oder wenn rund um Kupferhütten die Schadstoffbelastung der Bäume zunimmt und ein Waldsterben einsetzt.

Mit solchen Beobachtungen wurde in den frühen 1970er Jahren das Umweltbewusstsein geweckt, dessen Vorreiter zur Verbesserung der Lage das Konzept des »Verursacherprinzips« entwickelten, demzufolge der Verursacher für die Kosten der Schäden an anderen und fremdem Eigentum aufzukommen hat. Dieser zwar unmittelbar einleuchtende, politisch und juristisch aber nicht ohne weiteres durchsetzbare Gedanke wurde bald dahingehend erweitert, dass der potenzielle Verursacher versuchen soll, erst gar keine Umweltschäden auftreten zu lassen, was durch den zeitigen Einsatz geeigneter Umwelttechniken möglich sein sollte. Natürlich kostet es Geld, solche Verfahren zu entwickeln und anzuwenden, und da die Wirtschaft letztlich keine Wahl hat als staatlich verordnete zusätzliche Kosten an ihre Kunden weiterzugeben, lässt sich absehen, dass Güter und Dienstleistungen durch solche Vorschriften entsprechend teurer werden.

Diese Sicht der Dinge ist in der Überzeugung begründet, Umweltschäden könnten mit Hilfe geeigneter Technik zurückgedrängt, vermieden und – wenn nötig – repariert und somit zum Verschwinden gebracht werden. Dass derartige Strategien weitere Kosten verursachen, liegt auf der Hand, und zwar sowohl für die Verursacher selbst – sofern sie ausgemacht werden können – als auch für die Kontrollbehörden. Neben den finanziellen Belastungen bringt diese Art von Umweltschutz erfahrungsgemäß aber auch politische Turbulenzen mit sich, denn alle national beschlossenen Maßnahmen müssen von den Mitgliedsländern der EU untereinander und mit anderen Handelspartnern harmonisiert werden, um unfairen Wettbewerb vermeiden zu können.

Die in solchen Zusammenhängen oft zu hörende These, angemessenes Wirtschaftswachstum erlaube es, solche Kosten aufzufangen, scheint noch heute viel verbreitet. Nach gängiger Zählweise unserer Wirtschaftsweisen tragen die Ausgaben für solche Schutz- und Reparaturmaßnahmen auch zur Steigerung des Bruttoinlandsprodukts (BIP) bei, dem wirtschaftlichen Wurzelmaß für allen »Fortschritt«. Auf diesem Wege verhilft der eben dargelegte nachsorgende Umweltschutz sogar für einen wirtschaftlichen Wachstums-schub.

Wirtschaftsfachleute, die den ursächlichen Zusammenhang zwischen der Funktionsfähigkeit ökologischer Dienstleistungen und dem stofflichen Austausch zwischen Wirtschaft und Ökosphäre nicht erkennen, werden den natürlichen Grenzen von Wachstum, Globalisierung, Handel und Eigentumsbildung verständlicherweise wenig Aufmerksamkeit zukommen lassen wollen. Für sie muss grenzenloses physisches Wachstum der Weltwirtschaft erstrebenswert und möglich sein.

Ein Exkurs: Der Turm zu Babylon

Zum Thema unbegrenztes materielles Wachstum weiß Wouter van Dieren eine wundersame Geschichte zu erzählen: Pieter Brueghel der Ältere (ca. 1525–1569) hat ein Bild vom Turm zu Babylon gemalt, so wie er ihn nach dem Bericht in 1. Moses 11 aus dem Alten Testament vor seinen Augen sah.

Die Geschichte des Turmes beginnt vor etwa 3500 Jahren in Babylon mit dem Wunsche des allmächtigen Herrschers des unteren Mesopotamiens, in Gottes Nähe zu gelangen, ihm möglichst ebenbürtig zu sein. Der Weg dorthin bestand darin, sich der Natur-Ressourcen zu bedienen und einen immens hohen Turm zu bauen. Die klügsten Priester, Architekten und Ingenieure des Reiches wurden zusammengerufen. Die besten Wirtschaftsexperten schätzten die Kosten ab. Sie tüftelten auch eine simple Methode aus, um den Fortschritt des Unternehmens verfolgen zu können. Um gegen Einstürze gewappnet zu sein und auch um die notwendigen Transporte schneckenförmig in die Höhe bringen zu können, musste das Ge-

Abb. 9 Der Turm zu Babylon von Pieter Brueghel

bäude offenbar einer Pyramide, oder besser einem Kegel gleichen. Um das Bauwerk hoch genug zu machen, musste die Basis riesengroß bemessen sein.

   Der Bau begann unter lautem Trompetengeschmetter. Tausende von armen Bauern wurden zur Arbeit verpflichtet. Die

Aufseher und die Manager des Transportgewerbes, der Zie-
gelbrennereien und der Forsten aus der Umgebung wurden
bald über die Maßen mächtig und reich. Am Eingang der zukünftigen Pyramide wurde nach den Wünschen der Wirtschaftsexperten eine Zählstation eingerichtet, um die Zahl der
Beschäftigten und der Transporte – nach oben und nach unten
– festhalten und so dem König die frohe Botschaft.des Wachstums seines Traumes täglich mitteilen zu können. Der Ruhm
des Unternehmens drang weit über die Grenzen hinaus. Mehr
und mehr Menschen kamen aus fernen Ländern, um den Auf-
stieg zum Himmel mitzumachen. Die Zeit kam, dass Arbeiter
und deren Meister sowie Tiere oben untergebracht und ver-
pflegt werden mussten, weil die Wege zu lang wurden. Innovationen waren sehr gefragt, die Arbeit von Menschen durch
intelligente Werkzeuge und Maschinen ersetzt, um die wachsenden Kosten für Arbeit aufzufangen. Denn bald schon
mussten die Bauarbeiter und ihre Familien und Handwerker
oben am Turm angesiedelt werden. Häuser, Küchen, Straßen,
Geschäfte und Krankenstationen wurden nacheinander auf
immer höheren Stufen angesiedelt.

Die Zahl der Bauarbeiter, der Einrichtungen am und im
Turm und die Bewegungen am Eingang der Pyramide wuch-
sen ständig. Die Sprachverwirrung am Vielvölkerunterneh-
men stieg und mit ihr wurden die Signale an die Bauarbeiter
und Manager ständig un- und missverständlicher und der
Austausch untereinander mühsamer. Die Entfernungen zu
den Quellen von Baumaterial und für die Verpflegung der Beschäftigten dehnten sich aus. Einige begannen bereits, von
einer Art Globalisierung zu munkeln. Auch diese Erforder-
nisse wurden als Wachstum für das gesamte Unternehmen
verbucht und dem Herrscher täglich stolz vermeldet.

Mit der Zeit nahmen die Abwärtsbewegungen von Abfall

und Toten immer mehr zu, die Aufwärtsbewegungen von Baumaterial für die Erweiterung des Turms wurden mehr und mehr durch Erhaltungs-, Reparatur- und Verpflegungstransporte verdrängt. Die Zählstation am Eingang der Rampe vermeldete weiterhin unbeirrt Wachstum. Allmählich wurden die Sprach- und Befehlsverwirrungen übermächtig. Der Zerfall des Bauwerkes bekam die Oberhand. Und schließlich kam der Weiterbau ganz zum Erliegen. Das Unternehmen grenzenlosen Wachstums war beendet. Der wirtschaftliche Höhenflug verschwand im Nebel der Geschichte. Nur mündliche Berichte an den Lagerfeuern der Beduinen überstanden die Jahrtausende.

Haben Sie bei dieser Geschichte auch den Eindruck, dass es nichts Neues unter der Sonne gibt? Jedenfalls scheint es da beim Turmbau zu Babel ganz erstaunliche Ähnlichkeiten mit unserer Gegenwart zu geben. Oder?

Untrennbar: Wirtschaft und Ökosphäre

Der nachhaltige Verbrauch und das wirtschaftsweite Management natürlicher Ressourcen gehen weit über die Frage hinaus, wie man mit einzelnen Ressourcen wie etwa Wäldern, Ölvorräten, Böden oder Fischbeständen nachhaltig umgeht und ihre Nutzung gestaltet. Es geht von nun an vielmehr um die Frage, wie man die physikalische Basis der menschlichen Wirtschaft zukunftsfähig macht durch die Umstrukturierung des Naturverbrauches im gesamten Herstellungs- und Konsumbereich.

Aus wissenschaftlicher Sicht bestehen heute keine Zweifel mehr daran, dass die systemische Wurzel unserer Umweltprobleme wirtschaftlich in den falsch gestellten Weichen des

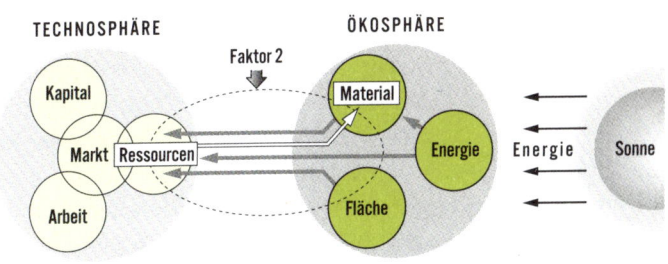

Abb. 10 Die Symbiose zwischen Ökosphäre und Wirtschaft: Die Wirtschaft der vom Menschen geschaffenen Technosphäre nimmt sich natürliche Ressourcen aus der Ökosphäre: Materie und Fläche. Noch kommt der allergrößte Teil der Energie in Form von fossilen Energieträgern in die Wirtschaft. In Zukunft muss die in ungeheuren Mengen verfügbare Sonnenenergie mittels dematerialisierter Technik eingefangen, also ökologisch so weit wie möglich »neutralisiert« werden. In der Technosphäre sind die drei Produktivfaktoren Kapital, Arbeit und Ressourcen angedeutet. Nutzlos gewordene Materie geht an die Ökosphäre zurück.

Stoffwechsels zwischen der Wohlstandserzeugungsmaschinerie der Wirtschaft (Ökonomie) und der Ökosphäre liegt. Sie berührt damit die Zukunftsfähigkeit der Wirtschaft selbst in zentraler Weise, wie man leicht erkennen kann, wenn man über den eigenen Tellerrand blickt. Wollte nämlich die gesamte Menschheit nach westlichen Konsummustern leben, würde der eine Planet Erde nicht ausreichen. Außerdem zeigen die lange stabil geglaubten dynamischen Gleichgewichte in der Atmosphäre und der Biosphäre Veränderungen, die schon heute enorme Folgekosten für die Wirtschaft verursachen.

Täglich wird offensichtlicher, wie technisch in Bewegung gesetzte und durch industrielle Prozesse veränderte Stoffströme globale ökologische Gleichgewichte verändern können und als Folge Leben auslöschen und von Menschen geschaffene Werte vernichten. Die »Jahrhunderthochwasser«, viele Wirbelstürme und Hurrikane, das unübersehbare Abschmelzen der Gletscher und nachweislich steigende Meeresspiegel sind Teil der täglichen Berichterstattung geworden, die sich zudem Gedanken über die wachsende Wahrscheinlichkeit macht, dass es zu einer Umkehr des Golfstroms – mit allen Folgen für das Klima in Europa – kommt.

Die Erhaltung einer »gesunden« (dienstleistungsfähigen) Umwelt und die Zukunftsbeständigkeit der ganzen Wirtschaft sind also untrennbar miteinander verbunden. Und da in der freien Welt nur eine produktive und gerechte Wirtschaft den sozialen Frieden sichern kann, sind alle drei Dimensionen der Nachhaltigkeit mit dem Ressourcenverbrauch verkoppelt. Zum Beispiel ist es nicht möglich, nachhaltig neue Arbeitsplätze durch erhöhten Konsum oder Wirtschaftswachstum zu schaffen, solange Güter und Dienstleitungen die heute übliche Ressourcenproduktivität aufweisen.

Stoffstrombilanzen

Stoffstrombilanzen kann man nicht nur für Unternehmen aufstellen, sondern auch für Haushalte, Regionen, für Staaten und für die gesamte Weltwirtschaft. Zunächst einmal geben diese Bilanzen Auskunft darüber, wie eine definierte Wirtschaftseinheit, wie eine Region, das Land oder die Welt mit den Ressourcen wirtschaftet, die der Umwelt entnommen werden. Wie groß ist das Verhältnis zwischen tatsächlich genutzten Rohmaterialien und Stoffbewegungen wie dem Bodenaushub, die die ökologischen Rucksäcke füllen, ohne Nutzen zu stiften? Wie viel Materie gelangt tatsächlich in die Wirtschaft und verbleibt dort, und wie viel wird nach kurzer Zeit wieder ausgeschieden? Bezieht man die Bilanzergebnisse auf die Einwohnerzahl, dann erhält man einen Indikator, mit dem sich die ökologische Leistungsfähigkeit von Regionen und Staaten untereinander vergleichen lässt. Erste Datensammlungen für Deutschland und andere Länder liegen jetzt vor. Schon in ihnen wird deutlich: Materialdurchfluss und Wohlstand stehen keineswegs in einem ausgeglichenen Verhältnis zueinander. Dass für jeden Deutschen 70 Tonnen Rohmaterialien pro Kopf und Jahr bewegt werden und für jeden Japaner nur die Hälfte (in beiden Fällen ohne Wasser gerechnet), lässt sich nicht mit Unterschieden im Wohlstandsniveau der beiden Staaten erklären, wohl dagegen mit einem unterschiedlich großzügigen Umgang mit natürlichen Ressourcen.

Die Ressourcenstrategie

Die Bewegung, Entnahme und Veränderung natürlicher Ressourcen zur materiellen Wohlstandserzeugung führt auf dem Umweg über die Veränderung natürlicher Gleichgewichte der Ökosphäre zum Verlust von Sicherheit sowohl für das Leben und die Gesundheit als auch zur Vernichtung von Wirtschaftsgütern.

Nie zuvor in der Geschichte der Menschheit wurde jemals ein Kreislauf wie der heutige aus Material in Gang gesetzt. Der Stoffwechsel zwischen Wirtschaft und Ökosphäre hat dabei inzwischen offenbar eine entscheidende Grenze überschritten. Mit meiner Grobschätzung, dass 50 % weniger Ressourcenentnahme weltweit nötig seien, habe ich vor 15 Jahren versucht, diese Grenze aufzuspüren. Ich war damals

Direktor der Abteilung »Stoffströme und Strukturwandel« an dem von dem Gründungspräsidenten Ernst U. von Weizsäcker geleiteten Wuppertal Institut. Hier wurde die so genannte Faktor-10-Strategie entwickelt, deren Ziel es war, die Ressourceneffizienz industrialisierter Länder in den kommenden Jahrzehnten um einen Faktor von mindestens 10 zu erhöhen.

Damals erarbeiteten meine Mitarbeiter die vielen Details, die zur Untermauerung der praktischen Umsetzung der zentralen Zielvorgabe einer Dematerialisierung um den Faktor 10 nötig waren, wobei sich die dazugehörige Form der Wirtschaft nicht über den Verkauf von Produkten definierte, sondern sich stattdessen auf die mit diesen Waren verbundenen Dienstleistungen konzentrierte.

Eine neue Strategie war deshalb notwendig, weil eingesehen worden war, dass die alte Art Umweltschutz – trotz aller Erfolge – die weitere Entfernung der Wirtschaft von der Zukunftsfähigkeit nicht verhindern konnte. Eine neue Ökostrategie muss schon aus diesem Grunde ein anderes Strickmuster bekommen, zum Beispiel das der anvisierten Dienstleistungsökonomie, unter deren Vorgabe auf die nötige Verringerung des zu hohen Ressourcenverbrauchs zu hoffen war.

Nachhaltigkeitspolitik erfordert, den Ressourcenschutz an der Eingangsseite der Wirtschaftszyklen zu gestalten – nicht erst am Ende, wenn Wirtschaft und Verbraucher die Folgekosten einer nicht-nachhaltigen Entwicklung zu bezahlen haben. Ressourcenverbrauch kann mittels staatlicher Zuweisungen, Geboten oder Verboten nicht geregelt werden. Es sei denn, man will die Fehler des realen Sozialismus wiederholen.

Wie bereits angedeutet, liegt der Vorteil einer Ressourcenstrategie jedoch gerade darin, dass man Anreize für ökointelligentes Marktverhalten von Herstellern, Händlern und Kon-

sumenten durch wirtschaftliche Maßnahmen induzieren
kann: Allen voran durch die Erhöhung der Preise von natürlichen Ressourcen, ehe sie ihren Weg durch die Wirtschaft
nehmen. Eine solche Preiserhöhung muss für die Wirtschaft
aber kostenneutral eingerichtet werden, sonst wird sie zur
Mammutökosteuer und tötet die Gans, die für uns die golde-
nen Eier legt. Wie man das machen kann, und gleichzeitig
viele neue Arbeitsplätze schafft, werden wir weiter unten betrachten.

Wenn man die Preise von Ressourcen erhöht, bestraft sich
jede Ressourcenverschwendung ganz von selbst, und zwar auf
allen Stufen der Herstellung, im Handel, bei Transport und
Lagerung sowie beim Konsum. Darüber hinaus werden Abfälle endlich zu dem, was ihnen ein Abfall-Gesetz schon vor
Jahren semantisch zugeschrieben hat, sie werden nämlich zu
Wertstoffen. Die entscheidende Reaktion des Produktionssek-
tors auf steigende Ressourcenpreise wird aber sein, Produkte
und Dienstleistungen mit wachsender Ressourcenprodukti-
tät – mit kleiner werdendem MIPS – auf den Markt zu bringen. Denn ein erheblicher Teil der Marktkonkurrenz wird sich
dann in diesen Bereich verschieben.

Stoffströme in Deutschland

Stefan Bringezu und Helmut Schütz haben sich am Wuppertal Institut seit den frühen 1990er Jahren intensiv mit der
Frage auseinander gesetzt, wie die physische Basis der Wirtschaft Deutschlands wirklich aussieht, und sie haben inzwischen auch Freunde in vielen anderen Ländern gefunden, die
zusammen mit ihnen vergleichbare Daten nach dem Wupper-
taler Muster zusammengestellt haben.

Kein Wirtschaftssystem kann sich heute auf eine autarke Ressourcenbasis stützen. Riesige Stoffströme überqueren alle nationalen Grenzen in Form von Rohmaterialien und Sachgütern. All diese materiellen Dinge tragen mehr oder weniger große Rucksäcke mit sich herum, über alle Grenzen hinweg. Wenn die weitere Entwicklung aller Wirtschaftsräume so gestaltet werden soll, dass die physischen Austauschprozesse zwischen Wirtschaft und Natur die natürlich gegebenen ökologischen Grenzen einhalten, dann ist es dazu unerlässlich, zunächst einmal zuverlässige Daten über die nationalen und regionalen Stoff- und Energieströme zu ermitteln, um dann in einem nächsten Schritt die Verteilung der Ströme innerhalb der nationalen Wirtschaftssektoren zu analysieren. Nur auf der Grundlage dieser Informationen wird es künftig ökologisch sinnvoll und wirtschaftspolitisch verantwortbar sein können, gezielte Dematerialisierung vorzunehmen.

Beginnen wir mit der Stoffstrombilanz Deutschlands. Die folgende Abb. 12 zeigt die Situation im Jahr 1991.

Bei den abiotischen Rohstoffimporten von insgesamt fast 2200 Milliarden Tonnen ist das Verhältnis zwischen »ungenutzten« (= ökologische Rucksäcke) und tatsächlich genutzten Mengen etwa 2:1, was bedeutet, dass etwa 66 % dieser Mengen im Ausland verblieben. Das Verhältnis ungenutzt zu genutzt ist bei der inländischen Rohstoffbeschaffung ähnlich (ohne Wasser und Luft zu berücksichtigen).

Mit den Importen von biotischen Rohstoffen war auf den landwirtschaftlich genutzten Flächen im Ausland eine Bodenerosion verbunden, welche die aktuellen Importmengen um das Fünffache überstieg. Insgesamt waren weniger als 200 Milliarden Tonnen biotische Rohstoffe am Stoffwechsel Deutschlands beteiligt, also deutlich weniger als 5 %. Bei Überlegungen, die Rohstoffbasis Deutschlands auf nachwach-

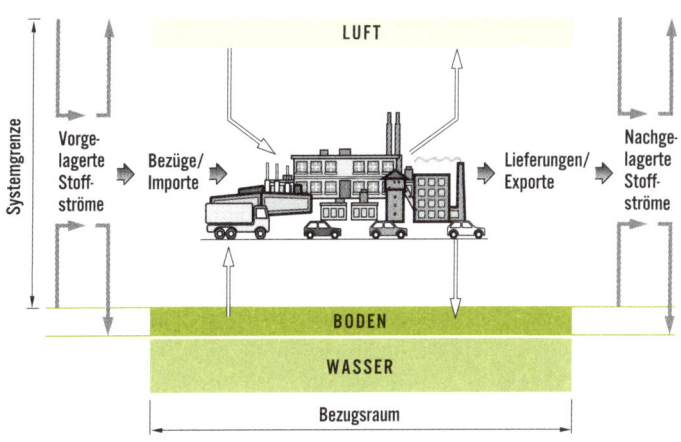

Abb. 11 Grundschema der Analyse von Stoffströmen eines Wirtschafts-raumes (Bezugsraum). Die Stoffstrombilanz des Bezugsraumes erfasst den gesamten Stoffaustausch (»von der Wiege bis zum Grab«) mit der natürlichen Umwelt (in der Darstellung oberhalb und unterhalb der Systemgrenzen angesiedelt) sowie mit anderen Wirtschaftsräumen. Für den Import von Ressourcen in den Bezugsraum werden die ökolo-gischen Rucksäcke der vorgelagerten Stoffströme berücksichtigt.

sende Rohstoffe umzustellen, sollte man sich wohl zunächst an dieser Wirklichkeit orientieren.

Auch die Gesamtmenge an recyceltem Material ist relativ unbedeutend. Selbst wenn die angegebene Zahl von 64 Milli-arden Tonnen seit 1991 um das Zweifache gestiegen ist, ent-spricht dies noch immer deutlich weniger als 3 % des abioti-schen (nicht nachwachsenden) Stoffumsatzes. Aus der Abb. 13 wird auch deutlich, dass theoretisch maximal 35 % des stofflichen abiotischen Metabolismus Deutschlands recycelt werden kann.

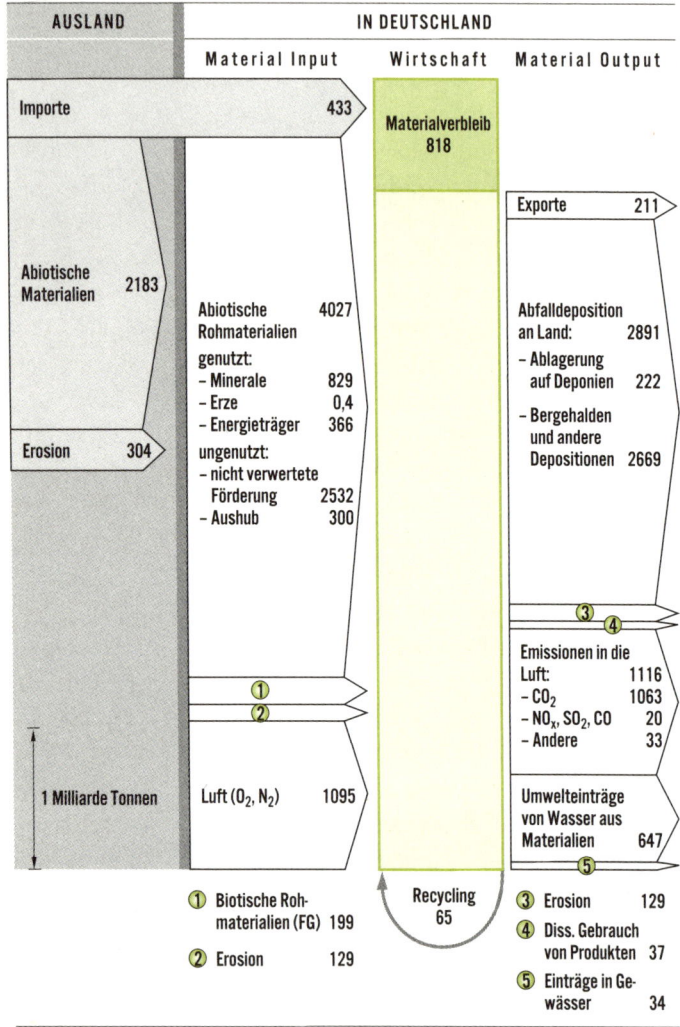

Abb. 12 Stoffstrombilanz Deutschlands 1991 (ohne Wasser), einschließlich Hochrechnung der Mindestmengen vorgelagerter Stoffströme (ökologische Rucksäcke), die mit der Bereitstellung der Importe und inländischen Materialbeschaffung verbunden sind (Angaben in Mrd. t).

Die deutsche Wirtschaft ist, wie jede andere auch, mit einem globalen Stoffaufwand verbunden, der die Umwelt insgesamt zu einem erheblichen Teil auch in anderen Ländern belastet. Bei Überlegungen zu einer nationalen Dematerialisierung können diese transnationalen Belastungen offensichtlich nicht ausgespart werden. Sonst kann es allzu leicht geschehen, dass Verbesserungen im Inland auf der Erzeugung von Stoffströmen in anderen Ländern und Regionen beruhen. So hat Frankreich zum Beispiel die Gewinnung von Bauxit (dieser Name stammt von Les Baux de Provence), aus dem Aluminium erzeugt wird, ins Ausland verlegt, zum Wohle der Provence, aber nicht im Interesse der ökologischen Zukunftsfähigkeit der Weltwirtschaft. Würde Deutschland in Zukunft verstärkt Elektrizität aus Kohlekraftwerken importieren, so erschiene zwar die inländische Stoffstrombilanz in besserem Licht. Aus ökologischer Sicht aber kann die Situation als Folge davon noch schlechter werden, wenn zum Beispiel die technische Effizienz der Verstromung von Kohle im Ausland geringer ist als bei uns, oder der ökologische Rucksack schwerer.

Interessant wären sicherlich auch Informationen zu »grenzüberschreitenden« Belastungen bei kleineren Bezugsräumen, wie etwa Bundesländern, Bezirken, Kreisen und Kommunen. So darf man zum Beispiel sicher sein, dass der Stromexport von NRW erhebliche Belastungen in diesem Land hinterlässt.

Ganz erheblich sind die Unterschiede im Ressourcenverbrauch der verschiedenen Wirtschaftssektoren in Deutschland. Abb. 12 zeigt die Ergebnisse der Arbeiten von Ralf Behrensmeier und Stefan Bringezu.

Wir haben dabei die Einteilung in Wirtschaftssektoren so vorgenommen, wie die Statistik der Bundesrepublik Deutschland dies vorsieht. Der Sektor Bauen und Wohnen steht mit

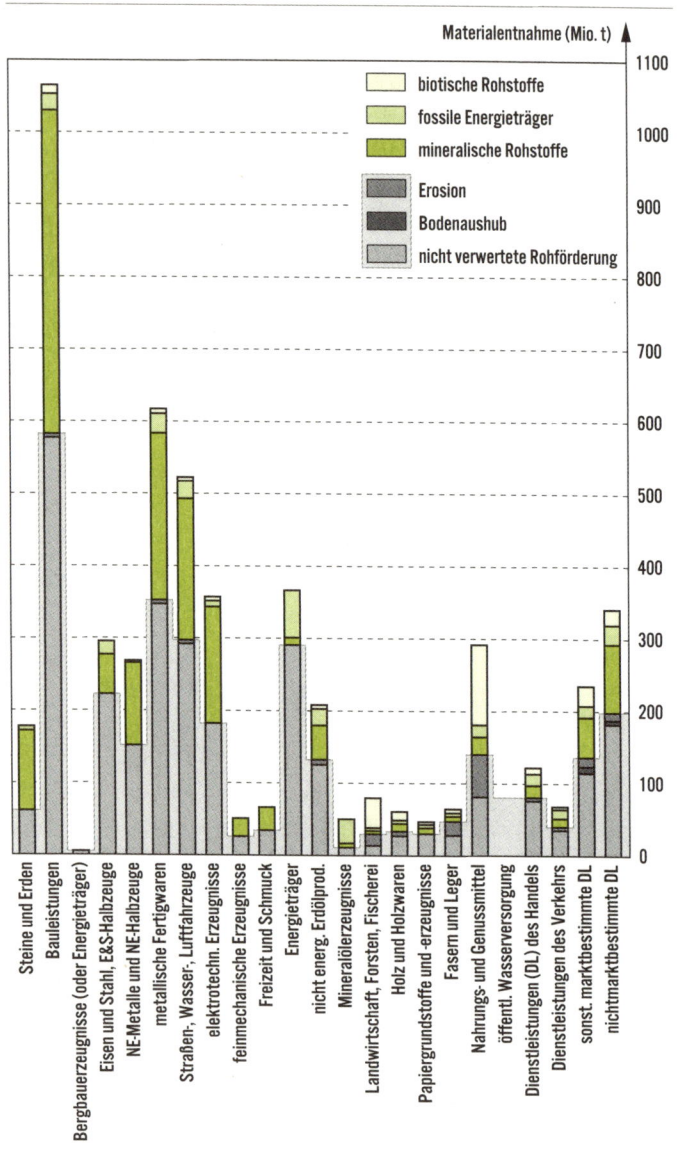

einem Verbrauch von etwa 20 Tonnen pro Person jährlich weit an der Spitze. Aus diesem Grunde sind auch Architektur- und Design-Projekte kein Zufall, die sich mit der Dematerialisierung von Bauten befassen. Hierzu gehören zum Beispiel das MIPS-Haus-Institut in Wuppertal, das Faktor-10-Haus in Niederösterreich (rw@grat.at), oder das Design Centre (Formens Hus) mit 3000 Quadratmeter Fläche in Haellefors, das Ende November 2005 vom schwedischen Ministerpräsidenten eingeweiht wurde (www.formenshus.se).

Auf jeden Fall gebührt dem Bauen und Wohnen besondere Aufmerksamkeit, wenn Deutschland durch die Verringerung von Materialinputs in die Wirtschaft der Nachhaltigkeit näher kommen soll. Ironischerweise passiert genau das Gegenteil. In den neuen Ländern wurde der Bauboom nach der Wiedervereinigung mit öffentlichen Geldern so angeheizt, dass einige Jahre danach rund eine Million Wohnungen leer standen. Die Bauwirtschaft verlangte sodann, dass der Abriss von Wohnraum subventioniert werde, um Arbeitsplätze zu erhalten. Niemand schien sich über diese kurios-aberwitzige Forderung aufzuregen – weder aus wirtschaftlichen noch aus ökologischen Gründen.

Erst heute, nachdem eine noch nie da gewesene Zersiedelung das Landschaftsbild Deutschlands bis weit in die ferne Zukunft verändert hat, angeheizt durch die staatliche Mitfinanzierung des Baus von Eigenheimen und die Fahrt dahin durch steuerabzugsfähige Kilometerpauschalen und öffentlich finanzierte Straßen, erst nachdem Regierungen nie da gewesene Schulden angehäuft haben, wurde ernsthaft begonnen, diese wirtschaftlichen und ökologischen Ungereimtheiten abzuschaffen.

Abb. 13 Der Ressourcenhunger verschiedener Wirtschaftssektoren in Deutschland

Nahrungsstoffwechsel Deutschland

Gegen Ende des vorigen Jahrhunderts betrug der Stoffdurch-
satz für die Nahrungsmittelversorgung in Deutschland etwa
350 Millionen Tonnen pro Jahr, Wasser nicht mitgerechnet.
Dies ist nahezu vier Mal weniger als im Sektor Baustoffe. Auf
der Eingangsseite des Nahrungsstoffwechsels zählen wir die
Importe mit 38 Millionen Tonnen, die in Deutschland geern-
tete Biomasse (einschließlich Viehfutter) mit 176 Millionen
Tonnen, die mit der Bewirtschaftung landwirtschaftlicher Flächen verbundene Erosion mit 129 Millionen Tonnen, und der
zur Veratmung der Nahrung und der Futtermittel notwendige
Sauerstoff aus der Luft mit 26 Millionen Tonnen. Der Input
an nicht-nachwachsenden Ressourcen ist vergleichsweise gering. Auch der Recyclierungsanteil fällt mit etwa einer Million Tonnen jährlich kaum ins Gewicht.

Hinsichtlich einer zukunftsfähigen Entwicklung in diesem
Sektor sind folgende Maßnahmen erwägenswert:

- Die Verminderung und die Verhinderung der Erosionen im
  Inland. Moderne landwirtschaftliche Praktiken / Methoden
  bis hin zur pfluglosen Bodenbearbeitung können den Verlust von Böden sehr einschränken. Möglicherweise sollten
  zeitlich beschränkte finanzielle Anreize zur besseren Vermeidung von Erosionen angeboten werden. Die weltweiten
  Folgekosten von Erosionen werden auf rund 1200 Milliarden Euro geschätzt (siehe Meyers u. Kent).
- Effizientere Nutzung der zur Ernährung produzierten Biomasse. Hier bietet sich insbesondere die Reduktion von
  Fleischkonsum zugunsten pflanzlicher Ernährung an. Darüber hinaus kann der bisher nicht verwertete Abfall aus
  Produktion und Konsum von Nahrungsmitteln eingeschränkt werden, zum Beispiel mittels Verfütterung an

Schweine, Enten und Hühner, sowie durch die Herstellung von technisch einsetzbaren Produkten (siehe etwa die Wärmedämmung mittels Stroh des Faktor-10-Hauses bei St. Pölten in Niederösterreich, dazu: Schmidt-Bleek [Hg.]: *Der ökologische Rucksack*).

– Die vermehrte Rückführung von nährstoffreichen Resten (z. B. Klärschlamm) auf Produktionsflächen.

– Die Erhebung von Importzöllen auf erosionsintensive Produkte (möglicherweise unter Rückführung der Einnahmen an Produktionsländer mit der Auflage, erosionseinschränkende Maßnahmen einzuführen).

– Überprüfung der strukturellen Zusammensetzung der Subventionen für die Landwirtschaft mit dem Ziel, die Materialeffizienz der Landwirtschaft und ihrer Produkte zu steigern. Im Jahre 2000 betrugen die landwirtschaftlichen Subventionen in den OECD-Ländern jährlich nahezu 300 Milliarden Euro (während zur gleichen Zeit die landwirtschaftlichen Entwicklungsmaßnahmen in der Dritten Welt auf etwas über 30 Milliarden Euro geschätzt wurden).

– Überprüfung der Transportkosten im Hinblick auf offene und versteckte Subventionen mit dem Ziel, realen Kosten für Transporte von Nahrungsmitteln (und Industriegütern) näher zu kommen. Hiermit könnten die oft beschriebenen Vielfachtransporte von Nahrungsmitteln und deren Vorstufen quer durch Europa eingeschränkt werden. Der berühmt gewordene Joghurtbecher von Stefanie Boege mit einer Transportleistung von insgesamt 3500 km zur Zusammenführung der Inhaltsstoffe ist den Lesern wahrscheinlich noch in Erinnerung. Im Jahre 2000 betrugen die gesamten Subventionen für Straßentransporte in den OECD-Mitgliedsländern nahezu 900 Milliarden Euro, wovon etwa 60 % auf die USA entfielen.

Lebensmittel sind, so wie sie heute über den Markt beim Konsumenten ankommen, nicht mehr ohne vielfältigen Einsatz von Technik denkbar, so wenig wie ihre Zubereitung für den Konsum. Das gilt für alle Nahrungsmittel, zu einem winzig kleinen Teil mit Ausnahme derer, die in der Ökosphäre direkt gesammelt, erjagt und verzehrt werden, wie etwa Pilze, Beeren oder Schwarzwild. Aber anders als noch bei Obelix werden auch Wildschweine heute mit aufwendiger Technik erlegt, zerteilt, gehäutet, eingefroren, getrocknet und transportiert.

Stoffströme in der EU

Will man die Umweltbelastungspotenziale bewerten, die durch Stoffströme entstehen, und will man daraus Konsequenzen für die Dematerialisierung der Wirtschaft ableiten, dann spielt eine große Rolle, wie sich der Trend des Rohstoffverbrauchs mit der Zeit entwickelt. Abb. 14 zeigt wichtige Trends des Ressourcenverbrauches in der EU-15 seit 1980. Insgesamt hat sich der Gesamt-Materialfluss – TMF (Total Material Flow) – in dieser Zeit nicht wesentlich geändert, der Stoffinput pro umgesetzte Geldeinheit hat sich also deutlich von der Wirtschaftsentwicklung (BIP) abgekoppelt. Was allerdings auffällt ist, dass sich die abnehmende Inlandschöpfung von Ressourcen in andere Länder verschoben hat.

Gemessen an dem Ziel einer Dematerialisierung um den Faktor 10 ist die Entkoppelung der Wirtschaftsentwicklung allerdings bei weitem noch nicht ausreichend. Man kann auch sagen: Die Intelligenz des Parasiten hat sich in diesen Ländern zwar relativ zum Wurzelmaß der Wirtschaftsrechnung – BIP – verbessert, der Gastgeber Ökosphäre aber merkt davon leider nichts.

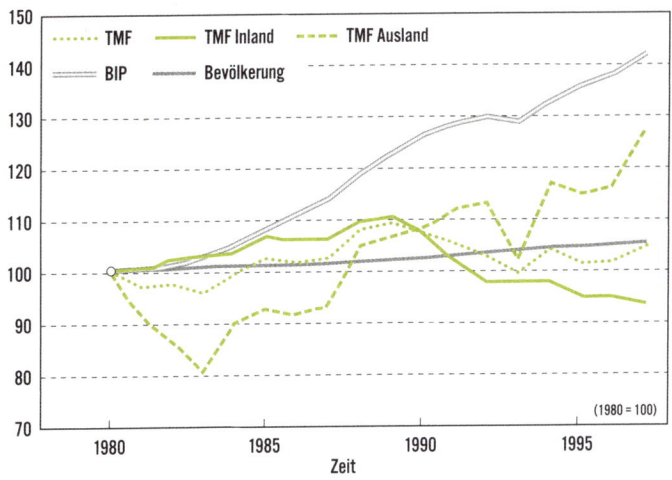

Abb. 14 Während das Bruttoinlandsprodukt in den EU-15 steigt, bleibt der Gesamtverbrauch an natürlichen Ressourcen TMF (Gesamtmaterialfluss) im Wesentlichen unverändert, allerdings auf Kosten vermehrter Importe.

In den Entwicklungsländern wächst die absolute Ressourcenentnahme pro Kopf weiterhin rasant an. Werfen wir aber noch einen Blick auf die Ressourcenproduktivität der Länder in Europa. Tab. 4 zeigt den gegenwärtigen Stand der nationalen Materialproduktivitäten in der EU-15 sowie der neuen Mitgliedsländer der EU und einiger anderer Länder zum Vergleich. Die Produktivitäten der Länder sind als Verhältnis von Bruttoinlandsprodukt und direktem Materialinput (BIP / DMI) in diesen angegeben. DMI ist die Summe der national entnommenen Rohstoffmengen plus der Importe (ohne ökologische Rucksäcke).

EU-15		Beitrittsstaaten und Nicht-EU-Staaten	
Österreich	1099	Norwegen	485
Belgien / Luxemburg	692	Bulgarien	76
Dänemark	957	Zypern	418
Finnland	535	Tschechische Republik	163
Frankreich	1200	Estland	57
Deutschland	1126	Ungarn	329
Griechenland	578	Lettland	72
Irland	724	Litauen	109
Italien	1079	Malta	697
Niederlande	889	Polen	238
Portugal	583	Rumänien	128
Spanien	709	Slowakische Republik	199
Schweden	896	Slowenien	500
Vereinigtes Königreich	1083	Türkei	328
EU-15 Gesamt	1152	Durchschnitt	226

Tab. 4 Die Länder Europas weisen erhebliche Unterschiede in der Effizienz ihrer Materialnutzung (Ressourcenproduktivität) auf. Die kürzlich beigetretenen Länder und potenziell zukünftige Beitrittsländer müssen ihre Produktivität im Schnitt um etwa das Fünffache steigern, um Anschluss an die EU-15 zu erreichen.

Offenbar gibt es Unterschiede bis zu einem Faktor 20 (Deutschland / Estland) zwischen diesen Ländern. Wenn Europa als Beispiel für die ökologische und damit auch die wirtschaftliche Nachhaltigkeit dastehen möchte, dann sollten diese enormen Unterschiede bald auf den Verhandlungstisch kommen.

Materialflüsse der Weltwirtschaft

Kein Wirtschaftsraum kann sich heute auf eine autarke Ressourcenbasis stützen. Riesige Stoffströme überqueren alle nationalen Grenzen in Form von Rohmaterialien, Sachgütern und Nahrungsmitteln. Wie bereits gesagt: All diese materiellen Dinge tragen mehr oder weniger große ökologische Rucksäcke mit sich herum, auch über Grenzen hinweg.

Bezieht man den Gesamtmaterialeinsatz TMF auf die Einwohnerzahl, dann erhält man einen Indikator, mit dem sich die ökologische Leistungsfähigkeit von Regionen und Staaten untereinander vergleichen lässt. Tab. 5 zeigt einen Vergleich des Materialstoffwechsels in verschiedenen Ländern und der Europäischen Union.

Portugal, Großbritannien und Japan liegen bei etwa der Hälfte des Ressourcenverbrauches der USA, Deutschlands und Finnlands. Dies alleine sollte auch Wirtschaftsexperten davon überzeugen, dass Ressourcenverbrauch nicht gleich materieller Wohlstand ist.

Auffallend ist die starke Abhängigkeit der finnischen Wirtschaft von Metallen und Mineralien. Sie deuten auf besondere Stärken der finnischen Exportindustrie hin: Handys mit verschiedenen Funktionen und schwere Maschinen für die Forstwirtschaft. Auffallend ist auch der hohe TMF-Anteil an fossilen Energieträgern in Deutschland, was zu dem vergleichsweise hohen MI / kWh des öffentlichen Strommixes beiträgt.

Aus den hier gezeigten Daten wird ersichtlich, dass in diesen Ländern und der EU-15 sechs verschiedene Ressourcenflüsse jeweils über 90 % des gesamten Material Inputs pro Kopf in die Wirtschaft ausmachen (mit Ausnahme der Niederlande), nämlich: fossile Energieträger (zwischen 10 und 41 % vom TMF), Metalle, Mineralien, Aushub, Biomasse (zwischen 2 und 15 % vom TMF), und Erosion (zwischen 3 und 26 % vom TMF).

	D	J	USA	EU-15	NL	SF	UK	PL	China
Jahr	**1999**	**1994**	**1994**	**1997**	**1993**	**1999**	**1999**	**1997**	**1996**
DMI (t/Kopf)	22	16	25	19	28	45	16	14	2
TMR (t/Kopf)	71	45	85	51	67	98	41	32	37
TMF-Anteile (%)									
Nicht erneuerbar	90	94	93	88	90	79	85	90	98
Ausländische Ressourcen	38	56	7	39	72	47	92	23	1
Inländische nicht verwertete Ressourcen	39	22	67	30	10	17	27	38	92
TMF-Anteile (%)									
Fossile Energieträger	41	28	37	29	22	10	33	40	22
Metalle	20	20	11	20	4	27	21	10 }	17
Mineralien	19	21	12	24	11	25	19	22 }	
Aushub	5	21	15	6	10	8	8	7	48
Biomasse	10	6	7	12	10	21	15	10	2
Erosion	5	3	15	9	26	3	3	10	11
Andere	1	1	2	1	17	5	1	0	1

Tab. 5 Der Materialaufwand, einschließlich ökologischer Rucksäcke, verschiedener Länder und der Europäischen Union.

Das Bevölkerungsproblem und der Ressourcenverbrauch

Die heutige Weltbevölkerung und ihre Zunahme um ca. 80 Millionen Menschen pro Jahr bedeuten ein sehr ernst zu nehmendes Hindernis im Hinblick auf das Erreichen globaler nachhaltiger Verhältnisse.

Entscheidender noch als die schiere Zahl der Menschen ist jedoch der Pro-Kopf-Verbrauch an Masse, Energie und Fläche in verschiedenen Schichten der Weltbevölkerung. Der Verbrauch nicht-nachwachsender natürlicher Ressourcen durch nur etwa 20 % der Weltbevölkerung (der »Reichen«) liegt heute schon über dem insgesamt ökologisch nachhaltigen Niveau. Während Deutsche im Schnitt jährlich 70 Tonnen nicht-nachwachsende Ressourcen verbrauchen, müssen sich zum Beispiel Vietnamesen mit nur drei bis vier Jahrestonnen begnügen.

Jede Wirtschaftsentwicklung führt heute zu einer Zunahme des Pro-Kopf-Verbrauches an natürlichen Ressourcen. Diese Zunahme wird zusätzlich überhöht durch die Vermehrung von »Singles«, deren persönlicher Verbrauch an natürlichen Ressourcen um das Zwei- bis Vierfache höher liegt als bei Familienangehörigen.

Erinnert sei auch an die erwartete Erhöhung des Meeresspiegels infolge klimatischer Veränderungen. Der damit verbundene mögliche massive Verlust an Bauwerken in küstennahen Gebieten würde einen zusätzlich sehr großen Bedarf an Baumaterialien nach sich ziehen.

Nimmt man die bisher errechneten Werte für den Rohstoffverbrauch (= nationale Rohstoffentnahme plus Importe plus deren ökologische Rucksäcke minus Exporte und deren ökologische Rucksäcke) von Industrieländern und nimmt an, diese Werte würden im Lauf der nächsten Jahrzehnte von allen Ländern der Welt erreicht werden mit einer Weltbevölkerung von dann neun Milliarden Menschen, dann müsste die Erde im ungünstigsten Falle bis zu fünf Mal so viele Ressourcen (ohne Wasser und Luft gerechnet) abgeben als heute. Da bereits heute die ökologischen Folgen des Ressourcenverbrauches zu teuer und der Naturverbrauch deshalb etwa um die Hälfte reduziert werden sollte, kommen wir auch auf diese Weise zu einem Hinweis auf den Faktor 10.

Aus diesen Gründen sollte auch bei der Lösung demografischer Probleme die radikale Verbesserung der Produktivität natürlicher Ressourcen mit an erster Stelle stehen.

Bumerangeffekte

Produkte und Dienstleistungen zu dematerialisieren ist eine unabdingbare Voraussetzung für den Weg in die Zukunftsfähigkeit. Sie ist jedoch keineswegs die einzige Bedingung. Der ökologische Vorteil eines fünffach dematerialisierten Kleidungsstückes zum Beispiel geht verloren, wenn fünfmal mehr neue Kleidungsstücke in den Handel gehen. Fährt der Besitzer eines ökologisch exzellenten Autos mehr Jahreskilometer als zuvor, so kann er den Ökovorteil durch wachsende Mobilität wieder verspielen.

Mit anderen Worten: Es gibt keinen direkten Zusammenhang zwischen einer erfolgreichen Erhöhung der Ressourcenproduktivität auf der Ebene von Prozessen, Produkten und Dienstleistungen auf der einen Seite und der Gesamtbelastung der Ökosphäre auf der anderen.

Ökologisch gesehen zählt am Ende, ob der globale Ressourcenverbrauch in Zukunft deutlich geringer wird als er zu Anfang des neuen Jahrtausends war. Der Verlust von Effizienzgewinnen, die auf der Mikroebene der Wirtschaft durch erhöhten Gesamtverbrauch in einem Wirtschaftsraum erzielt worden sind, nennt man den Bumerang- oder den Reboundeffekt. Bumerangeffekte können nur durch das regelmäßige Messen von Gesamtressourcenflüssen durch einen Wirtschaftsraum erkannt werden. Und nur Maßnahmen auf der Makroebene der Wirtschaft können sie vermindern und verhindern. Regierungen fällt hier eine zentrale Verantwortung zu.

Nachhaltiger Welthandel?

1994 hat sich die Welthandelsorganisation (World Trade Organisation – WTO) als Nachfolgerin von GATT (Allgemeines Abkommen über Tarife und Handel) etabliert. Mehr als hundert Länder dieser Erde haben gemeinsame Richtlinien vereinbart, wie der faire internationale Austausch von Waren funktionieren soll.

Die WTO handelt selbständig und erweist sich bisher als machtvoll durch Sanktionen. Sie sorgt sich proaktiv um den offenen Marktzugang und die Nicht-Diskriminierung des grenzüberschreitenden Handels. Sie sucht den grenzenlosen Handel, im Wesentlichen unberührt durch Belange der Nachhaltigkeit der Weltwirtschaft und insbesondere durch Belange der ökologischen Folgen des Handels zwischen den Nationen. Dabei weist die Präambel ihrer Verfassung seit ihrer Gründung im Jahre 1995 auf die Bedeutung der Nutzung natürlicher Ressourcen in Einklang mit den Zielen einer zukunftsfähigen Entwicklung und zum Schutze der Umwelt hin.

Die WTO agiert nicht unter dem Dach und der Kontrolle der Vereinten Nationen. Das Fundament der Vereinten Nationen besteht in der Selbstverpflichtung der Staaten auf den Kanon der Menschenrechte, die weltweit als das höchste universelle Rechtsgut gelten. In den Abkommen der WTO kommen hingegen Menschenrechte nicht vor. Artikel 103 der Charta der Vereinten Nationen hält ausdrücklich fest: »Widersprechen sich die Verpflichtungen von Mitgliedern der UN aus dieser Charta und ihre Verpflichtungen aus anderen internationalen Übereinkünften, so haben die Verpflichtungen aus dieser Charta Vorrang.«

Soweit mir bekannt, ist grenzenloser Handel weder ein Grundrecht der Menschen noch eine Voraussetzung für

Nachhaltigkeit des Lebens auf dem Planeten Erde. Ich wünschte mir, dass der marktwirtschaftlich ohne Zweifel wichtige Handel über Grenzen hinweg so schnell wie möglich der Grundforderung auf Nachhaltigkeit untergeordnet wird, und zwar in allen ihren Dimensionen: wirtschaftlich, sozial und ökologisch.

5. Folgen für die Erde

»Unspoiled, undamaged, ruled by her own natural law and subject only to her own will – and the great void whence she sprang – the great Mother Earth took pleasure in creating and sustaining life in all its prolific diversity. But pillaged by a plundering dominion, raped of her resources, despoiled by unchecked pollution, and befouled by excess and corruption, her fecund ability to create and sustain could be undone. Though rendered sterile by destructive subjugation, her great productive fertility exhausted, the final irony would still be hers.«

Jean M. Auel, The Plains Of Passage

Die Komplexität der Wirtschaft und der Ökosphäre

In der Schule lernt man die Fabel des Äsop kennen, die von dem griechischen Hirtenjungen erzählt, der ohne triftigen Grund viele Male um Hilfe schrie, mit der Folge, dass ihm niemand half, als er tatsächlich Hilfe brauchte, weil ein Wolf kam. In den vergangenen 35 Jahren haben viele gut meinende Umweltschützer oft und laut »Wolf« geschrien und damit auch dazu beigetragen, dass ganz normale Menschen, vor allem aber die Industrie und Regierungen eher skeptisch geworden sind, was Voraussagen über Art, Umfang, mögliche Folgen und deren Kosten von Umweltproblemen betrifft.

Die Ökosphäre ist ein hochkomplexes Gefüge, in dem alles gleichzeitig von vielem abhängt und es daher unmöglich ist, alle Zusammenhänge zu erfahren. Gebilde dieser Art nennt die Wissenschaft nicht-linear. Sie meint damit Folgendes: Wenn ein kleiner Eingriff in dieses Gebilde eine kleine Reaktion auslöst, so heißt das noch lange nicht, dass ein etwas größerer Eingriff eine etwas größere Reaktion auslöst. Es kann genauso gut sein, dass diese zweite Reaktion weitgehend anders und schwerwiegender ist. Je komplexer das System, desto weniger können wir das abschätzen.

Es ist unmöglich, alle Querverbindungen in diesem Gebilde zu begreifen oder auch nur zu erfahren. Menschliche Eingriffe verursachen eine unbekannte Zahl von Reaktionen unbekannter Art und Größenordnung. Damit will ich nicht sagen, dass der Mensch sich nur noch zurücklehnen und aus vorsichtiger Distanz die Wunder der Natur beobachten sollte. Wir leben mitten in dieser Ökosphäre, verändern sie permanent und werden das auch weiter tun. Aber mit technischen Mitteln bewusst oder unbewusst großräumige oder sogar globale Veränderungen zu provozieren, ist ein Experiment am lebenden Objekt – am Objekt Erde mit all ihren Lebewesen, der Menschheit eingeschlossen.

Die Erkenntnis, dass komplexe Systeme nicht durch Analyse so weit verstanden werden können, dass verlässliche Vorhersagen über sie möglich werden, brachte für die Naturwissenschaften im 20. Jahrhundert ein Schockerlebnis mit sich. Der Physiker Heinz Pagels vermerkte in seinem Buch *The Dreams of Reason*:

»Die Wissenschaft hat den Mikrokosmos und den Makrokosmos erforscht. Die große unerforschte Grenze ist die Komplexität.«

Die Eigenschaften der Teile eines komplexen Gebildes sind für sich allein betrachtet unerheblich; sie lassen sich nur im Kontext mit dem ganzen System verstehen, und sie erhalten quantitative Bedeutung nur im Gesamtzusammenhang. Damit hat sich die über einen Zeitraum von mehr als vierhundert Jahren als gültig betrachtete Auffassung des französischen Philosophen René Descartes, dass das Ganze durch die Summe der Teile erklärbar sei, in das es zerlegt wird, als falsch erwiesen. Wenn wir auch die isolierten Teile noch so gut verstehen, sobald sie in einer bestimmten Weise zu einem Ganzen zusammengefügt sind, entsteht etwas Neues, das nur als Ganzes zu verstehen ist und das auf seine Teile zurückwirkt. Die Eigenschaften der Teile lassen sich dann wiederum nur aus der Organisation des Ganzen verstehen. Sie gehen aus den Wechselwirkungen und Beziehungen zwischen den Teilen hervor. Diese Eigenschaften verschwinden, wenn das System in »Salamischeiben« zerteilt wird, theoretisch oder physisch, politisch oder institutionell. Das Ganze unterscheidet sich in seinem Wesen, in seinem Verhalten und in seinen Reaktionen auf Einflüsse von außen stets von dem Verhalten der Einzelteile, oder auch von der Summe seiner Teile.

Angesichts der Komplexität des Ökosystems und der noch immer unsicheren weltweiten Datenlage zu technisch verursachten Emissionen und Ressourcenverbrauch sollte es nicht überraschen, wenn sich die Wissenschaft oft schwer tut, einhellige Aussagen über Art, Ort, Ausmaß und Gefahr der ökologischen Folgen menschlicher Aktivitäten zu machen. Zum Beispiel wurde vor 20 Jahren spekuliert, dass aus technisch gebrochenen Steinen mit Hilfe von Sauerstoff und Regen etwa so viel SO_2 entweicht wie zu jener Zeit aus der Verbrennung von schwefelhaltigen Fossilien. Da der Weg dieses Gases in der Umwelt aber nicht im Einzelnen verfolgt werden kann, bleiben auch viele seiner Folgen im Dunkeln.

Unbestritten ist, dass die Weltwirtschaft in ihrer heutigen Struktur zu hohe Ansprüche an den Planeten Erde stellt.

Messbare Hinweise darauf gibt es mehr als genug. Da ist etwa der zum Teil verheerende Zusammenbruch der Hochsee-Fischerei; bewaldete Flächen nehmen ab und Wüstengebiete zu; seit 2005 rutschen an den Hängen der Provence uralte Mauern weg, weil sie dem Gewicht der wasserdurchtränkten Erde dahinter nicht mehr standhalten können. Erosionen von Mutterböden nehmen weltweit unaufhaltsam zu. Grundwasserspiegel sinken bedrohlich in vielen Gebieten; Eiskappen und Gletscher verwandeln sich in Wasser, gleichzeitig vertrocknet der Aralsee und einst große Flüsse hören auf, Wasser zu führen.

Camille Parmesan verfolgt seit Jahren die Nordwärts-Wanderung von Schmetterlingen und anderen Tieren. Während solche temperaturbedingten Ortswechsel auch schon in grauer Vorzeit üblich waren, sind Ausweichbewegungen von Tieren und Pflanzen heute durch die wirtschaftliche Nutzung weiter Landstriche erschwert. Auch die evolutionäre Anpassung von Tieren und Pflanzen an neue Bedingungen vereitelt der Mensch in seiner Eile, sich die Erde untertan zu machen. Ob er sich letztendlich auch selbst zum Frühfossil befördert, bleibt abzuwarten.

Wissenschaftliche Vorhersagen für die ökologischen Folgen unseres Tuns gestalten sich oft auch deshalb schwierig, weil sich natürliche und menschengemachte Entwicklungen überlagern können. Dies ist zum Beispiel bei der Voraussage und der Analyse von Naturkatastrophen der Fall. Klimawirksame Gase wie etwa CO_2 oder Methan entstehen in großen Mengen auf natürlichen Wegen. In der Klimaforschung müssen sie deshalb bei der Berechnung der klimatischen Folgen von Emissionen aus der Technosphäre berücksichtigt werden.

In der Debatte um die Klimaänderungen haben Sie sicher selbst schon gewisse Unsicherheiten und gegenteilige Äußerungen von Wissenschaftlern wahrgenommen. Ernst zu nehmende Berichte in den Medien über die Auswirkungen von Wirtschaftsaktivitäten auf die Umwelt werden aus diesem Grunde oft mit einschränkender Vorsicht eingeleitet wie etwa: »Wissenschaftler vermuten«, oder »die Mehrheit der Fachleute ist sich einig«. Das ist kein Armutszeugnis für die Wissenschaft, sondern ein korrekter Hinweis auf die natürlichen Grenzen wissenschaftlicher Erkenntnis.

Es sollte den Leser deshalb auch nicht überraschen, dass es immer Menschen gibt, die von der Meinung ihrer Kolleginnen und Kollegen abweichen, selbst dann, wenn die überwältigende Mehrheit zu gewissen Erkenntnissen Übereinstimmung gefunden hat. Dieser Zwist ist einerseits wichtig, um verbleibende Unstimmigkeiten nicht auszublenden. Zusätzlich ist dies wohl auch ein legitimer Weg für zumeist jüngere Kollegen, auf sich aufmerksam zu machen. Es gibt sogar Zeitgenossen, die aus solchen Widersprüchen eine Karriere basteln.

Besonders wichtig scheint mir aber zu sein, dass Politikern aus den geschilderten Gründen nichts anderes übrig bleibt, als Entscheidungen auch angesichts unvollständiger wissenschaftlicher Erkenntnisse zu fällen. Für mich gibt es kaum etwas Irritierenderes im politischen Geschäft, als die Routine-Verweigerung von Entscheidungsträgern zum Handeln mit dem Hinweis, die Sache sei wissenschaftlich noch nicht abschließend geklärt – besonders dann, wenn vorhandene alternative Handlungsoptionen unbestritten vorsorgenden Charakter haben, in demokratischer Weise beschlossen werden, und sich mit vertretbaren Kosten in existierende Strukturen einbinden lassen.

Im Übrigen sind Voraussàgen von Klimaänderungen heute bereits sicherer als die Voraussagen der sechs leitenden deut-

schen Wirtschaftsinstitute für die wirtschaftliche Entwicklung Deutschlands in den kommenden Jahren. Vielleicht ist es
an der Zeit, einige gut dotierte Nachhaltigkeitsinstitute in
Deutschland einzurichten, um über die ökologischen Veränderungen und ihre möglichen Folgen für die Wirtschaftsentwicklung Deutschlands und Europas besser informiert zu
sein.

Die Verwüstungen durch Wirbelstürme

Niemand hat bis heute ernsthaft behauptet, die Hurrikane des
Jahres 2005 seien sämtlich unserer ressourcenintensiven Lebensart zuzuschreiben. Aber genauso wenig könnte irgendjemand ernsthaft daran Zweifel haben, dass ihre Zahl und
Stärke mit vom Menschen ausgelösten Entwicklungen zusammenhängen. So oder so haben »Naturkatastrophen« seit
40 Jahren um das Vierfache zugenommen.

Zur Erinnerung und zum besseren Verständnis der wirtschaftlichen und sozialen Folgen von »Naturkatastrophen«
wollen wir uns die weitläufigen Folgen eines Monsterhurrikanes noch einmal vergegenwärtigen an Katrina, der Ende August 2005 über Mississippi und Louisiana im Süden der USA
hereinbrach.

Nach mehrtägiger Vorwarnung verwüstete Katrina Ende
August 2005 weite Gebiete der Staaten Louisiana und Mississippi. Auf einer Fläche der Größe Großbritanniens entstanden
Schäden. Indirekte Auswirkungen reichten bis weit in die
USA hinein. Die ersten Tage waren geprägt von totaler Verwirrung und Hilflosigkeit. Und dies, obschon die Vereinigten
Staaten nach dem von Verbrechern verursachten Einsturz der
Doppeltürme des Welthandelszentrums in New York am

9. September vier Jahre zuvor ein ausgedehntes und teures Katastrophenhilfswerk eingerichtet hatten. Auch wegen Katrina hat deshalb die Zufriedenheit mit der Arbeit des Präsidenten deutlich nachgelassen. Und außerdem brachen in den USA die Gräben zwischen Schwarz und Weiß wieder auf, weil die Armen der betroffenen Gebiete nicht ausreichend Möglichkeiten hatten, sich in Sicherheit zu bringen.

Eine Woche nach Katrina schätzten offizielle Quellen die Zahl von Todesopfern auf mehrere Tausend. Der Zugang zu früher bewohnten Gebieten, insbesondere in der Millionenstadt New Orleans, war wochenlang nur mit Booten möglich, die Strom- und Wasserversorgung für die Zurückgebliebenen – zumeist Schwarze – unterbrochen. Mehr als 50 Milliarden US-$ wurden in den ersten zehn Tagen als erste Tranche von Regierungsseite zur Verfügung gestellt (das entspricht etwa 17 % des deutschen Bundeshaushaltes). Die Wiederaufbaukosten wurden auf insgesamt mindestens 200 Milliarden US-$ geschätzt. Wie lange der Wiederaufbau dauern kann, war Monate nach der Katastrophe noch immer nicht absehbar.

Katrina hatte tief greifende Auswirkungen auf den Warenmarkt (*commodity market*). Zum Beispiel stiegen die Kaffeepreise um 10 % wegen der Zerstörungen von Lagerhäusern im Hafen von New Orleans. Der Preis von Holz stieg um 17 % während der ersten Wochen nach Kathrina. Man erwartet auch einen erheblichen Einfluss auf den Getreidepreis, weil über die Hälfte des Getreideexports der USA über den Hafen von New Orleans abgewickelt wird. Die potenziellen wirtschaftlichen Auswirkungen haben den Wert des Dollars geschwächt, den Preis von Metallen nach oben getrieben und insbesondere den seither fortdauernden Anstieg des Goldpreises mitverursacht. Kupfer erreichte am 2. September 2005 ein Hoch von 3725 $ / Tonne. Frachtraten für Treibstofftanker

von Europa nach den USA stiegen um 60 % in der Woche
nach Katrina.

Die stärksten Auswirkungen von Katrina betrafen aber den
Energiesektor. Die Preise für Erdöl, Ölprodukte und Erdgas
erreichten Rekordhöhen und sind seither nicht zur Ruhe ge-
kommen. Der Ölpreis stieg auf über 70 US-$ pro Fass. Durch-
schnittlich haben nach Angaben der Deutschen Bank die
Treibstoffkosten jetzt etwa 5 % der verfügbaren Einkommen
in den USA erreicht und zu wesentlich höheren Belastungen
in Haushalten mit geringem Einkommen geführt. Die seither
deutlich gewordenen Veränderungen im privaten Ankauf und
der Nutzung von PKWs haben inzwischen zu erheblichen In-
stabilitäten im Inlandsgeschäft der großen amerikanischen
Autohersteller beigetragen. Am 28. Juni 2006 war auf der Ti-
telseite der *Herald Tribune* zu lesen: »For the U.S., Smart's
time has come.« In dem Artikel wird über die Pläne von
DaimlerChrysler berichtet, den Kleinwagen ab 2008 in den
USA anzubieten.

Im Gegensatz zu den Konsumenten haben Ölfirmen seit
Katrina nie da gewesene Gewinne eingefahren, obschon ihre
Bohr- und Raffineriekapazitäten durch den Hurrikan stark in
Mitleidenschaft gezogen wurden. Die möglicherweise wichtigste Auswirkung auf den Energiemarkt könnte aber der
Umstand sein, dass die Futures von Erdgas in der ersten Woche nach dem Sturm um 20 % anstiegen. Anders als bei Rohöl
und Treibstoffen gibt es für Erdgas keine Notlagerbestände,
die mit anderen Ländern geteilt werden könnten.

Bereits zwei Wochen nach Katrina verwüstete der Hurrikan Rita erneut dieselbe Gegend. New Orleans wurde erneut
überflutet, wenngleich weniger als durch Katrina zuvor. Millionen von Menschen wurden erneut ins Inland getrieben.

Frühe Warnungen

In den vergangenen 35 Jahren wurden einige technikbedingte und lebensbedrohende Gefährdungen des menschlichen Lebens relativ früh erkannt. Der Klimawechsel ist sicherlich das bekannteste Beispiel hierfür. Seine Entdeckungsgeschichte geht bis in die Mitte des 19. Jahrhunderts zurück. Die weitgehende Übereinstimmung von Experten zu seinem möglichen Ausmaß und dessen Folgen ist jedoch kaum älter als zehn Jahre. Da die ganze Geschichte des Klimawandels in einem eigenen Band dieser Reihe von Mojib Latif beschrieben wird, werde ich sie hier nicht weiterverfolgen.

Die Zersetzung des vor gefährlicher Sonnenstrahlung schützenden Ozonschildes der Erde durch die synthetisch erzeugten Fluorchlorkohlenwasserstoffe (FCKW) wurde ebenfalls früh als drohende Gefahr erkannt. Jahrzehntelang hatte man auf die chemische Trägheit dieser Gase vertraut und deshalb eine Umweltgefährdung ausgeschlossen. Dann stieß Sherry Rowland während der frühen 1970er Jahren in seinen aus völlig anderen Gründen durchgeführten Laborexperimenten auf ein Phänomen, für dessen brillante Deutung er später den Nobelpreis bekam. Inzwischen wurde die Verwendung der FCKWs weltweit eingeschränkt und Beobachtungen scheinen anzudeuten, dass das Ozonloch kleiner wird.

Mein Eindruck ist, dass die – wenn auch um Jahre verzögerte – internationale Vereinbarung von wirksamen Gegenmaßnahmen vor allem darin begründet liegt, dass menschliche Gesundheit direkt betroffen ist, zum Beispiel durch vermehrten Hautkrebs in Australien. Außerdem konnte der Produktionsverlust von FCKW durch weniger umweltwirksame Chemikalien ersetzt werden.

Eine andere folgenschwere Entwicklung für Europa scheint

sich jetzt anzubahnen: Der Golfstrom kann schwächer werden, er könnte sogar in seiner jetzigen Form im Norden ganz zum Erliegen kommen. Seit Menschengedenken bringt er aus dem Golf von Mexiko warmes Wasser bis zum arktischen Meer, wo er nach Abgabe seiner Wärme abtaucht und als kalter Untergrundstrom nach Süden zurückfließt. Dieses temperaturbedingte Abtauchen ist der eigentliche Motor des Golfstromes. Es gibt solide Hinweise darauf, dass das »Wärmefließband Golfstrom« in ferner Vergangenheit mehrere Male zum Stillstand kam. Nun zeigen neueste Messungen, dass er auch in den letzten zehn Jahren etwa 30 % seiner Leistung verloren hat.

Dem Nordwesten Europas beschert das Wärmefließband ein relativ mildes Klima. Amsterdam zum Beispiel liegt genau so weit nördlich wie die Nordspitze der Insel Neufundland in Kanada, hat aber ein vergleichsweise mildes Klima. Sollten die neuen Messungen einen Dauerzustand anzeigen, so muss der Nordwesten Europas wohl mit einem durchschnittlichen Temperaturrückgang von einem Grad Celsius rechnen. Nimmt die Leistung des Golfstroms weiter ab, könnten die Folgen noch unangenehmer und sehr viel kostspieliger werden.

Der Grund für die Hypothese der möglicherweise versiegenden Heizungsleistung des Golfstroms ist kurioserweise die Erwärmung der Erde. Sie sorgt dafür, dass Flüsse im hohen Norden mehr Wasser führen und das Eis von Grönland schmilzt. Damit gelangen enorme salzarme Wassermengen in den »Abtauchbereich« des Golfstromes. Der Frischwasserzustrom hat eine deutlich kleinere Dichte als die dort angekommene kalte Salzlauge des Golfstromes. Die Vermischung beider vermindert die Leistung des »Abtauchmotors« und als Folge davon wird der Kreislauf des Golfstromes geschwächt.

Skeptiker werden zu Recht darauf hinweisen, dass Messun-

gen erst seit wenigen Jahren auf das Schwächeln des Golfstroms hindeuten. Aber die Messergebnisse sind so solide, wie
dies wissenschaftlich heute möglich ist. Sie zeigen eindeutige
Abweichungen von der zuvor stabilen Lage an und sollten für
Länder wie Portugal, Spanien, Frankreich, die Beneluxstaaten,
Irland, Großbritannien, Deutschland und das westliche Skan-
dinavien Anlass sein, die Entwicklung »hautnah« zu verfolgen
und mit besonderer Anstrengung zukunftsfähige Lösungen
für ihre Menschen und Wirtschaftsstrukturen zu suchen.

Berechtigte Sorgen gibt es auch um die weltweite Versor-
gung mit Nahrungsmitteln. Nicht nur wächst die Weltbevölkerung um jährlich etwa 80 Millionen an mit einem zusätzlichen Bedarf von etwa 0,5 Hektar / Person (Deutschland
verfügt über 0,45 Hektar / Person, belegt aber, wie an anderer
Stelle ausgeführt, erhebliche Landfläche in anderen Ländern
für den Import von Nahrungsmitteln). Gegenwärtig ernten
wir nur ein Fünftel der Energie, welche in die Landwirtschaft
hineingesteckt wird. Wir subventionieren sozusagen mit
Kohle und Öl die Ernte der solaren Energie, welche die Pflanzen für uns einfangen.

Wissenschaftler des Internationalen Reisforschungsinsti-
tuts in den Philippinen sagen jetzt in Übereinstimmung mit
Kollegen aus dem US-Landwirtschaftsministerium voraus,
dass mit jedem Grad Temperaturerhöhung während der
Wachstumsperiode die Welt-Ernteerträge von Weizen, Reis
und Mais um etwa 10 % abnehmen können. Auch eine Reihe
anderer Veränderungen der Umwelt wirkt sich negativ auf die
Produktion von Nahrungsmitteln aus. Zu diesen zählen: die
Ausdehnung von Wüsten, der Platzbedarf für die weltweit
steigende Mobilität, Erosionen und die zunehmende Knapp-
heit an Wasser. Wachsende Wüsten finden sich zum Beispiel
in Brasilien (heute ca. 60 Millionen Hektar Wüste), China

(Zunahme ca. 360 000 Hektar / Jahr), Indien (heute ca. 100 Millionen Hektar, etwa 1/3 der Landfläche), Nigeria (Zunahme ca. 350 000 Hektar / Jahr). Im Osten und Norden Chinas wurden 24 000 Dörfer wegen der vordringenden Wüste entweder ganz aufgegeben oder verloren entscheidend an Bewohnern.

Nach Angaben des Umweltprogramms der Vereinten Nationen (UNEP) beeinflusst die fortschreitende Wüstenbildung die Lebensbedingungen von weltweit einer Milliarde Menschen in mehr als hundert Ländern. Besonders kritisch ist die Lage in Nordamerika und Afrika. Dort sind 70 % der landwirtschaftlich genutzten Trockengebiete durch Wüstenbildung geschädigt oder bedroht. Die Folgen sind Landflucht, Hunger und Armut. Die UNEP schätzt die Kosten, die die Ausdehnung der Wüsten weltweit verursachen, auf 42 Milliarden US-Dollar pro Jahr.

Die Armut der Menschen ist nicht nur Folge, sondern auch eine der wichtigsten Ursachen für die Wüstenbildung. Den Böden wird zu viel abverlangt, Bäume werden für Brennholz abgeholzt, es gibt zu viel Dünger und zu viel Vieh, und Dürreperioden tun ihr Übriges. Jedes Jahr gehen 25 Milliarden Tonnen fruchtbarer Boden verloren, schätzen Experten.

Seit 1950 hat sich der weltweite PKW-Bestand um einen Faktor 10 auf über 500 Millionen Automobile vergrößert. 80 % von ihnen laufen in industrialisierten Ländern. In den USA belegt ein Auto insgesamt etwa 0,07 Hektar, was bei zwei Millionen zusätzlichen Fahrzeugen im Jahr 140 000 Hektar zusätzlichen Bedarf an Land verursacht. 16 Millionen Hektar sind in den USA schon heute für den Betrieb von Automobilen belegt. Zum Vergleich: Im Jahre 2004 wurden 21 Millionen Hektar mit Weizen angebaut.

In China, Indien, Indonesien, Bangladesh, Pakistan, Iran,

Ägypten und Mexiko mit etwa 50 % der Weltbevölkerung
wird es nicht möglich sein, die Autodichte an die europäische,
japanische oder nordamerikanische heranzuführen, ohne entscheidende Anbauflächen für die Landwirtschaft zu verlieren.

Etwa 5 % der weltweiten landwirtschaftlichen Anbaufläche
ist durch Wind- wie auch Wassererosionen akut gefährdet.
Ihre Kontrolle ist in vielen Fällen möglich, erfordert jedoch erhebliche finanzielle Aufwendungen, die in den meisten betroffenen Ländern nicht vorhanden sind. Schätzungen sprechen von weltweiten Verlusten von etwa 130 000 Hektar landwirtschaftlich nutzbarer Fläche pro Jahr, also etwa die Hälfte
der Fläche des Saarlandes. Hinzu kommt die erwartete Erhöhung des Meeresspiegels, die die Verfügbarkeit von Land für
die Produktion von Nahrungsmitteln weiter (und in Bangladesh zum Beispiel entscheidend) einengen kann. Gleichzeitig
werden während der Regenperioden in vielen Regionen der
Welt die Auswirkungen von Überschwemmungen von wirtschaftlich genutzten Flächen zusehends häufiger. Hierfür gibt
es eine Reihe von Gründen. Schon eine Verschiebung der
Temperaturen von weniger als einem Grad Celsius in Gebir-
gen bewirkt den Übergang von Schnee- zu deutlich vermehrten Regenfällen und damit auch zu Verlusten in der Langzeit-
lagerung und dosierten Abgabe von Wasser durch Schnee und
Gletscher. Hinzu kommt die verminderte Rückhaltefähigkeit
der Böden für Niederschläge durch Verdichtungen der Erde
mit schweren Land- und Forstwirtschaftsmaschinen und nach
großflächigen Kahlschlägen.

Etwa vier Liter Trinkwasser braucht der Mensch am Tag
zum Leben. 500-mal mehr Wasser wird hingegen für die Produktion der von jedem von uns täglich benötigten Nahrungsmittel eingesetzt. Im Schnitt werden bis zu 1000 Tonnen Wasser für die Produktion einer Tonne Getreide benötigt und in

großen Anbaugebieten der früheren UdSSR und den USA über 30 Tonnen Wasser für 0,001 Tonnen (1 kg) Baumwolle.

Die weltweite Differenz zwischen dem täglichen Mehrbedarf an Wasser und seiner nachhaltigen Verfügbarkeit wird jeden Tag größer. Finanziell ist die Landwirtschaft kaum irgendwo in der Lage, ihren eigenen Mehrbedarf gegen den des wachsenden Bedarfs für Städte und die Industrie durchzusetzen. Die Lösung für dieses Problem kann nicht in noch größeren Subventionen für die Landwirtschaft liegen. Gerade in diesem Wirtschaftsbereich wird *full-cost-pricing* von wesentlicher Bedeutung für die Annäherung an nachhaltige Bedingungen sein.

Jahr	Gesamt (km^3)	Bevölkerung Millionen	Landwirtschaft (%)	Industrie (%)	Stadtverbrauch (%)
1700	110	700	90	2	8
1800	243	1000	90	3	7
1900	580	1600	90	6	3
1950	1360	2500	83	13	4
1970	2590	3500	72	22	5
1990	4130	· 5300	66	24	8
2000*	5190	6000	64	25	9
* extrapoliert					

Tab. 6 Globale Wasserentnahme in Kubikkilometer, Zunahme der Weltbevölkerung, und Verbrauchsanteile für Landwirtschaft, Industrie und der Städte (in %) seit 1700.

Tab. 6 zeigt die stürmische Entwicklung der weltweiten Süßwasserentnahme seit 1700 für die wichtigsten Verbrauchsbereiche. Im letzten Jahrzehnt des abgelaufenen Jahrhunderts waren Asien hieran mit 60 %, Nordamerika mit 18 %, Europa mit 13 %, Afrika mit 6 % und Südamerika mit 4 % beteiligt. Offenbar verbraucht der Mensch heute im

Schnitt 5,5-mal mehr Wasser als sein Vorfahre um das Jahr
1700.

Da die Nutzung von Oberflächengewässer für die Erzeugung von Nahrungsmitteln in vielen Anbaugebieten erschöpft ist, ja einige große Flüsse in Asien kaum noch Wasser
führen, wird mehr und mehr Grundwasser hoch gepumpt. In
Ländern, in denen insgesamt mehr als die Hälfte der gesamten Weltbevölkerung leben, übersteigt die Entnahme von
Wasser aus Brunnen die natürliche Erneuerung der Aquifier.
In den USA ist die Abnahme des Ogallala-Aquifiers, das sich
über weite Teile des Mittelwestens erstreckt, Besorgnis erre-
gend. Im nördlichen China fallen die Grundwasserspiegel
jährlich um drei bis vier Meter. Dies hat entscheidend mit
dazu beigetragen, dass China seit wenigen Jahren zum Reis-
importland geworden ist. In Indien fallen die Grundwasserspiegel in den meisten Staaten, und insbesondere in den wichtigen Anbaugebieten Punjab und Haryana. Indien hat deshalb
wachsende Schwierigkeiten, jedes Jahr 18 Millionen zusätzliche Menschen zu ernähren. Israel und Palästina, der Jemen
und Iran, Saudi-Arabien wie auch Mexiko gehören ebenfalls
zu den Ländern mit Grundwasserproblemen.

Eine wachsende Zahl von Wissenschaftlern hält die wirtschaftlichen Folgen wachsender Wasserknappheit für erheblich einschneidender als die Abnahme von Ölvorräten. Lester
Brown vom Worldwatch Institut sagt: »Für Öl gibt es Substi-
tute, für Wasser nicht. Ohne Öl haben Menschen 6 Millionen
Jahre gelebt. Ohne Wasser wären wir nach wenigen Tagen am
Ende.«

Aus der kurzen Darstellung der wachsenden Probleme mit
der Nahrungsmittelversorgung wird deutlich, dass neben der
Material- auch die Wasser- und Flächenproduktivität entscheidend verbessert werden muss.

Das Kyoto-Protokoll – der Weg in die Zukunft?

Haben Sie schon einmal die folgende Situation erlebt? Todmüde, nach drei oder vier durchgearbeiteten Nächten. Umgeben vom geschäftigen Gewühl von Tausenden mehr oder weniger amtlichen Lobbyisten aus aller Welt, die tausend verschiedene Interessenblöcke vertreten und Ziele verfolgen, ständig begehrt von Hunderten von Journalisten – schließlich vertritt man ein mächtiges Land –, längst mürbe geworden für einen Kompromiss, der dazu beiträgt, die große Sache wenigstens ein klein wenig weiterzubringen, immer bemüht, um Gottes willen die Amerikaner nicht zu vergrätzen, angewiesen auf Formulierungshilfen von englischen Kollegen für eine sich bildende Koalition mit Dutzenden von Muttersprachen, denn am Ende gilt nur, was schriftlich auf Englisch übrig bleibt? Und dann plötzlich nach all dem Frust, nach ungezählten Tassen Kaffee und nimmer enden wollender Nahkampfverpflegung plötzlich das Hochgefühl, es doch geschafft und ein akzeptables Protokoll formuliert zu haben. Dann kommt natürlich Stolz auf, weil man irgendwie beteiligt war, unter schwierigsten Bedingungen für die gerechte Sache gekämpft zu haben, und an einer oder zwei Formulierungen beteiligt gewesen ist, in welchen sich die sinnvoll vertretenen Hauptinteressen der eigenen Fraktion wiederfinden. Man freut sich, man jubiliert, weil man gemeinsam mit neuen Freunden aus fernen Ländern um Worte gerungen hat und gemeinsam noch immer wütend ist auf gewisse Vertreter »sturer« Länder, die das alles so schwer gemacht haben. Ein bisschen Triumphgefühl darf da aufkommen am Ende des Mühens, und auch gegenseitige Glückwünsche sind angebracht. Jetzt kann der Minister im fernen Lande vor das deutsche Fernsehen treten und Erfolg verkünden. Und doch – schon beim frühen Feiern schleicht sich das Gefühl ein, dass das alles vielleicht doch nicht so weltbewegend sein könnte, wie es den Anschein hat.

Fast zehn Jahre nach der Unterzeichnung des Kyoto-Protokolls waren 2005 in Montreal wieder über 10 000 Menschen aus 200 Ländern und Territorien zusammengeströmt, um über einige weitere Prozente bei der Verminderung der Emission einiger Stoffe zu disputieren, die als Hauptverursacher von Klimaänderungen ausfindig gemacht worden waren. Und was wurde als Ergebnis zustande gebracht? Das Versprechen, künftig weiter verhandeln zu wollen mit dem Ziel, über die bereits 1997 vereinbarte fünfprozentige Reduzierung eine zusätzliche Verminderung der klimawirksamen Emissionen zu erwirken. Dankenswerterweise haben sogar die US-Amerikaner zugesagt, bei diesen Gesprächen mit dabei sein.

Ob die ursprünglich für 15 Jahre bis 2012 vereinbarten 5 % Abschläge termingerecht erreicht werden, ist noch nicht gewiss. Denn die USA erklärten schon 2001, bei dieser Gemeinschaftsleistung nicht mitzumachen. Und auch die Chinesen halten sich abseits. Dabei sind beide Länder am technikbedingten CO_2-Gesamtausstoß mit mehr als 40 % beteiligt. US-Präsident George Bush sagte 2001, die Verringerung der Emissionen nach Art des Kyoto-Protokolls sei für sein Land wirtschaftlich ruinös. Eine wohl unbeabsichtigte Einsicht, dass *End-of-Pipe*-Maßnahmen *nach* dem Erkennen bestimmter Umweltgefahren sehr teuer sind.

In dem 2002 in Deutschland ratifizierten Kyoto-Protokoll haben sich viele der wichtigen Industrieländer konkret verpflichtet, ihre Emissionen in den Jahren 2008–2012 gegenüber dem Bezugsjahr 1990 deutlich zu senken. Schon vor der ersten Konferenz in Kyoto im Jahre 1997 hatte die überwältigende Mehrheit von Tausenden von Wissenschaftlern aus aller Welt gemahnt, dass nur eine Verminderung von mindestens 60 % der weltweiten Emissionen von klimawirksamen Emissionen die Chance bieten kann, Klimaveränderungen auf einem möglicherweise erträglichen Niveau zu stabilisieren. Dem stimmt auch eine Studie des Pentagon aus jüngerer Zeit zu. Dieses Ziel aber ist ohne umfassende Strukturänderung der Wirtschaft nicht erreichbar. Und über die zu verhandeln, sind die Umweltminister gar nicht befugt.

Es ist jetzt über zehn Jahre her, dass die Vorbereitungen für die Kyoto-Konferenz im Jahre 1997 begannen. Die Konferenz sollte eine entscheidende Reduktion der klimawirksamen Emissionen herbeiführen, und zwar in absehbarer Zeit. Wenn man das seither tatsächlich Erreichte als Maßstab nimmt, dann werden 100 Jahre vergehen, bis die ökologisch erforderlichen Emissionsverminderungen vereinbart und nachprüfbar auch eingehalten werden. Die Annahme ist wohl berechtigt, dass sich ein erheblicher Teil des Emissionsproblems klimawirksamer Stoffe schon lange vorher durch die Verknappung fossiler Brennstoffe sozusagen von selbst erledigt. Die sozialen und wirtschaftlichen Folgen der gegenwärtig absehbaren Entwicklung werden von einigen Fachleuten als extrem negativ eingeschätzt.

Die Leserin und der Leser werden sich nach allem, was wir bisher besprochen haben, wohl die Augen reiben und verwundert fragen: Warum spart man zur Absenkung von Emissionen nicht an Natur durch innovative Technik am Eingang der Wirtschaft, zumal man weiß, dass dies technisch machbar ist, wirtschaftlich Sinn macht, und man zudem einen erheblichen Teil der Arbeitslosigkeit und der Staatsverschuldung gleichzeitig in den Griff bekommen könnte?

Nachhaltige Lösungen?

Wie bereits zehn Jahre vor der ersten Konferenz zum Klima-
schutz in Kyoto durch die Brundtland-Kommission der Vereinten Nationen verkündet – und in Rio de Janeiro 1992 von
allen Staaten feierlich bestätigt –, sind erfolgreiche Schritte in
Richtung Nachhaltigkeit nur unter gleichzeitiger und gleich-
gewichtiger Berücksichtigung von gesellschaftlichen, wirtschaftlichen und ökologischen Belangen möglich. Jedoch ist
bis heute keine der Organisationseinheiten der Vereinten Nationen hierfür zuständig. Alle streiten unabhängig voneinander für ihre partikularen Interessen im Rahmen ihrer zuge-
wiesenen Zuständigkeiten. Auch die Welthandelskonferenz
der WTO im Dezember 2005 in Hongkong war ausschließlich
dem Thema gewidmet, wie der Welthandel so flüssig wie
möglich gestaltet werden könne – ganz unabhängig vom Verbrauch natürlicher Ressourcen.

Auch in der Brüsseler Kommission, auch in Deutschland,
Frankreich oder anderen großen und kleinen Ländern in
Europa gibt es keine Institution, die für Nachhaltigkeit politisch verantwortlich ist und über die Mittel verfügt, das Nötige durchzusetzen.

Der amerikanische Nachrichtensender CNN erinnert uns
stündlich daran, dass die USA und eine Reihe von verbünde-
ten Staaten mit der intensiven Bekämpfung von Terroristen
beschäftigt seien. Der militärische Ressourcenaufwand im
Irak alleine hätte ausgereicht, für eine Milliarde Menschen
Wohnungen zu bauen. Für diesen Krieg aber verlangen die
USA unablässig genau die Solidarität von allen Ländern, die
sie zum Schutz der Umwelt für ihr Land weit von sich weisen.
Sie sollten einsehen, dass viele Zeitgenossen den national un-
mäßigen Ressourcenverbrauch als Angriff auf körperliche

und seelische Unversehrtheit von Milliarden von Menschen in anderen Ländern betrachten. Über dieses Thema müssen allerdings nicht nur die Amerikaner nachdenken.

Der heutige Weltzirkus riesiger internationaler Versammlungen scheint auf der Hoffnung zu beruhen, man könne isolierte Probleme mit hergebrachten Mitteln – entlang traditioneller ministerieller Zuständigkeiten – lösen, und man habe hierfür viel, viel Zeit. Hat man erst einmal Lösungen für weltweite soziale, ökologische und wirtschaftliche Probleme nebeneinander erreicht – so scheint die Hoffnung –, dann könne man sie miteinander in Einklang bringen. Diese Hoffnung aber ist grundlos. Sie entspricht zum einen nicht den historischen Erfahrungen, und sie übersieht, dass es systemisch nicht möglich ist, mit Hilfe reaktiver Einzelmaßnahmen grundlegende Fehlleistungen der Wirtschaft zu beheben.

6. Dienstleitungen und deren Nutzen

Wir verstehen sofort, was gemeint ist, wenn von Dienstleistungen die Rede ist, die Menschen erbringen. Jeder kennt eine Fülle von so genannten Dienstleistungsberufen, und jeder nutzt den Service der Deutschen Bahn. Dienstleistungen werden zunehmend auch von Maschinen direkt erbracht, die dem Menschen Arbeitsplätze streitig machen, man denke etwa an den Geldautomaten. Abgesehen von wenigen Grundbedürfnissen wie ein Bett, Kleidung, ein Dach über dem Kopf sowie ausreichend Lebensmittel braucht der Mensch eigentlich nur Dienstleistungen.

Das Konzept Dienstleitung ist allerdings nicht auf Mensch und Technik beschränkt. Auch die Natur ist dazu in der Lage, man denke etwa daran, dass die Sonne scheint und Bienen die Blüten bestäuben, die Luft sich rein hält und Nährstoffe sich im Boden regenerieren. Wie wir bereits gesehen haben, ist Leben, wie wir es kennen, ohne derartige Leistungen nicht möglich. Ihr besonderer Vorteil besteht darin, dass wir für sie nichts bezahlen müssen. Ihr besonderer Nachteil, dass sie durch unsere Art, Wirtschaft zu betreiben, in Mitleidenschaft gezogen werden.

Im Folgenden wollen wir uns Gedanken machen über Dienstleistungen und ihren jeweiligen Nutzen. Und schließlich sehen wir uns an, wie und wo wir ökologisch vernünftigen Nutzen finden können und wie ihn die Technik von morgen gestalten kann.

Praktische Dienste

Unter Dienstleistung verstehen Menschen im Allgemeinen die Arbeit einer Putzkolonne, einer Werkstatt, des öffentlichen Nahverkehrs, einer Versicherungs- oder Unternehmensberatung, der Krankenschwester oder der Friseuse – also Leistungen, die von Menschen für andere Menschen erbracht werden. Dienstleistungen sind demnach alle jene Arbeiten, deren Ziel nicht die Herstellung eines mit Händen fassbaren, materiellen Produktes ist, sondern Hilfe, Beratung oder Organisation.

Das jedenfalls ist die hergebrachte Art, über Dienstleistungen zu reden. Die klassische Definition sagt, dass Dienstleistungen der Technosphäre materielose Güter seien. Dabei ist offensichtlich, dass diese materielosen Güter nur dann real existieren können, dass wir sie nur dann in Anspruch nehmen können, wenn Geräte und Maschinen vorhanden sind, welche die Dienstleistungen produzieren. Eine Reise wird eben erst möglich, wenn ein Fahrrad, ein Flugzeug oder ein Hundeschlitten zur Verfügung stehen. Und die Großmutter kann dem Enkel nur dann eine Geschichte vor dem Einschlafen vorlesen, wenn eine Lampe, ein Bett, ein warmes Zimmer und ein Buch vorhanden sind.

Industrielle Produkte werden eigentlich nur gebraucht, wenn man sie auch tatsächlich verwendet. Verwenden heißt, Nutzen aus Produkten ziehen oder deren Dienstleistungskapazität abzurufen. Demnach kaufen Menschen im Grunde gar keine Produkte, vielmehr legen sie sich Dienstleistungsmaschinen zu. Das gilt für eine Dusche ebenso wie für die Mikrowelle, das Sofa, das Auto, das Telefon oder die Tiefkühltruhe.

Dienstleistungen hängen also von real existierenden Dienstleistungsmaschinen ab und kosten zumeist Energie bei

ihrer Nutzung. Ohne Energieversorgung, ohne Infrastrukturen, Gebäude und eine Fülle von verschiedenen Maschinen
und Geräten gibt es keinen Dienstleistungssektor. Moderne
Gesellschaften zeichnen sich durch eine große Fülle und hohe
Qualität von Dienstleistungen aus, die vom vernetzten und
reibungslosen Funktionieren abhängig sind.

Güter und Einrichtungen zu nutzen heißt, sich ihre Dienstleistungen zu Eigen zu machen. Daraus folgt, dass die von
Menschen erreichbare Lebensqualität von der Vielfalt und
Qualität der Dienstleistungen abhängt, auf die sie Zugriff haben. In einer sozialen Marktwirtschaft haben auch Kranke
und bedürftige Menschen ausreichend Zugang zu Nahrungsmitteln und Serviceleistungen.

Um Dienstleistungen dienstbar zu machen, muss man die
geeigneten Produkte jedoch nicht unbedingt besitzen. Darauf
habe ich ja schon früher hingewiesen. So kaufen sich nicht
viele Menschen ein Flugzeug für den nächsten Urlaub. Den
Schlagbohrer aber bekommen viele heute schon zu Weih-
nachten, obschon sie ihn auch nur selten brauchen. Wenn jeder Fünfzehnte in Deutschland ein solches Gerät besitzt, dann
waren mehr als 10 000 Tonnen hochwertiges Material hierfür
eingefroren und weit mehr als die zwanzigfache Menge an
Umwelt verbraucht, ehe sie noch im Laden lagen.

Wir können Dienstleistungsmaschinen auch borgen, mieten oder für ihre Nutzung durch andere zu unseren Gunsten
bezahlen lassen. Dass wir Dinge nicht besitzen müssen, um
ihre Dienstleitungen zu genießen, heißt noch lange nicht, dass
Zufriedenheit, Glück und Freude nicht auch von den Dingen
ausgehen, die wir besitzen. Sein eigenes Bett und seinen eigenen Esstisch zu haben, empfinde ich jedenfalls als lebenswich-
tig. Beim Pressluftreiniger, bei der Skiausrüstung und beim
Flugzeug sieht die Sache allerdings anders aus.

Wenn wir unsere eigene Anhäufung von Besitztümern an Industrieprodukten einmal im Einzelnen überdenken, stellen wir verwundert fest, welchen finanziell völlig unsinnigen Luxus wir uns leisten. Eine finnische allein lebende Frau hatte herausgefunden, dass sie weit über 7000 verschiedene Dinge besaß. Nachdem sie sie aufgeteilt hatte mit Hilfe der Frage, welche der Dinge sie zumindest einmal die Woche, einmal im Jahr oder praktisch nie benutzte oder oft als wohltuend empfand, trennte sie sich von mehr als der Hälfte der Dinge und freut sich seither über viel mehr Platz in der kleinen Wohnung.

Um die Verwirrung komplett zu machen, bezeichnen Firmen heute ihre Serviceangebote auch als Produkte. Zum Beispiel das Angebot Ihrer Bank, sich umfassend um Ihre Geldanlagen zu kümmern, oder ein »all included«–Urlaubsangebot am Flughafen sind solche Produkte. Heute können Sie auch die Produkte »Wärme«, »Kälte« oder »Beleuchtung« kaufen, für Ihren Betrieb und auch privat. Und kein Industrieprodukt wird heute angeboten, bei dessen Herstellung und Nutzung nicht auch Service als Input benötigt wird, wobei sich bei langlebigen Industrieprodukten der Anteil des Inputs an Service von der Herstellungs- zur Nutzungsphase hin verschiebt.

Luxus und Ressourcen

Auch Schmuck, Parfüm, modische Kleidung, Gemälde und Musikinstrumente sind dazu da, Zufriedenheit, Glück und Freude zu vermitteln. Auch sie gehören demnach zu den Produkten, deren Nutzung Nutzen bringt. Ob sie zu den sehnlichsten Wünschen aller zählen und ob nur mit ihrer Hilfe hohe Lebensqualität erreicht werden kann, ist dabei unerheblich.

Aus ökologischer Sicht ist beispielsweise ein Gemälde interessant, weil es »von der Wiege bis zur Bahre« wenig Verbrauch an natürlichen Ressourcen erfordert. Der Rucksack eines mittelgroßen Gemäldes von Miotte oder Matisse, einschließlich Rahmen (ohne Gold und Silber!), wiegt zum Beispiel nur etwa 40 Kilogramm und das Vermitteln von Freude bei ihrer Betrachtung erfordert kaum weitere Ressourcen für Hunderte von Jahren. Ihr MIPS ist also winzig klein.

Wenn wir den Preis eines solchen Gemäldes mit 400 000 Euro annehmen, dann ist sein Preis-ökologisches Rucksack-Verhältnis etwa 20 000-mal größer als das von einem Auto der Mittelklasse. Natürliche Ressourcen stehen offenbar bei Kulturschaffenden hoch im Kurs.

Nun gibt es allerdings Dinge, deren Daseinszweck zu einem erheblichen Teil darin besteht, auf andere Menschen Eindruck zu machen. Dazu gehören etwa: Ein Rolls-Royce, ein Pelzmantel, ein Rennpferd, eine 20-Meter-Yacht im Hafen von Saint-Tropez, eine Luxusvilla, oder ein Orden wie das Bundesverdienstkreuz. Ich überlasse es aber gerne der Leserin und dem Leser, zu entscheiden, ob es sich auch bei diesen Dingen um die Erbringung von Nutzen handelt.

Dienstleistungen aus der Maschine

Dass Service mehr und mehr auch direkt von Maschinen für Menschen erbracht werden, merken wir spätestens, wenn wir uns über Fahrkartenautomaten für die Straßenbahn ärgern, weil sie in jeder Stadt anders funktionieren. Und Geld gibt es jetzt auch um Mitternacht bar aus dem Automaten. In der ganzen Welt verbreiten sich solche von Maschinen erbrachten Serviceleistungen immer mehr. Surfen in Internetcafés ist in Ubud auf Bali heute fast ebenso wichtig wie das gekonnte Massieren schmerzender Füße.

Fassen wir zusammen: (1) Service ist die (auf Wertschätzung beruhende) Eigenschaft von Gütern, Bedürfnisbefriedigung oder Nutzen zu vermitteln. (2) Es gibt keine Produkte ohne Service als Input, und ohne Produkte gibt es keinen Service. (3) Dienstleistungen werden in der Wirtschaft von Mensch zu Mensch oder von Maschinen für den Menschen erbracht. (4) Die Natur bezahlt für jeden Service mit. (5) Der ökologische Rucksack von Dienstleistungen ist die Summe der anteiligen ökologischen Rucksäcke der eingesetzten Geräte, Fahrzeuge und Gebäude plus die Summe des anteiligen Verbrauchs an Material und Energie während der Nutzung dieser Geräte, Fahrzeuge und Gebäude.

Mit dem hier vorgetragenen Verständnis des Begriffes »Dienstleistung« oder »Service« war es nur noch ein kleiner Schritt bis zu seiner Verwendung in der Definition eines Maßstabs für die ökologische Relevanz von Produkten und Handlungen jeder Art, wie wir es im Begriff MIPS tun (siehe dazu Kapitel 3).

Dienstleistungen der Natur

Bisher habe ich in diesem Kapitel nur von Dienstleistungen gesprochen, die Teil der Wirtschaft sind und mit Hilfe von Technik erbracht werden. Ich habe beschrieben, wie sie den Weg zu Nutzen und Wohlstand öffnen. Möglicherweise habe ich sogar den Eindruck erweckt, aller Wohlstand sei eine Sache menschlicher Entwicklung. Das ist aber nicht der Fall.

Wiederholt sprach ich in vorangegangenen Kapiteln auch von den Dienstleistungen der Ökosphäre und ihrer überragenden Bedeutung für das Überleben und das Wohlbefinden der Menschen auf dem Planeten Erde. Was unterscheidet die beiden Arten von Dienstleistungen voneinander?

Ohne die Dienstleistungen der Ökosphäre, so wie sie sich im Laufe von Milliarden von Jahren entwickelt haben, wären wir Menschen nie entstanden. Unser Überleben hängt von ihrem Funktionieren ab. Wir können die Dienstleistungen der Ökosphäre zwar durch unsere Wirtschaftsprozesse verändern, wir können sie aber mit Technik weder vermehren noch »verbessern«. Die Dienstleistungen der Ökosphäre sind nicht teilbar. Weder kann ein Mensch einzelne Dienstleistungen der Ökosphäre für sich alleine nutzen, noch können Menschen sie beschädigen, ohne dass andere Menschen die Folgen davon mit zu tragen haben.

Zusammenfassend können wir festhalten: Der Zugriff von Menschen auf technikbedingte Dienstleistungen kostet Geld, ist individuellen Bedürfnissen funktionell angepasst und kann mittels wirtschaftlicher, sozialer und technischer Entwicklungen verbessert, aber nicht ohne natürliche Ressourcen gestaltet werden. Nicht alle technikbedingten Dienstleistungen sind lebensnotwendig. Die Dienstleistungen der Ökosphäre hingegen sind dies ausnahmslos, sie sind kostenlos, mit Technik nicht vermehrbar und werden bei unkluger Wirtschaftsführung lokal und global beschädigt. Im Übrigen aber werden Dienstleistungen der Ökosphäre per definitionem nicht von Maschinen oder Menschen erbracht.

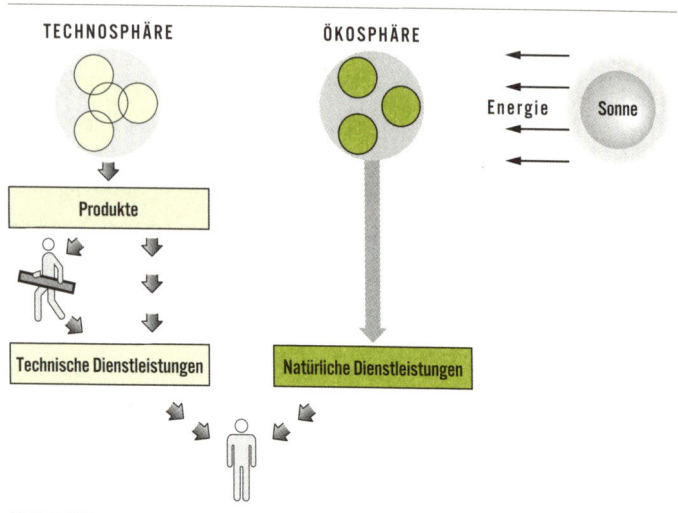

Abb. 15 Zusammenhänge zwischen technischer und natürlicher Dienstleistung: Produkte werden in der Technosphäre erzeugt unter Verwendung der natürlichen Ressourcen Material, Fläche und Energie, die aus der Ökosphäre entnommen werden. Während ihrer Nutzung verbrauchen viele dienstleistungsfähige Produkte weitere natürliche Ressourcen, zum Beispiel Treibstoffe, Wasser und Strom.

Der Nutzen des Lebens

Der höchste Nutzen des Menschenlebens ist es, Zufriedenheit, Glück und Freude in Sicherheit und Würde zu erlangen und dies mit anderen zu teilen. Jeder Nutzen verursacht allerdings auch Kosten. In diesem Buch geht es hauptsächlich um die Kosten, welche die Ökosphäre trägt. Wie wir bereits gesehen haben, müssen sie so gering wie irgend möglich gehalten werden, um unsere Zukunft zu sichern.

Sich und seinen Angehörigen hohe Lebensqualität in Sicherheit zu schaffen und zu erhalten – im körperlichen, geistigen, seelischen und auch im materiellen Sinn –, ist wohl das natürlichste Verlangen von Menschen. Die Mehrung von Nutzen ist demnach ein über die Lebensqualität von Menschen definiertes Wachstum.

Zufriedenheit, Glück und Freude zu erlangen setzt voraus, Zugriff auf ausreichend Nahrungsmittel, sowie den Zugang zur Nutzung von Sachgütern und Einrichtungen wie etwa Krankenhäuser und Altenheime zu haben. Dies gilt auch für sehr bescheidene Menschen. Niemand will ohne wärmende Kleidung, ohne Hygiene, ohne ein Dach, ohne ein Bett und ohne eine Zahnarztpraxis leben. Nutzen kann man demnach auch als ein Maß für die Fähigkeit von Gütern definieren, Bedürfnisse von Menschen zu befriedigen.

Den ökologischen Preis von Nutzen habe ich MIPS genannt. Man kann in MIPS auch das ökologische Maß für die Verrichtung von Service sehen. Wie wir bereits gesehen haben, ist sie in einer modernen Gesellschaft ohne die Nutzung von Produkten nicht möglich. Auch dann nicht, wenn die Dienstleistungen von Menschen verrichtet werden. Deshalb kann man hier auch von einem technikbedingten Service sprechen. Das gilt auch für die Nutzung von Naturprodukten, denn auch Naturprodukte kommen nur noch in wenigen seltenen Fällen ohne technische Verarbeitung, Verpackung, Lagerung und Transport zu uns ins Haus.

Mit der traditionellen Lehrmeinung, immer während des Wachstum sei aus wirtschaftlichen Gründen nötig, entstehen jetzt zwei Probleme. Erstens können die Kosten der Ökosphäre für den menschlichen Nutzen nicht endlos steigen, weil unser Planet Erde physische Grenzen hat. Und zweitens fehlt mir die Phantasie, mir vorstellen zu können, was die Steigerung von Zufriedenheit, Glück und Freude ist.

Je mehr Menschen in einer Gesellschaft erwünschten Nutzen im oben beschriebenen Sinne erlangen, desto höher ist der Wohlstand ihrer Gesellschaft einzuschätzen. So verstanden bedeutet Wohlstand weit mehr als materieller Besitz. Er schließt auch Dinge ein wie Ausbildung, Gesundheit, Sicherheit, Arbeit, Freizeit und Umweltqualität.

Wertewandel?

Während in unserer heutigen Produktionsgesellschaft der Fokus auf Produkten liegt, wird in der Dienstleistungsgesellschaft der von dem Produkt geleistete Nutzen im Mittelpunkt der Betrachtung stehen. Ökonomisch gesehen ist es also nicht der Materialwert, das physikalisch Dinghafte, das den wirtschaftlichen Wert ausmachen wird, sondern der Nutzungs- oder Servicewert. Aus diesem Grunde kann es für Unternehmen sehr wohl profitabel werden, nicht primär das Sachgut zu verkaufen, sondern seine Nutzung, und mit Hilfe des Faktors Zeit einen finanziellen Gewinn zu erzielen. Nicht mehr der schnittige Sportwagen wird verkauft, sondern die Dienstleistung, mit ihm fahren und vielleicht imponieren zu können. Der finanzielle Gewinn wird durch Vermietung erzielt.

So verkauft zum Beispiel die Firma Ender in Vorarlberg mit gutem Erfolg den Nutzen von Klimatechnik an kleine und große Kunden (office@ender-klimatechnik.com). Dies setzt natürlich voraus, dass wir Nutzer eine mehr am Ergebnis als am Eigentum orientierte Beziehung zu Sachgütern entwickeln. Dies wiederum setzt voraus, dass Unternehmer das Risiko einer ungewohnten Systemumstellung auf sich nehmen müssen. Und schließlich setzt dies voraus, dass Kredite für kleine und mittlere Unternehmen der Tatsache angepasst werden müssen, dass Cashflow anders als zuvor entsteht.

Auf der Nachfrageseite haben Politik und Wirtschaft seit der Mitte des letzten Jahrhunderts die Bevorzugung des Eigentums an Sachgütern gezielt gefördert. Man braucht sich nur die Werbung – etwa von Bosch, Siemens und Toyota oder von Bausparkassen – anzusehen oder die Abschreibungsmöglichkeiten im Steuerrecht zu betrachten, um dies zu erkennen. Der eigene Schlagbohrer, die eigene Waschmaschine, das eigene Auto, das eigene Haus, ja manchmal sogar die eigene Yacht sind reflexartig unbedingt wünschenswert, auch dann, wenn die Eigentumsrechte an ihnen in vielen Fällen bei Banken liegen.

Aus meiner Beobachtung ziehen Menschen den eigenen Besitz von Dienstleistungsmaschinen vor, weil man sich auf diese Weise zu jeder gewünschten Zeit das Vergnügen der Nutzung gönnen kann und die Planung von Abläufen damit oft einfacher und bequemer wird. Darüber hinaus macht die weitgehende Unkenntnis der Kosten pro Serviceeinheit für ein Produkt vernünftige Preisvergleiche für die Nutzung eigener Geräte mit den Kosten für Dienstleistungsangebote schwierig. Das ist wohl mit ein Grund dafür, warum Konsumenten und selbst Betriebe den Service von Dienstleistungsfirmen noch nicht voll in Anspruch nehmen.

Fokussierung auf Nutzen hilft, Zukunft mit Zukunft zu schaffen

Wie wir bei der Diskussion um MIPS bereits gesehen haben, vermag die Fokussierung auf den Nutzen von Produkten und Serviceangeboten zu helfen, neue Wege für die Schaffung von nachhaltigem Wohlstand zu gehen. Zum Beispiel kann eine solche Fokussierung hilfreich sein, um wirtschaftliche Wertbegriffe und Prioritäten zu verändern, um Wachstum einen neuen Sinninhalt zu geben, nämlich die Mehrung des Nutzens, auch Wege in die Nachhaltigkeit zu erkunden, bei denen der Nutzen im Vordergrund steht und nicht der Besitz von Dingen. Neue Modelle für Arbeit und Fortschritt, für Städteplanung, Entwicklungshilfe und für gesellschaftliches Zusammenleben können entwickelt und neue Produkte und Dienstleistungen mit kleinem Ressourcenbedarf gestaltet werden. Das Konsumverhalten kann so in Richtung Nachhaltigkeit gelenkt und somit der Übergang in eine »Dienstleistungsgesellschaft« erleichtert werden. Und *last but certainly not least* kann in Europa eine Strategie entwickelt, vorgelebt und von hier aus weltweit verbreitet werden, mit deren Hilfe die Zukunft des Menschen auf dem Planeten Erde gesichert werden kann.

Den ökologischen Nutzen suchen

Das Faktor-10/MIPS-Konzept verlangt nicht, Konsum willkürlich zu beschränken oder gar zu verbieten, weil Konsum materialintensiv ist. Vielmehr handelt es sich um einen positiven Ansatz: Es wird die Suche nach Möglichkeiten verlangt, dort, wo Dienstleistungen gebraucht werden, vergleichbare Dienstleistungen mit wesentlich weniger Materialaufwand bereitzustellen.

Wie wir bereits erkannt haben, kann man die ökologischen Kosten für Dienstleistungen von zwei Seiten beeinflussen, nämlich von der Nachfrage- wie auch von der Angebotsseite her. So kann man zum Beispiel als Urlaubssuchender den Aufenthalt auf dem Bauernhof in Franken einem Flug nach

Florida vorziehen. Oder das Handtuch im Hotel drei Tage hintereinander benutzen. Auf der Angebotsseite kann das Reiseunternehmen oder Hotel möglichst ressourcensparende Gegenstände, Geräte und Anlagen benutzen, sowohl in seinem Betrieb als auch für die Kunden während ihres Urlaubes. Und das Krankenhausunternehmen könnte ambulante Behandlungen anbieten anstelle von stationärer Behandlung.

Machen wir die Probe aufs Exempel. Bevor die nächste Anschaffung fällig ist, fragen wir uns eingehend: Welche Dienstleistung genau wollen wir haben und wie viel davon ist nötig, wann soll sie erbracht werden und wie lange?

Vergleichen wir zum Ausprobieren einmal unsere gegenwärtige Dienstleistungserfüllungsmaschine namens Auto mit dem tatsächlichen Transport- oder Mobilitätsbedarf der Familie. Wie groß ist die Spanne zwischen dem, was das Fahrzeug alles kann, und dem, was wir brauchen und was der Verkehr überhaupt zulässt? Wann fuhren wir zuletzt mit 180 Stundenkilometern zur Arbeit, zum Zigarettenholen oder zum Zahnarzt? Die Höchstgeschwindigkeiten in der Stadt liegen zwischen 20 und 50 Stundenkilometern, und der wirkliche Durchschnitt erheblich unter 20, manchmal auch unter zehn. Wie oft sitzen fünf Leute drin? Wie viele Stunden pro Tag tut das Auto das, wozu es gebaut wurde, nämlich transportieren? Die Versicherung, die Haftpflicht, die Kosten für die Garage laufen 24 Stunden am Tag. Und wenn wir auf der Straße parken, dann subventionieren wir uns selbst über die Steuern, denn Straßen kosten sehr viel Geld. Was kostet der gefahrene Kilometer also wirklich? 60 Cent, 80 Cent? Jedenfalls sind es 300 Gramm Umwelt, die wir für jeden Kilometer verbrauchen, ohne die sehr ressourcenintensive Infrastruktur dazuzurechnen.

Könnte es sich nicht lohnen, an die Eigentums-Null-Option, also an das Mieten oder Leasen eines Autos zu denken oder an die Nutzung eines Taxis bei Bedarf? Man kann dabei sogar zwischen einem zweisitzigen Stadtfahrzeug (Citycar) für die Wochentage und einer größeren Limousine für die Wochenenden und den Urlaub mit der Familie wählen. Wenn wir nur halb so viel fahren wie heute, wäre ein Taxi mit Chauffeur wahrscheinlich schon billiger – vorausgesetzt, das Auto ist nicht auf Kredit gekauft. Dann wäre das Taxi nämlich auf jeden Fall günstiger.

Aber wird das den Bedürfnissen entsprechende Dienstleistungsbündel heute überhaupt angeboten? Wahrscheinlich eher nicht, zumindest nicht für einen angemessenen Preis. Die Frage stellt sich jetzt von selbst, warum dies eigentlich nicht geschieht. Die Marktwirtschaft sollte solch einen neuen Bedarf doch durch neue Angebote befriedigen können.

Das Beste wählen

In früheren Abschnitten haben wir herausgefunden, dass die Mehrung ökologischen Nutzens nur mit Hilfe solcher Produkte erreicht werden kann, die mit hoher Ressourcenproduktivität hergestellt, transportiert, gehandelt, gelagert und genutzt werden. Ziel ökologischen Konsums ist es deshalb, nach den ökologisch und ökonomisch wirksamsten Wegen zur Erfüllung einer bestimmten Funktion, zur Befriedigung eines bestimmten Bedarfs zu suchen. Im Lebensmittelbereich spielt neben der Ressourceneffizienz auch die Erosionsintensität sowie die Belastung mit giftigen Stoffen eine große Rolle.

Bewusste Bescheidenheit zeichnet sich immer durch eine hohe Ressourcenproduktivität und finanzielle Einsparungen aus. Im Falle des Rasenmähens ist außerdem die Erhaltung der Artenvielfalt von Blumen, Schmetterlingen und Insekten interessant. Aus meiner Sicht sind Verbote und Gebote kein guter Weg, um Nulloptionen für die Einsparung von Ressourcen zu erwirken. Nicht nur kostet ihre Administration viel Geld, sie führt auch zur Einschränkung freier Entscheidungen und zur Verkümmerung von Eigenverantwortung. Wie Sie in diesem Buche schon früher gesehen haben, bin ich immer dafür, Ressourceneinsparungen auf dem Wege über wirtschaftlich vertretbare Preise zu lenken. Ich halte nicht viel von detaillierten staatlichen Vorgaben und von Planwirtschaft.

Die Qual der Wahl

Wie kann nun Anna oder Otto Normalverbraucher wissen, wie ökologisch teuer oder günstig eine Dienstleistungserfüllungsmaschine ist? Informationen etwa nach dem MIPS-Konzept gibt es ja *noch* nicht, und die existierenden Kennzeichnungen sind, wie wir gesehen haben, eigentlich nicht wirklich hilfreich. Es wird also in jedem Falle schwierig, wenn nicht nahezu unmöglich sein, ökologisch sinnvolle Kauf- oder Nutzungsentscheidungen zu treffen. Dennoch wollen wir im Folgenden eine Reihe von Fragen zusammenstellen, die hilfreich sein können, das ökologisch Bessere ausfindig zu machen. Einigen dieser Fragen sind wir längst vorher begegnet, und einige berücksichtigen wir seit langem, bewusst oder unbewusst.

Wie bereits betont: Erst sollte man das gewünschte »Dienstleistungsbündel« kennen, man sollte sich Rechenschaft darüber abgelegt haben, was man wirklich braucht, wann, wie lange, wie viel davon und wozu. In der folgenden Aufzählung kann das Wort »Gut« alles bedeuten, was man anfassen und was Nutzen bringen kann, von der Mausefalle über Blumen bis zum Eigenheim.

- Wie viel Material verbraucht das Gut bei der Nutzung? Es kann sich um Treibstoff, Waschmittel, Schmierstoffe, Putzmittel, Wasser und Ähnliches handeln.
- Wie viel Energie verbraucht es beim Betrieb?
- Wie groß ist das Gut? Gibt es kleinere Ausführungen mit ausreichender Leistung?
- Wie viel Fläche braucht es?
- Wie weit und mit welchem Transportmittel wurde das Gut transportiert, ehe es mir angeboten wurde?
- Ist die Verpackung angemessen?
- Sind Teile des Gutes recycelbar?
- Wie viel wiegt das Gut, und aus was ist es hergestellt?

Dies sind die wichtigsten und zugleich am schwersten zu beantwortenden Fragen. Weder der Händler noch der Konsument kennt normalerweise die materielle Zusammensetzung des Gutes, noch können sie die ökologischen Rucksäcke abschätzen, also wissen, wie viel Umwelt in all die verschiedenen Materialien eingeflossen ist, aus denen es zusammengesetzt ist. Wie viel recycelbares Material oder erneuerbare Rohstoffe sind in dem Gut verbaut? Da funktionell vergleichbare Geräte oft ähnlich zusammengesetzt sind, kann das Gewicht von zwei Autos oder zwei Nähmaschinen als erster Grobhinweis dienen. Darauf verlassen sollte man sich aber nicht.

- Hat das Gut eine verlässliche Selbststeuerung und Selbstoptimierung, etwa durch elektronische Regulierung des Zuflusses von Verbrauchsmaterialien (Energie, Waschmittel, …)?

- Kann das Gut für verschiedene Bedürfnisse benutzt werden? Ist es multifunktional?
- Kann das Gut, nachdem ich es für den ursprünglichen Zweck nicht mehr benutzen kann, noch anderen Zwecken oder anderen Menschen dienen?
- Kann ich das Gut auch anderen zur Benutzung borgen oder vermieten, ist es dafür robust genug?
- Wie langlebig ist das Gut? Wie lange läuft die Garantie?

Außerdem hilft die Kenntnis der folgenden Eigenschaften, um die Langlebigkeit besser einschätzen zu können:

Oberflächeneigenschaften (Abrieb, Sauberhaltung), Korrosionsbeständigkeit, Reparierbarkeit, Form und Zerlegbarkeit (für Wartung und Reparatur), Robustheit, Zuverlässigkeit. Produkte sollten so aufgebaut sein, dass einzelne Teile gegen neue auf dem neuesten Stand der Technik ausgetauscht werden können (etwa Antriebsaggregate in Fahrzeugen oder Platinen in Computern).

Diese Liste ist natürlich viel zu lang, um Spaß zu machen, und ganz sicher weiß Ihr Händler auch nur einen Teil der Antworten. Ein MIPS-artiger Hinweis würde die Sache sehr viel einfacher machen. Wenn aber genug Menschen solche Fragen hartnäckig immer wieder stellen, wird es vielleicht ein Stückchen weitergehen mit der Nachhaltigkeit. Wir Kunden sind doch die Könige in einer Marktwirtschaft!?

Sehr ernsthaft müsste darüber nachgedacht werden, ob in Zukunft nicht folgende Informationen auf allen Fertigwaren erscheinen sollten: Herstellungsland, der ökologische Rucksack, MIPS und die bekannten Schadstoffe, die in dem Produkt sind oder sich während des Gebrauchs bilden können.

Die neue Kondratieff-Welle

Sigmar Gabriel, der derzeitige Bundesminister für Umweltschutz, hat sich in dem Artikel der *Süddeutschen Zeitung* vom
9. 1. 06 unter dem Titel »Zukunftsfrage Energie- und Rohstoffintelligenz« wie folgt geäußert: »Viel spricht dafür, dass
die Energie und Rohstoffintelligenz zur Basistechnologie unseres Jahrhunderts wird, die in einem engen Verbund mit dem
Ausbau der erneuerbaren Energie steht. Sie wird zum Treib-
satz für Innovation und Investitionen, ganz im Sinne von Ni-
kolai Kondratieffs Theorie der langen Wellen. Danach hängen
Wohlstand und Beschäftigung einer Volkswirtschaft davon
ab, dass langfristige Konjunkturphasen frühzeitig erkannt
werden.«

Der Minister spricht hier eine Theorie an, nach der es alle
30 bis 50 Jahre zu einer Basisinnovation kommt, durch die
bislang ungenutzte oder unbeachtete Ressourcen Bedeutung
erlangen. Bisher konnte man fünf so genannte K-Wellen ausfindig machen, und zwar die Dampfmaschine für die Textilin-
dustrie, den Stahl für die Eisenbahn und den Massentransport
durch die Eisenbahn, die Elektrotechnik und die Chemie, die
Petrochemie mit dem Automobil, und die Informationstech-
nik mit dem Computer, die uns von 1980 an das Internet und
das Mobiltelefon beschert hat. Die Frage lautet, wer für die
sechste Welle sorgt, und hier wird die Ansicht vertreten, dass
sie durch die Dematerialisierung der Wirtschaft und des
Wohlstandes zu erkennen sein wird. Sie hat bereits begonnen.
Andere Experten sehen die Rolle der aktuellen Basisinnovation eher im Bereich von Gesundheit oder Bildung, was aber
der Idee der Dematerialisierung nicht widersprechen muss.
Ich habe bereits vor 15 Jahren die Innovation von Gütern und
Dienstleistungen mit maximal möglicher Ressourcenproduk-

tivität als unvermeidliche Voraussetzung für eine ökologisch nachhaltige Wirtschaft gefordert. In Japan sind ab 2007 Fragen zum Sinn von MIPS und Faktor 10 Bestandteil des Fragenkataloges für alle Studiumsbewerber.

Wer sind die Macher?

Können uns Designer, Architekten, Konstrukteure und Banker zur ökologisch und wirtschaftlich entscheidenden Leichtigkeit des Seins verhelfen? Zur dematerialisierten Dienstleistungswirtschaft, zu einer intelligenten Maßhaltewirtschaft, in der individuelle Kundenwünsche befriedigt werden, lustvoll, mit hoher Qualität, langlebig und preisgünstig? Sozusagen mittels geplanter Antiquitäten? Können wir den Faktor 10 irgendwann einmal erreichen?

Ja, wir können das, wie Hunderte von Beispielen aus der Praxis zeigen. Oft werden Dinge dadurch sogar qualitativ besser, moderner, eleganter und langlebiger. Außerdem schafft diese Entwicklung Arbeitsplätze! Wäre es nicht reizvoll, an der Entwicklung und Anwendung von Dingen des täglichen Lebens mitzuwirken, die mit Träumen für eine bessere Zukunft beginnen? Wäre es zum Beispiel nicht enorm spannend, den ökologischen Rucksack der deutschen Gesundheitsversorgung von 4,5 jährlichen Tonnen Natur pro Kopf und ihre immensen Kosten auf ein Niveau zu bringen, die unsere Enkel und deren Enkel sich noch leisten können? Der Wasserverbrauch in der deutschen Papierindustrie ist jedenfalls seit 1960 schon um den Faktor 6 zurückgegangen. Ein Hersteller von Hülsenkartons in Düsseldorf hat seine Abwasserabgabe von jährlich 260 000 m³ auf null gesenkt und spart damit 400 000 Euro im Jahr an Kanalnutzungsgebühren. Sein MIPS für Wasser wurde also fast unendlich klein.

Und hier noch ein brandaktuelles Beispiel, wie einer auszog, seinen Traum zu verwirklichen: Seit über 6000 Jahren nutzen Menschen Schiffe zum Transport. Die Idee, Drachen als Antrieb einzusetzen, ist wahrscheinlich nicht viel jünger. Im Gegensatz zum Segel waren Drachen jedoch bis heute nie eine praktische Alternative. Das lag vor allem an unzureichenden Materialien und der schwierigen Steuerung von Drachen. Handelsschiffe haben im Jahr 2001 Treibstoff im Wert von 25 Milliarden Euro verbrannt. Der Treibstoffanteil an den Gesamtbetriebskosten eines Schiffes beträgt bis zu 60 %, mit schnell steigender Tendenz.

Stefan Wrage aus Hamburg kennt die Schifffahrt. Als blutjunger Ingenieur unternahm er es vor sechs Jahren, allen Erfahrungen die Stirn zu bieten. Weder hatte er Geld noch fand er Zuspruch bei gewieften Ingenieuren für seine besessene Idee: »Ich werde Drachen für Frachtschiffe bauen«, erzählte er mir damals. Heute hat er fast 20 Angestellte, ist hinreichend verlässlich finanziert und hat bereits drei Preise für seine Leistungen vorzuweisen. Darunter auch eine Auszeichnung der EXPO 05 in Japan.

»SkySails« nennt er sein Gerät und seine Firma (Kontakt über contact@skysails.de). Die technischen Schwierigkeiten sind weitgehend überwunden. 2006 wird Stefan Wrage zum ersten Male seinen Antrieb verkaufen. Die Steuerung des Drachens ist automatisch und betriebssicher. Bis zu 60 % der Treibstoffkosten können eingespart werden. Zusätzliches Personal auf dem Schiff ist nicht erforderlich.

Es ist alles andere als üblich in Deutschland, dass sich ein mittelloser junger Erfinder gegen das Misstrauen von Banken, »Fachleuten« und Bürokratie durchsetzen kann. Aber offenbar ist dies im Lande der Siemens, der Boschs und Zeppelins auch heute noch nicht ganz ausgeschlossen.

Ein Faktor 10 ist selten mit Verbesserungen an bestehenden Technologien zu erreichen. Maschinchen auf dem Rücken von Dinosauriern als Rauchverzehrer werden es nicht bringen. Es müssen völlig neue Prozesse und Anlagen, völlig neue Produkte und neue Formen der Bereitstellung von Dienstleistungen entwickelt werden, die von Anfang an auf die Minimierung der Stoffströme ausgelegt sind. Eine »Öko-Effizienzrevolution« muss in Gang gesetzt werden. Oder spräche man besser von einer »Ressourcen-Produktivitätsrevolution«? Das ist natürlich eine grausige Wortschöpfung! Aber das Wort »Effizienz« wird normalerweise als eine technische Messgröße für die Leistungsfähigkeit einer bestehenden Anlage oder eines bestehenden Verfahrens verwendet, während der Begriff der Produktivität auch völlig neue Prozesse und Güter einschließt, die dieselben oder bessere Dienstleistungen verfügbar machen. Die Produktivität der eingesetzten Rohstoffe muss drastisch steigen, und das bedeutet, dass, mit welchen Anlagen oder Techniken auch immer, aus der gleichen Menge an Rohstoffen deutlich mehr Leistung und Wohlstand herausgeholt werden muss. Im Begriff der Produktivitätsrevolution ist der Rohstoffgebrauch mit dem (nicht nur materiellen) Wohlstand einer Gesellschaft verknüpft.

Offenbar ist es eine der spannendsten Aufgaben für Techniker, »Low-MIPS«-Dienstleistungsmaschinen für Dienstleistungserwartungen zu schaffen, die im Durchschnitt mit etwa 10 % des heute üblichen Materialaufwandes auskommen. Solche Maßnahmen zur Einsparung (also zur Ressourcenproduktivitätserhöhung) könnten an beliebigen Stellen des Lebenszyklus der Güter ansetzen, das heißt, es könnte an sowohl aus betriebswirtschaftlicher wie aus technischer Sicht besonders günstigen Stellen der Produktion, des Gebrauchs und der Entsorgung von Gütern optimiert werden. Wir haben die Frage oft mit Ingenieuren in vielen Bereichen der produzierenden Wirtschaft besprochen. Wir haben mit erstklassigen Designern diskutiert und nachgelesen. Die Antworten sind eindeutig: Ja, es geht wirklich, lohnt sich aber finanziell oft nicht, jedenfalls noch nicht.

MIPS kleiner machen: Dematerialisierung existierender Produkte

Nachdem die Werkstatt ökologisch überprüft und alles getan wurde, um die täglichen Kosten für Energie, Wasser und Material so weit wie möglich zu senken, nehmen wir uns das Lieblingsprodukt der Firma vor und gehen daran, es ökologisch abzuspecken, zunächst ohne das Konstruktionsprinzip und seine Funktion zu ändern.

Als Erstes werfen wir einen Blick auf folgende Regeln, um uns über die Richtung unserer Arbeit einen Überblick zu verschaffen:

Goldene Regeln für Produkte von morgen

1. Jede Bemessung der Wirtschaftsverträglichkeit und des Umweltschädigungspotenzials von Produkten muss ihren gesamten Lebenslauf einschließen, die Analyse muss »von der Wiege bis zur Bahre« reichen.
2. Die Nützlichkeit von Prozessen, Produkten und Dienstleistungen muss optimiert werden.
3. Der Input an natürlichem Material und Energie pro Einheit Service (MIPS) sollte im Durchschnitt um mindestens

einen Faktor 10 abgesenkt, die Ressourcenproduktivität entsprechend angehoben werden.

4. Der Landverbrauch pro Einheit Nutzen/Dienstleistung muss minimiert werden.

5. Der Ausstoß von Gefahrstoffen muss minimiert werden.

6. Der Einsatz von zukunftsfähig erneuerbaren Ressourcen sollte maximiert werden.

Dann aber geht es ans Eingemachte. Es lohnt sich, wie viele Erfahrungen gezeigt haben, zusammen mit dem Chef der Firma und allen wesentlichen Mitarbeitern (auch vom Ein- und Verkauf), die folgende Liste sorgfältig durchzugehen. Sind Möglichkeiten für die Dematerialisierung des ausgewählten Referenzproduktes erst einmal ausgemacht, müssen die Investitionen hierfür und ihre Amortisation erwogen werden.

Herstellungsphase
Materialeinsatz, Energieeinsatz*
Abfallintensität
Ausschussrate*
Ergiebigkeit, Ausbeute*
Werkstoffvielfalt*
Transportintensität*
Verpackungsintensität*
Flächenbedarf
Einsatz von Schadstoffen
Gebrauchs-/Verbrauchsphase
Materialeinsatz, Energieeinsatz*
Größe und Gewicht*
Flächenbedarf
Reinigungsaufwand
Selbstkontroll- und Optimierungsfunktionen*
Multifunktionalität*
Möglichkeit des Mehrfachnutzens*

Möglichkeit des Gemeinsam-Nutzens*
Abfallintensität
Schadstoffe
Langlebigkeit*
 Amodische Gestaltung*
 Wertschätzung
 Oberflächenbeschaffenheit*
 Korrosionsbeständigkeit*
 Möglichkeit der Instandhaltung*
 Reparierbarkeit*
 Zerlegbarkeit*
 Zuverlässigkeit*
 Robustheit*
 Materialermüdung, Verschleißanfälligkeit*
 Modularer Aufbau und Standardisierungsgrad*
 Anpassungsfähigkeit an den technischen Fortschritt*
 Kombinationsmöglichkeiten, Variabilität*

Rückführungsphase

Materialzusammensetzung, Komplexität der Baustruktur*
Zerlegbarkeit, Trennbarkeit*
Reinigungsaufwand*
Materialkennzeichnung*
Möglichkeit der »Entschaffung«*
Weiterverwendbarkeit, Wiederverwendbarkeit*
Wiederverwertbarkeit, Weiterverwertbarkeit*
Möglichkeit des Einsammelns und Sortierens*
Materialeinsatz, Energieeinsatz*

Entsorgungsphase

Kompostierbarkeit
Verbrennungseigenschaften
Umwelteinfluss bei Deponierung

* von MIPS berücksichtigt

Das Unsichtbare gestalten: Innovationen für morgen

Wirtschaftlich und ökologisch modernes Design beginnt ausnahmslos mit der möglichst exakten Beschreibung des Nutzens, den Menschen von einem Erzeugnis erwarten – oder auch nicht erwarten oder gar vermeiden wollen. Hierzu müssen ihre Bedürfnisse, Wünsche und Träume erst einmal bekannt sein. Um Bedürfnisse wirklich zu kennen, muss man viel und gezielt mit Menschen reden, zum Beispiel mit Partnern, mit seinen Kindern, am Biertisch und im Sportverein. Marketingstudien von heute geben da kaum Antworten. Wenn man den Zweck, den erwünschten Nutzen oder das erhoffte Nutzenbündel, vor der Gestaltung von Technik definiert – also nicht nur existierende Typen von Produkten dematerialisiert –, so kann man zu völlig neuen und besonders dematerialisierten Lösungen für die Erfüllung von Bedürfnissen kommen. Zum Beispiel wurde bei St. Pölten in Österreich von der TU Wien ein Haus mit 300 Quadratmeter Nutzfläche mit zehnmal größerer Ressourcenproduktivität als bisher errichtet, dessen Heizungsbedarf von der Abwärme der dort genutzten Computer gedeckt wird!

Es sollte nicht nach einem verbesserten Fensterputzmittel gesucht werden, sondern nach einer ressourcen- und energiesparenden Möglichkeit, Glas und andere Oberflächen zu säubern oder erst gar nicht schmutzig werden zu lassen. Von dieser Warte aus können neue, ungewöhnliche Ideen entwickelt werden, die den Naturverbrauch im Vergleich zu herkömmlichen Lösungen systemweit verringern.

Diese Forderung ist für ein normales kleines Unternehmen, welches Fensterputzmittel herstellt, natürlich ziemlich stark. Wer unter den wenigen und für Gewinnerzielung voll ausgelasteten Mitarbeitern sollte sich denn die Zeit nehmen, um weit über die Kompetenzen seiner Firma hinaus zu denken? Und selbst wenn in der Firma eine Idee für eine völlig neue technische Lösung zum »Fenstersauberhalten« geboren würde, sind die nötigen Ressourcen – einschließlich Zeit – vorhanden, um das Risiko einer neuen Entwicklung einzugehen? Manche kleine Unternehmer haben es dennoch erfolg-

reich probiert, woran uns Namen wie Diesel, Lilienthal und
Benz erinnern. Andere sind für solche Versuche allerdings
auch »über die Wupper gegangen«, dort, wo in Wuppertal das
Gebäude zur Anmeldung der Pleite stand.

Neue technische Lösungen für die Schaffung von Nutzen
zu erfinden heißt, die ökologischen Rucksäcke aller beteiligten Sachgüter zu verkleinern. Da ökologische Rucksäcke un-
sichtbar sind, muss man offenbar das Unsichtbare gestalten
lernen. Das ist neu und aufregend für Designer, Architekten
und Ingenieure. Das entspricht auch überhaupt nicht ihrer
Selbsteinschätzung als Menschen, die Dinge zum Anfassen
schaffen.

Ökointelligente (ökoeffiziente) Güter sind Gegenstände, Geräte, Maschinen, Fahrzeuge Gebäude und Infrastrukturen,
die bei marktgängigen Preisen und bei Minimierung von
Material, Energie, Flächenbedarf, Abfall, Transport, Verpackung und gefährlichen Stoffen über den gesamten Lebenszyklus – von Rohstoffgewinnung bis Recycling – hinweg
möglichst lange und möglichst viel (unterschiedlichen, an
den Bedürfnissen des einzelnen Kunden gemessenen) Nutzen erbringen.

Kurz: möglichst viel Nutzen für weniger Natur und weniger
Geld. Schon bei der Planung von Dienstleistungsmaschinen
müssen Strategien wie mögliche Mehrfachnutzung oder Ge-
meinsamnutzung, Nacheinandernutzung, des Vermietens
von Gütern oder des Anbietens von Dienstleistungen mit be-
dacht werden. Das Denken in Systemen ist für den Designer
und Ingenieur der Zukunft von erheblicher Bedeutung.

Gestalter haben bei der Berücksichtigung von Masse- und Energieströmen – weit mehr als bei der Berücksichtigung von Giftstoffen – große Freiheiten, die Ressourcenintensität der von ihnen geschaffenen Dienstleistungsmaschinen von Beginn an zu beeinflussen. Tatsächlich sind dem Erfindergeist für die Ebnung der Wege zur Zukunftsfähigkeit keine Grenzen gesetzt, kann doch jeder über die Verbesserung von MIPS nachdenken, sei es für existierende Lösungen oder mit Hilfe radikal neuer Ideen.

Echter marktwirtschaftlicher Wettbewerb wird hierdurch in die Schaffung ökologisch besserer Güter und Dienstleistungen hineingetragen – sinnvolle Konkurrenz, die auch entsprechende Vorteile auf dem Markt bringen wird. Die Japaner haben dies längst verstanden: Im Jahre 2001 wurde in Tokio der Faktor 10 als Teil der nationalen strategischen Wirtschaftsplanung festgeschrieben – daher auch der World Environment Award, der Ernst Ulrich von Weizsäcker und mir zu jener Zeit verliehen wurde.

Multifunktionsgeräte

Multifunktionsgeräte wie etwa das Schweizer Messer, gewisse Roboter, einige Küchengeräte oder auch Computer, können verschiedene Dienstleistungen verrichten und damit auch verschiedenartigen Nutzen erzeugen. Aus ökologischer Hinsicht ist dies nützlich, weil MIPS für jede der möglichen Dienstleitungen kleiner wird als dies bei der Nutzung von Einzelgeräten der Fall wäre.

Nun haben manche Geräte viel mehr eingebaute Funktionen, als ein normaler Kunde wie Sie und ich sie brauchen. Hat Sie ein Hersteller oder sein Vertreter jemals gefragt, was Sie sich wünschen? Mich jedenfalls noch nie. Braun Design hat einmal eine Leiste erfunden, die über die Bedienungsknöpfe einer Waschmaschine montiert werden kann, um die eingebauten 75 Funktionsvarianten auf einige wenige zu reduzieren, um damit die Bedienung menschlicher – und wie sie glaubten – ökologischer zu machen.

Nun kostet die Bestückung von Geräten mit zusätzlichen Funktionen in jedem Falle Ressourcen, erhöht sowohl die Bedienungs- und Reparaturkomplexität als auch die Anfälligkeit des Ganzen, was auch zum frühzeitigen Versagen und damit Ersatz des Gerätes führen kann. Die Abb. 16 deutet an, wie Vorteile von Multifunktionsgeräten sich in ihr Gegenteil verkehren können.

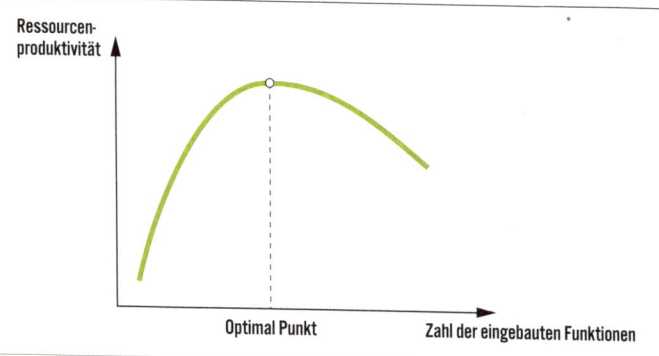

Abb. 16 Während der Einbau von verschiedenen Funktionen in ein Gerät auf die Ressourcenproduktivität einzelner Funktionen zunächst einen positiven Einfluss hat, kann die Überladung des Gerätes mit vielen – und insbesondere unerwünschten Funktionen – auch zum Ärger des Benutzers und zur Produktivitätsabnahme führen.

Nachhaltigen Nutzen gestalten

Die Nutzung des Faktor-10 / MIPS-Konzepts ist nicht an bestimmte Technologien geknüpft (»there is no technology fix«). Dass hierbei oft auch auf bewährte Technologien und Fertigungsverfahren zurückgegriffen wird, versteht sich wohl von selbst.

MIPS bezieht sich stets auf das gebrauchsfähige Produkt. Der Hinweis zum Beispiel, ein Haus besitze eine vorbildlich dematerialisierte Heizungsanlage, ist für die Erhöhung der Ressourcenproduktivität der Dienstleistung Wohnen in der Gesamtrechnung nur ein Teilaspekt. Und dennoch und immer wieder: Ohne alle Aspekte – von der Wiege bis zur Bahre – zu überdenken und zu dematerialisieren, werden wir den Sprung in eine Zukunft mit Zukunft nicht schaffen können. Die Freiheit ist riesengroß, sich an der Verbesserung des gesamten Wirtschaftssystems, seiner Technik und des Nutzens für alle beteiligen zu können.

7. Die Erde in unserer Hand

Fassen wir ein paar Sachverhalte zusammen, aus denen Konsequenzen gezogen werden müssen: Die Realisierung einer nachhaltigen Zukunft fordert die Vernetzung wirtschaftlicher, sozialer und ökologischer Ziele. Es gibt keine Entscheidungen, die nicht auch Einfluss auf die Ökosphäre haben, ob in der Politik, der Wirtschaft oder im privaten Bereich. Wirtschaft ohne gezielte Einsparung von Ressourcen ist nicht zukunftsfähig. Problemlösungen der Zukunft werden dann den Weg in Richtung Nachhaltigkeit ebnen, wenn sie sich auf den Nutzen der Dinge konzentrieren. Wahre Innovation ist nicht die Vergrößerung des Angebotes mit neuen Mitteln, sondern die Schaffung von Lebensqualität mit weniger Ressourcen. Sie werden mit an Sicherheit grenzender Wahrscheinlichkeit auf den Märkten der Welt künftig besondere Erfolge bringen.

Eine nachhaltige Lösung der Umweltmisere muss am Eingang der Wirtschaft ansetzen und alle Produkte, Dienstleistungen und Verfahren ökologischer gestalten helfen. Sie muss kosteneffizient sein und mit Hilfe der Kräfte des Marktes das ökologisch Bessere finanziell belohnen. Globale soziale Gerechtigkeit erfordert, Würde und Bedürfnisse aller Mitmenschen zu achten und sich dafür einzusetzen, dass die Menschen ausreichenden Zugang zu den Ressourcen dieser Erde haben, dem einzigen Planeten, auf dem wir leben können.

Deutschland müsste sehr viel größer sein, als es ist, um all die Dinge zu produzieren, die die Deutschen konsumieren. So aber belegen Deutsche einfach die Fläche anderer Länder, und andere Nationen verhalten sich nicht sehr viel anders. Auf diese Weise sind wir Menschen dabei, die Bewohnbarkeit des einzigen Planeten, der uns als unsere Erde zur Verfügung steht, infrage zu stellen. Wir schaffen vielfältig neue ökologische Rahmenbedingungen, ohne zu wissen, ob unter diesen neuen Vorgaben eines Tages für uns selbst noch Platz auf diesem Planeten sein wird. Wir erkennen mittlerweile nur, dass es immer unwahrscheinlicher wird, und wir müssen überlegen, was an dieser Stelle zu tun ist. Die Erde ist in unserer Hand.

Einige Schritte können heute sofort unternommen werden. Beliebig viel Zeit bleibt uns nicht. Da durchgreifende technische Veränderungen zehn bis zwanzig Jahre brauchen, bis sie entwickelt sind und den Markt durchdringen, muss man damit rechnen, dass eine wirksame Dematerialisierung Jahrzehnte braucht. Und da jede wirkliche soziale Veränderung unter friedlichen Umständen eine Generation oder länger dauert, liegt ein realistischer Zeithorizont für den Aufbau einer nachhaltigen ökonomischen Entwicklung bei mindestens zwanzig bis vierzig Jahren. Es ist also Zeit – Zeit für das Handeln und Zeit zum Handeln.

Die Produktivität von Arbeit und Ressourcen

Auch die längste Reise beginnt mit dem ersten Schritt. Versuchen wir, einen zu gehen, indem wir uns die Produktivität von Arbeit und Ressourcen anschauen. Die Preise für den Materialverbrauch sind heute offenbar selten ein Anlass für Unternehmen, nach neuen Wegen zur Einsparung von Kosten zu suchen. Dies ist erstaunlich, weil dem Statistischen Bundes-

amt zufolge die durchschnittliche Kostenbelastung für den
Faktor Material und Energie bei über 50 % liegt und für Arbeit bei 22 %. Traditionell suchen Unternehmen jedoch seit
vielen Jahren nach Wegen zur Verbesserung der Arbeitsproduktivität – das heißt, die Verbesserung der Nutzung bezahlter Arbeit zur Herstellung verkaufbarer Produkte.

Da Menschen jedoch sehr schnell an ihre natürlichen Grenzen stoßen, schneller und effizienter zu arbeiten – also Schuhe
von Hand immer schneller zu produzieren, Nägel immer effizienter einzuschlagen oder Kohle mit der Schippe schneller
und schneller auszugraben –, begannen Unternehmer schon
frühzeitig, technische Neurungen zur Lösung dieses Dilemmas einzuführen: neue Geräte, Maschinen und Automaten.

Im Laufe der Zeit wurden die Ersatzmaschinen für den
Menschen immer effizienter und intelligenter bis hin zum
Roboter. Eine moderne Maschine zum Abbauen von Braunkohle schafft etwa 25 000-mal so viel wie ein Arbeiter mit der
Hand. Die Arbeitsproduktivität – in Wahrheit die Maschinenproduktivität – konnte in 100 Jahren um etwa das Fünfzigfache gesteigert werden.

Gleichzeitig wurden die ökologischen Rucksäcke von Maschinen immer schwerer und mehr und mehr von ihnen wurden in mehr und mehr Betrieben eingesetzt. Die Befreiung
des Menschen von der Arbeit mit Hilfe von Maschinen wurde
also mit Subventionen der Ökosphäre vorangetrieben. Die so
erreichte Effizienz, Bequemlichkeit und Sicherheit der Arbeit
wurde zunehmend auf Kosten ökologischer Stabilität erreicht.

Was während der vergangenen 100 Jahre ablief, erinnert an
eine Spirale: Zur Erhöhung der Einnahmen (aus der Produktion) stellten Unternehmer zunächst mehr Arbeiter ein. Mit
Unterstützung ihrer Gewerkschaften forderten und erhielten
die Werktätigen wachsende Löhne (Profitbeteiligungen). Da-

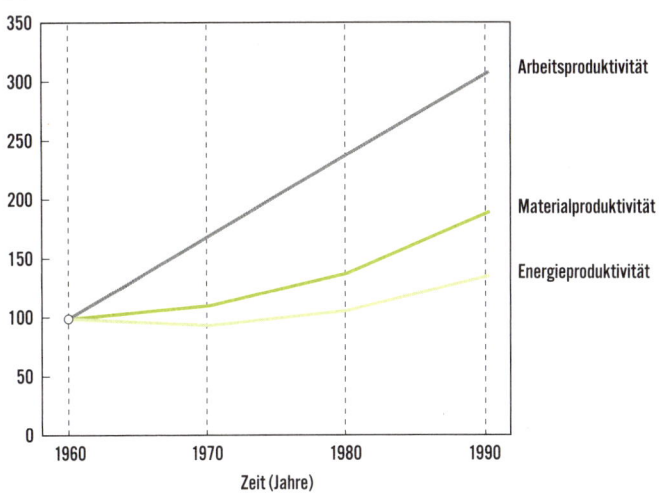

Abb. 17 Die Entwicklung der Produktivität von Energie, Material und Arbeit in den alten Bundesländern seit 1960.

mit stiegen die Kosten für Arbeit, und natürlich stiegen auch die Lebenshaltungskosten, wenn auch zunächst langsamer als die Lohnerhöhungen, womit der »Lebensstandard« stieg. Unter Konkurrenzzwang und begierig, immer mehr Profite zu machen – was ja ein dem Menschen angeborener Trieb sein soll –, sahen sich Unternehmer mehr und mehr um nach Maschinen als Menschenersatz. An den höheren Profiten wurden auch weiterhin die (verbliebenen) Arbeitnehmer beteiligt. Aber immer mehr von ihnen wurden auch ersetzbar.

Erschwerend kommt hinzu, dass der Staat seine Ausgaben traditionell zu einem erheblichen Teil durch die Besteuerung von Einkommen aus Arbeit und Profiten finanziert. Warum man aktive Mitarbeit an der Schaffung von Lebensqualität,

Zufriedenheit, Glück und Freude mit Steuern bestraft, hat mir bis jetzt leider noch niemand erklären können.

Diese merkwürdige Vorteilnahme der öffentlichen Hand treibt die Spirale zusätzlich an, zumal mit den Einkommenssteuern viele verschiedene soziale Verpflichtungen des Staates finanziert werden, zum Beispiel Arbeitslosengelder, Renten und vieles andere mehr. Die Ergebnisse sind: steigende Arbeitslosenzahlen, steigende Finanzierungsprobleme der öffentlichen Hand und zunehmender Naturverbrauch.

Seit den 1970er Jahren befinden wir uns in einer Situation, in der wir zwar immer mehr produzieren und exportieren, allerdings hiermit zu Hause nicht mehr Wohlstand und Lebensqualität erreichen. Mit den Worten von Franz Lehner, dem Präsidenten des Instituts Arbeit und Technik in Gelsenkirchen: »Realeinkommen und andere wichtige Indikatoren für Wohlstand und Lebensqualität stagnieren seit vielen Jahren oder sind gar rückläufig. Mehr noch: Der bisher erworbene Wohlstand wird durch Strategien zur Sicherung der Wettbewerbsfähigkeit und durch eine wenig innovative Bewältigung des globalen Strukturwandels immer wieder infrage gestellt.«

Arbeitslosigkeit ohne Aussicht?

Wie wir bereits gesehen haben, ist eine Wirtschaft dann nachhaltig, wenn sie die drei Dimensionen Soziales, Wirtschaft und die Erhaltung der Leistungen der Natur miteinander in Einklang bringt. Nachhaltig ist eine Wirtschaft dann, wenn sie fähig ist, Nutzen für alle zu mehren und gleichzeitig die natürlichen, sozialen und wirtschaftlichen Grundlagen für die Zukunft sicherzustellen, von der diese Fähigkeit abhängt. Arbeitslosigkeit ist eine Frage der sozialen Gerechtigkeit. Hohe

Arbeitslosigkeit bedeutet, die soziale Dimension der Nachhaltigkeit nicht im Griff zu haben.

Arbeitslosigkeit ist eine Folge des Festhaltens an veralteten Steuerstrukturen und am Verteilungsdenken einer Zeit, in der Wachstum ohne Ende möglich schien. Sie ist eine Folge mangelnder Flexibilität und mangelnder Innovationen, vor allem in den Bereichen Ressourcenproduktivität, Finanzen, Ausbildung, Forschungsprioritäten und Management.

Nach einhelliger Erkenntnis von Wirtschaft und Politik wurde seit Mitte der 1970er Jahre keine der konjunkturell günstigen Wirtschaftsphasen genutzt, um absehbare Probleme mit der steigenden »Vollkaskoabsicherung« der Menschen in Deutschland auf den Prüfstand zu stellen und Konsequenzen rechtzeitig durchzusetzen. »Die Krankenversicherungskosten werden sinken«, »Die Renten sind sicher«, hieß es da, oder »Die Pflegeversicherung ist nachhaltig finanziert« und dergleichen mehr bis hin zu markanten Voraussagen zweier Bundeskanzler: »Wir werden die Arbeitslosigkeit halbieren.«

Schauen wir uns die Entwicklung der Arbeitslosigkeit in den vergangenen Jahrzehnten an.

Seit 1960 steigt die Arbeitslosigkeit in (West-)Deutschland treppenförmig unaufhaltsam an. Die Stufen werden von Konjunkturerholungen markiert, also von einer gewissen Entspannung auf dem Arbeitsmarkt. Diese erfreulichen Phasen mündeten dann wieder in steigenden Verlust von Erwerbsarbeit und so weiter und so weiter, bis heute (s. Abb. 18). Aus dieser Perspektive ist ohne paradigmatische Veränderung der Rahmenbedingungen der deutschen Wirtschaft eine signifikante Abnahme der Arbeitslosigkeit nicht zu erwarten. In Deutschland kostet Arbeit im Schnitt mehr als zweimal so viel, wie die Menschen für ihre Leistung ausgezahlt bekommen. Der Rest wird von der öffentlichen Hand beansprucht, um ihre Aufgaben zu erledigen und die immerzu wachsenden Zinsen für ihre ungedeckten Ausgaben zu bezahlen. Ist dies nötig? Ist dies sozial? Ist dies gerecht? Aber vor allem: Ist dies intelligent?

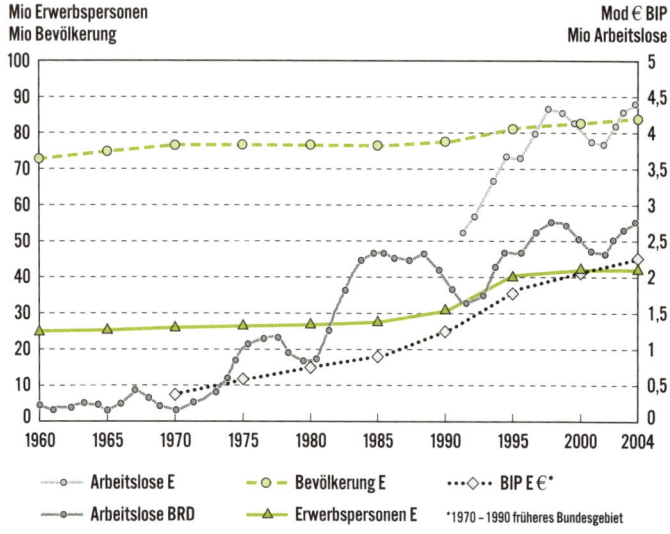

Abb. 18 Der Verlauf der Bevölkerungszunahme, der Zahl der Erwerbs-personen, der Arbeitslosigkeit und des Produktionsvolumens, gemessen in Bruttoinlandsprodukt BIP in Deutschland seit 1960. Ab 1990 wurden die Zahlen aus den alten Bundesländern zusammen mit denen der neuen Länder eingetragen. Die Arbeitslosigkeit wurde hingegen getrennt sowohl für die alte BRD bis 2004 wie auch die Gesamtzahl für Deutschland von 1990 bis 2004 eingetragen. Die Arbeitslosigkeit nimmt in Zeiten der Rezessionen deutlich zu und verbleibt dann, bei vorübergehend schwacher Erholung, auf einem höheren Niveau als zuvor. (Die Informationen für den Zeitabschnitt von 1990 bis 2004 wurden freundlicherweise von Herrn Prof. Lehmann zur Verfügung gestellt.)

Die Richtung der Kosten stimmt nicht

Bürger und Wirtschaft klagen über die Abgabenlast, Arbeitslosen-, Kranken- und Rentenversicherung. Sie hängen ganz überwiegend am Produktionsfaktor Arbeit. Die Bevölkerungsentwicklung wird das Problem noch verschärfen. Ziel sollte es sein, die Arbeitslosenquote auf deutlich unter 5 % zu senken. Das hört sich anspruchsvoll an – ist aber machbar. Andere Länder haben es bereits geschafft: zum Beispiel Japan, die Niederlande und Österreich.

Während der vergangenen Jahre sind in Deutschland schon viele neue Arbeitsplätze entstanden, aber noch nicht genug. Selbst wenn sich dieser Trend mittelfristig stabilisieren sollte, wird die Arbeitslosigkeit kaum sinken. Dem fortgesetzten Strukturwandel fallen weitere Arbeitsplätze zum Opfer. Neue Arbeitsplätze – vor allem solche mit hoher Wertschöpfung – werden gebraucht.

Um drei bis vier Millionen zusätzliche Arbeitsplätze zu schaffen, ist nach herkömmlicher Lehrmeinung in den nächsten zehn Jahren ein Wirtschaftswachstum von mindestens 3 % pro Jahr erforderlich. Die Zielmarke für Wachstum liegt allerdings dann niedriger, wenn es gelänge, Wachstum in Bereichen zu schaffen, in denen der Faktor Arbeit stärker beansprucht, Ressourcen dagegen im geringeren Umfang eingesetzt werden. Im Klartext bedeutet das, die Ressourcenproduktivität sollte erhöht werden, um Entlastung auf dem Arbeitsmarkt zu schaffen.

Um entscheidende Fortschritte beim Abbau der Arbeitslosigkeit zu erzielen, muss Deutschland jedoch sein Fiskalsystem neu justieren, muss Einnahmen, Ausgaben und Subventionen in Richtung auf eine erhöhte Ressourceneffizienz hin umschichten. Fernziel ist, eine ausgewogene und wirtschaftlich sinnvolle Belastung der Produktionsfaktoren Arbeit, Kapital und Energie / Ressourcen zu gestalten. Daneben werden auch innovative Arbeitszeitmodelle und ein flexiblerer Arbeitsmarkt ihren Beitrag leisten.

Energie- und Ressourceneffizienz

Trotz relativ niedriger Kosten für natürliche Ressourcen haben energie- und ressourceneffiziente Branchen in Deutschland Tradition. Besser isolierte Häuser, sparsamere Motoren, bessere Technik, das alles wirkt bereits: Die Energieeffizienz ist in den vergangenen Jahren deutlich gestiegen. Ähnlich funktioniert der intelligente Umgang mit Rohstoffen. Ob beim Wohnen, bei der Kleidung, Mobilität, Information, Unterhaltung, prinzipiell gilt überall: Gleicher Komfort mit geringerem Naturverbrauch ist machbar. Denn für die Wirtschaft heißt das: Aus einer gegebenen Menge Material bzw. Energie eine höhere Wertschöpfung herauszuholen. Das Ergebnis ist eine doppelte Dividende, ökonomisch und ökologisch, also ein *win-win*-Spiel in Richtung Nachhaltigkeit.

Zwischen 1960 und 1990 stieg die Arbeitsproduktivität in Deutschland um ca. 3,8 % pro Jahr. Der nationale Gesamtfluss an Ressourcen (TMF) stieg in der gleichen Zeit um 1,6 %, während das BIP um 3,1 % wuchs. Offenbar fand eine deutliche Entkoppelung der deutschen Wirtschaft vom Naturverbrauch statt. Beachtenswert ist allerdings, dass der absolute Verbrauch von natürlichen Ressourcen nicht abnahm. Dies ist ein Hinweis darauf, Verhältnisindikatoren mit einer gewissen Vorsicht zu gebrauchen.

Erhöhungen der Arbeitsproduktivität verursachen in den Medien deshalb eine größere Aufmerksamkeit, weil sie oft ein

Grund zur Entlassung von Arbeitskräften sind. Verbesserungen der Ressourcenproduktivität hingegen geschehen normalerweise in aller Stille, möglicherweise, weil Politikern, Medien und der Öffentlichkeit ihr Zusammenhang mit der Erreichung von wirtschaftlicher und ökologischer Nachhaltigkeit sowie zur Standortsicherung (der – teilweisen – Abkoppelung von der Globalisierung) noch immer nicht geläufig ist.

Falsche Steuern

Das Steuer- und Abgabensystem lenkt in die falsche Richtung. Es verteilt die Lasten ineffizient und ungerecht. Die derzeitige Kostenstruktur in der Produktion sieht unter anderem bedingt durch die Abgabenstruktur so aus: 70 % für Arbeit, 25 % für Kapital und nur 5 % für Energie. Ein völlig anderes Bild ergibt sich, wenn man fragt: Wie hoch sind die Beiträge für das, was schließlich rauskommt – die materielle Wertschöpfung –, denn wirklich? Empirische Untersuchungen für die USA, Japan und Deutschland haben gezeigt, dass sich die Wertschöpfung in der Industrie bei einer einprozentigen Änderung des Energieeinsatzes genauso stark verändert wie bei der Änderung des Arbeits- und Kapitaleinsatzes um zusammen 1 %. Mit anderen Worten: Arbeit ist im Verhältnis zu ihrem Beitrag zum Produktionsergebnis teuer. Energie dagegen trägt verhältnismäßig viel zum Produktionsergebnis bei, kostet aber relativ wenig.

Rationalisieren heißt unter diesen Vorzeichen: Arbeitsplätze abbauen! Auch und vor allem, weil die sozialen Sicherungssysteme heute fast ausschließlich an der Arbeit hängen. Der Arbeitsmarkt wird vom Wirtschaftswachstum abgekoppelt. Die Folgen: sinkende Steuereinnahmen und steigende

Sozialleistungen. Ein Teufelskreis, in dem der Spielraum des Staates für Vorsorge- und Nachhaltigkeitsaufwendungen immer geringer wird. Dabei ist er es, der die Regelwerke prägt. Nur er kann sie auch ändern.

Notwendig ist daher eine Neujustierung des Optimalpunkts bei der Wahl des Ressourceneinsatzes. Der ökonomisch rationale Mix beim Einsatz von Arbeit, Kapital, Material / Energie muss sich auf mehr Arbeit bei weniger Material- und Energieverbrauch verschieben.

Um die Glaubwürdigkeit und öffentliche Akzeptanz für eine Umschichtung nicht zu gefährden, muss die Einführung neuer Abgaben oder die Erhöhung von Abgaben zu jedem Zeitpunkt mindestens mit einer gleichen Entlastung an anderer Stelle transparent korrespondieren. Es sollte geprüft werden, inwieweit zusätzlich ein Teil der Abgaben direkt an die Bürger zurückgezahlt werden kann.

Full-Cost-Pricing

Die Signale und Anreize, die Menschen und Gewerbe vom Markt erhalten, entscheiden über Produktion und Konsum. In der Marktwirtschaft ist das wichtigste und vorherrschende Signal der Preis. Heutzutage sind die meisten Energie- und Rohstoffpreise verzerrt durch Interventionen der Regierungen in die Märkte. Steuern und fiskalische Anreize, Preisbindungs- und Marktpolitik, Wechselkurse und Handelsbeschränkungen beeinflussen die Energie- und Ressourcenintensität des Wachstums und das Ausmaß, in dem das Wachstum ökologische Dienstleistungen beschädigt.

Ungeachtet aller Tatsachen gehen die meisten Regierungen, Unternehmer und Wähler weiterhin davon aus, dass eine

Wirtschaft dann gesund ist, wenn Energie-, Material- und Ressourcenverbrauch ansteigen, um mehr Güter, Arbeitsplätze und Einkommen zu schaffen. Diese Annahme ist ein Ladenhüter der Massenwirtschaft einer zu Ende gehenden Epoche, in der Wachstum gekennzeichnet war durch stete Expansion der Energiebereitstellung, der Ausbeutung von Ressourcen und der Umweltzerstörung. Obwohl diese Annahmen inzwischen längst der Vergangenheit angehören, dominieren sie nach wie vor die Finanz-, Energie-, Land- und Forstwirtschaftspolitik sowie weitere Bereiche. Dies hat eine Verlangsamung, teilweise sogar eine Verhinderung der Entwicklung hin zu einer neuen, effizienten und zukunftsfähigen Wirtschaft zur Folge.

Diese irrigen Annahmen dominieren aber auch die Umweltpolitik, die sich unverändert auf die Ausgangsseite der Wirtschaft konzentriert anstatt auf das gesamte System. Eher werden *End-of-pipe*-Lösungen und Ressourcenverarbeitung oder -recycling gefördert, als dass über Produktivitätssteigerungen nachgedacht wird. Dies führt zu einer ständigen Zunahme der Umweltschutzkosten.

Die Realität der Ressourcenverschwendung

Praktische Erfahrungen in Hunderten von kleineren und mittleren Unternehmen in Europa weisen auf, dass erhebliche Einsparpotenziale für Energie und Material nicht genutzt werden. Im Schnitt handelt es sich um 20 bis 25 %, wobei sich die zuweilen notwendigen Investitionen in weniger als zwei Jahren amortisieren ließen. In einigen Unternehmen liegen die Sparpotenziale noch wesentlich höher. Diese Beobachtungen werfen natürlich die Frage auf: Versagt die Marktwirt-

schaft hier? Warum wird an Ressourcenkosten nicht so intensiv wie möglich gespart? Warum werden bei Kostendruck fast
immer nur Arbeiter entlassen, aber selten an Kilowattstunden
oder Zement gespart?

Gründe für diese Situation wurden oft erwogen. Mit die
wichtigsten sind wahrscheinlich die folgenden: Vielen Mana-
gern in kleinen und mittleren Betrieben ist wohl das Denken
in Systemen nicht in ausreichendem Maße geläufig. Sie sind
selten daran interessiert, die Geschichte ihrer Produkte »von
der Wiege bis zur Bahre« zu überdenken. In ihren Entscheidungen spielen innerbetriebliche Kosten für Kapital, Arbeit
und Vorprodukte sowie erzielbare Gewinne die entscheidende
Rolle. Ressourcenflüsse in Gewichtseinheiten und die Ressourcenintensität ihrer Produkte kommen in den meisten
Buchhaltungen nicht vor. Offenbar ist das Konzept des ökologischen Rucksackes und das von MIPS noch nicht weit genug
verbreitet. Und da Einkaufspreise die Ressourceneffizienz von
Vorprodukten, Roh- und Hilfsstoffen nicht widerspiegeln, haben die meisten Firmen keinen Überblick über die Menge an
bereits verbrauchter Natur, die sie einkaufen, in ihre Produkte
umwandeln und anschließend vermarkten. Kleine Unternehmen sind auch eher zögerlich mit dem Experimentieren mit
alternativen Prozessen, neuen Materialien und neuem Produktdesign. Normen und Standards erschweren Innovationen
oft, zum Beispiel in der Verpackungsindustrie für Lebensmittel und im Baugewerbe. Und letzten Endes: Läuft die Werbung auf falschen Geleisen? Welche Kunden interessieren
sich denn wirklich für Ressourcenproduktivität und ihre Bedeutung für die Zukunft?

Innovationen in die falsche Richtung?

Im März 2006 beschloss der Deutsche Bundestag, zusätzliche 25 Milliarden Euro in den Haushalt zu schreiben. Ein erheblicher Teil davon sollte der innovierenden Forschung zugute kommen. Nun gehört Deutschland in der Europäischen Union zu den drei Besten, wenn es um die Zahl der Pro-Kopf-Patentanmeldungen geht. Das ist erfreulich, denn Patente sind ohne Innovationen nicht möglich und Innovationen sind sozusagen ein Teil des notwendigen Kapitals, um in Konkurrenz mit anderen Ländern an der Spitze mitzumischen.

Von alters her sind Schwerpunkte der Innovation politisch und gesellschaftlich gefärbt. Sie richten sich aus an den Tabus, Ängsten und Hoffnungen einer Gesellschaft, sie sind ein Spiegel ihrer Gewohnheiten und ändern sich nur zögernd – es sei denn, lebensbedrohende Umstände erzwingen neue Lösungen. Dass es auch Innovationsverbote gibt, ist den Leserinnen und Lesern zumindest seit der Diskussion um genetisch veränderte Organismen bekannt.

Ich habe mich nun gefragt, wie weit die Innovationen von heute einen Trend in eine Zukunft mit ökologisch-wirtschaftlicher Zukunft erkennen lassen. Die Abb. 19 zeigt, was ich gefunden habe. Der von der EU-Kommission erarbeitete Zusammenhang zwischen Innovation und Patentanmeldungen in Industriestaaten wurde in dieser Abbildung vom Autor ergänzt mit dem Zusammenhang von Patentanmeldungen und dem jährlichen Pro-Kopf-Verbrauch von nicht-nachwachsenden Ressourcen in den betroffenen Ländern. Für beide Fälle ergeben sich praktisch deckungsgleiche Geraden, die nach rechts oben ansteigen. Trägt man zusätzlich die Materialeffizienzen der betroffenen Länder gegen ihre jährlichen Patentanmeldungen auf, so ergibt sich die in der Abbildung angedeutete Kurve – von links unten ansteigend –, die einem Maximum zuzustreben scheint.

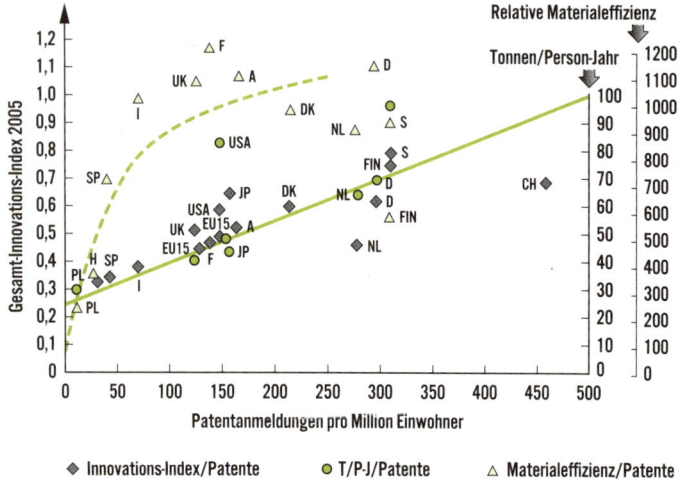

◆ Innovations-Index/Patente   ⦿ T/P-J/Patente   △ Materialeffizienz/Patente

Abb. 19 Die durchgezogene Linie von links nach rechts steigend zeigt den Zusammenhang zwischen dem Gesamtindex für Innovation (auf der y-Achse aufgetragen) gegen die Zahl der Patentanmeldungen pro eine Million Einwohner (auf der x-Achse) für die 25 Mitgliedsländer der EU, die Vereinigten Staaten, Japan, Norwegen und die Schweiz.

Trägt man nun den uns bereits bekannten nationalen Pro-Kopf-Verbrauch an nicht-nachwachsenden Ressourcen (Tab. 4) gegen die Zahl der Patentanmeldungen pro Jahr der betroffenen Länder auf, so erhält man eine praktisch identische Gerade. Wie leicht ersichtlich, folgt die Menge des Verbrauchs natürlicher Ressourcen exakt der Innovationskraft: Je mehr Patentanmeldungen, desto mehr Naturverbrauch pro Person in diesen Ländern!

Das Ergebnis scheint verblüffend. Zynisch könnte man zu dem Ergebnis gelangen: Je *weniger* Innovationen heute, desto besser für die Ökosphäre. In Wirklichkeit aber sind heutige Innovationen offenbar auf ganz andere Ziele als Nachhaltigkeit gerichtet. Es wäre sicherlich keine Überraschung zu erfahren, dass Innovationen heute noch immer in erheblichem Maße auf die Verbesserung der Arbeits-(Maschinen-)Produktivität ausgerichtet sind.

In Abb. 19 habe ich noch einen weiteren Vergleich unternommen. Auf der Skala ganz rechts sind die Zahlen der nationalen Materialeffizienz der Tab. 4 übernommen und die dazugehörigen Länder gegen die Zahl der Patentanmeldungen eingetragen. Die gestrichelte Kurve, von links zunächst stark steigend und dann offenbar einer gewissen Sättigung zustrebend, deutet einen nichtlinearen Zusammenhang zwischen der nationalen Materialeffizienz und seiner Innovationsdichte an.

Es scheint mir den Schweiß von guten Statistikern wert, diese Zusammenhänge näher zu analysieren und in ihren Interpretationen der Innovationskraft verschiedener Länder zu reflektieren. Jedenfalls scheint aus der Perspektive der Zukunftsfähigkeit die besondere Innovationskraft einiger Länder *keinen* Anlass zur Bewunderung zu geben. Sie lässt bisher leider keine Unterstützung von Anstrengungen in Richtung Zukunftsfähigkeit erkennen.

Politiker und andere, die für einen Innovationsschub Geld anlegen, sollten fürsorglich vorher genau definieren, wohin die Reise gehen soll.

Für mich bedeutet Ökoinnovation die Verwirklichung neuer und wettbewerbsfähiger Güter, Prozesse, Systeme, Dienstleistungen und Handlungsweisen, die menschliche Bedürfnisse befriedigen und Lebensqualität für alle Menschen

schaffen mit einem lebenszyklusweit minimalen Einsatz von
natürlichen Ressourcen pro Einheit Output und einer mini-
malen Abgabe an gefährlichen Stoffen.

Nur Firmen, die pro-aktiv und nachweislich in diesem Bereich Erfolge haben, sollten sich zur Ökoindustrie zählen.

Diese Interpretation der Situation hat inzwischen auch das
EU-Panel für Eco-Innovation im Rahmen der Euro Innova –
Innovation Watch von mir übernommen. Das scheint mir in-
sofern wichtig, als die Kommission in Brüssel für die kommenden Jahre eine sehr aufwendige Innovationsoffensive
starten wird.

Das Aachen-Szenario

Während der letzten 15 Jahre habe ich unter anderem gemeinsam mit Ernst Ulrich von Weizsäcker unverdrossen an-
geregt, die Nebenkosten von Arbeit auf natürliche Ressourcen
umzuschichten und damit wirtschaftliche Anreize für Innovationen in Richtung Zukunftsfähigkeit zu schaffen. Praktische Beratungen in weit über 100 kleinen und mittleren Unternehmen hatten uns Gewissheit verschafft, dass im Schnitt
zumindest 20 % der für Ressourcen aufgewendeten Kosten
nicht nötig waren, um die erzielten Resultate zu vermarkten.

Dass eine solch radikale Umstellung kein einfältiger Traum
ist, hat der frühere Finanzminister von Griechenland und
Umweltkommissar in Brüssel, Yannis Paleocrassas, schon
1999 in einer Schrift des International-Factor-10-Clubs dar-
gelegt. Dankenswerterweise haben Professor Bernd Meyer
und seine Mitarbeiter an der Universität von Osnabrück in
den letzten drei Jahren mit finanzieller Unterstützung der privaten Aachener Stiftung Kathy Beys Simulationsstudien mit

dem Ziele unternommen, den wirtschaftlichen Konsequenzen der Einsparung von 20 % Ressourcenkosten in Deutschland nachzuspüren. Für die Studien wandte Meyer sein Modell Inforge in Kombination mit dem Modell Panta Rhei an. Die notwendigen TMF-Daten wurden von Stefan Bringezu vom Wuppertal Institut zur Verfügung gestellt. Ihr Interesse galt vor allem der Frage, wie sich diese Entwicklung auf die Wettbewerbsfähigkeit der deutschen Wirtschaft, die Schaffung neuer Arbeitsplätze und die Entwicklung des Staatshaushaltes auswirken könne. Die Ergebnisse sind veröffentlicht und als Aachen-Szenario bekannt geworden.

Danach hat Meyer die Studie erweitert mit der Frage, wie sich der kostenneutrale Ersatz von Einkommensteuern durch eine progressive Material-Input-Steuer zusätzlich auswirken könne. Hierbei wurde die Realisierung der Einsparung von 20 % Ressouren–Input-Kosten von 2006 bis 2016 festgelegt und die Steuerverschiebungsoption von 2011 bis 2020. Die simulierte Steuerverschiebung betrug linear 1 Euro / Tonne pro Jahr für den Materialinput bei gleichzeitiger Abnahme der Einkommensteuer um den gleichen Betrag (16 Milliarden Euro in 2016, was ca. 10 % der Einkommensteuer in 2001 entspricht). Energieträger und Wasser wurden in dieser Simulation nicht berücksichtigt.

Die Ergebnisse deuten eine Erhöhung des Bruttoinlandsproduktes (BIP) von größer als 1 % an, dazu eine kontinuierliche Sanierung des Staatshaushaltes mit zusätzlichem Einkommen von 80 Milliarden Euro jährlich in 2016, und Einsparungen von 160 Milliarden Euro für die Industrie. Außerdem kann mit der Schaffung von mehr als einer Million neuen Arbeitsplätzen gerechnet werden, verbunden mit einem deutlichen Trend in Richtung Dienstleistungssektor. Die resultierende Dematerialisierung wurde mit 18 % errechnet.

Offenbar übersteigen die von Meyer errechneten Ergebnisse deutlich alle anderen gegenwärtig in Deutschland erwogenen Optionen zur Verbesserung der Konjunktur. Meyer ging zusätzlich der Frage nach, welche der 59 statistischen Wirtschaftssektoren in Deutschland am meisten beitragen können zur erwarteten Dematerialisierung. Hierzu simulierte er die Reaktion auf eine geringe Reduktion von Ressourcen in allen Sektoren. Die 59 Sektoren sind durch etwa 3500 separate Ressourcenverbindungen gekennzeichnet

Überraschenderweise ergab sich, dass 50 % aller möglichen Einsparungen entlang von nur 16 Verbindungen erreicht werden können und 40 dieser Querverbindungen für fast 100 % der simulierten Dematerialisierungen verantwortlich sind. Offenbar können diese Unterschiede für die rationelle Ausgestaltung von Steuerverschiebungen von erheblicher praktischer Bedeutung sein.

Noch fehlen Informationen

Mir scheint, dass die überraschend positiven makroökonomischen Ergebnisse der genannten Simulationen Anlass geben sollten für erheblich erweiterte und vertiefte Studien. An der Finanzierung hierfür sollte sich die öffentliche Hand beteiligen.

Aus meiner Sicht sollten erweiterte Studien die Konsequenzen von erheblich größeren Steuerverschiebungen untersuchen, als Meyer dies bisher untersuchen konnte. Wasser wie auch Energieträger sollten in die Simulationen mit aufgenommen werden. In Deutschland werden insgesamt etwa 500 Tonnen Wasser pro Kopf und Jahr verbraucht, 70 % davon in der Landwirtschaft. Die Wasserversorgung unterliegt in Deutschland weitgehend nationaler Kontrolle und wird heute in weiten Bereichen mit Messungen verfolgt. Neben den oben erwähnten 40 Querverbindungen, die für den wirtschaftlichen Stoffwechsel im Wesentlichen verantwortlich sind, sollten möglicherweise auch die ökologischen Rucksäcke von natürlichen Ressourcen bei der Besteuerung Berücksichtigung finden.

Carnoules-Potenziale

Es gibt eine Reihe weiterer Optionen, die Verbesserung der Ressourcenproduktivität voranzutreiben. Sie werden zuweilen »Carnoules-Potenziale« genannt und schließen Folgendes ein:

(1) Die Reorientierung von privaten und öffentlichen Prioritäten für Forschung und Entwicklung, die der Erarbeitung von sozialen, institutionellen, ökologischen und ökonomischen Innovationen zur Einsparung von natürlichen Ressourcen zugute kommen können. Nach wie vor liegt ein aus meiner Sicht übergroßes Gewicht auf der Entwicklung von Technologien, die der Erhöhung der Arbeitsproduktivität dienlich sind, einschließlich Robotik.

(2) Die Einrichtung einer öffentlich zugänglichen Einrichtung zur Erarbeitung, Pflege und Verfügbarhaltung von Informationen und Daten, welche der Verbesserung der Ressourcenproduktivität dienlich sind, einschließlich ökologischer Rucksäcke, MIF, MIPS TMF etc. Eine solche Einrichtung könnte auch die nachvollziehbare Kennzeichnung von Gütern und Dienstleistungen überprüfen.

(3) Die Entwicklung und schnellstmögliche Einführung von Curricula und Kursen zum theoretischen Verständnis und

zur lebenszyklusweiten praktischen Verbesserung der Ressourcenproduktivität in allen Bereichen und auf allen Ausbildungsstufen, einschließlich Indikatoren und Messmethodik.

(4) Die regelmäßige Verbreitung in Massenmedien von aktuellen Daten und Informationen über die Entwicklung der Ressourcenproduktivität auf nationaler, und globaler Ebene in Sektoren der Wirtschaft sowie von herausragenden Beispielen für Produkte, Fahrzeuge, Gebäude, Infrastrukturen und Dienstleistungen.

(5) Neben den bereits existierenden Auszeichnungen für besondere Leistungen in der Dematerialisierung von Systemen, Gütern und Dienstleistungen könnten besonders reich dotierte (bis zu einer Million Euro) internationale Preise ausgeschrieben und von der Bundeskanzlerin jährlich verliehen werden.

(6) Die Überprüfung aller DIN- und EU-Normen und Standards im Hinblick auf die durch sie verursachten Ressourcenströme sowie ggf. ihre Adjustierung.

(7) Die zügige und scharfe Reduzierung aller Subventionen, welche zum Ressourcenverbrauch beitragen.

(8) Die Besteuerung aller Betriebe und Personen, welche freien Zugang zur Entnahme von Ressourcen aus der Natur haben.

(9) Anreize schaffen für Produktangebote mit sehr langer Garantiezeit, für den Übergang vom Verkauf von Produkten zu Leasing-Arrangements und für vermehrte Angebote von Dienstleistungen.

(10) Vorschriften für die bevorzugte Anschaffung von Produkten und Dienstleistungen hoher Ressourcenproduktivität für die öffentliche Hand.

Investitionen für morgen

Wenn Preise nicht die ökologische Wahrheit sagen, tun es Profite? In den meisten Fällen bisher wohl eher nicht! Dies könnte sich langfristig als ein Risiko für Erträge herausstellen, und damit für den Finanzmarkt als Ganzes. Würden Investoren heute Erträge regelmäßig in Verbindung mit nachhaltiger Wirtschaftsführung betrachten, ergäben sich sicherlich andere Portfolio-Risikoattribute als dies heute der Fall ist.

Eine Aufgabe des Finanzmarkts besteht darin, zukünftige Risiken zu antizipieren und in Investitionsentscheidungen einfließen zu lassen. Entsprechend lautet eine der Kernfragen: Was ist der faire Preis für eine Investitionsanlage bei Berücksichtigung ökologischer Risiken? Aus der Sicht des MIPS-Konzepts scheint die Antwort klar: Je höher die Ressourcenproduktivität funktionell vergleichbarer Produkte ist, je kleiner ihr ökologischer Rucksack, desto zukunftsfähiger ist der Hersteller. Leider jedoch liegen für diesen Index bei weitem noch nicht genügend Daten vor. Investitionen sollten aber schon heute so zukunftsweisend gestaltet werden wie möglich. – Was tun?

Der Klimawandel und seine Risiken sind heute in den Köpfen der meisten Investoren Realität. Der Verbrauch fossiler Energieträger in Deutschland, der ja ein Maß für die CO_2-Emission darstellt, macht der Menge nach immerhin knapp 10 % der wirtschaftlich genutzten Rohstoffe aus. Und CO_2 ist über den Einsatz von fossiler Energie mit den meisten Produkten für den Endverbrauch verbunden. Es scheint deshalb vertretbar, würden Finanzmärkte versuchen, die mit Klimawandel zusammenhängenden Risiken heute schon vorwegzunehmen, um einer »fairen« Preisbildung näher zu kommen. Es mag überraschend klingen, aber einige Akteure versuchen das heute tatsächlich schon.

Die Gruppe Sustainable Asset Management (SAM) in Zürich kann gute Ergebnisse vorweisen. In Kooperation mit Dow Jones Indexes hat Alois Flatz bei SAM den weltweit ersten »Sustainability-Index«, den »Dow Jones Sustainability Index« (DJSI), entwickelt. Dieser misst die Performance der 10 % besten Unternehmen weltweit hinsichtlich ihres CO_2-Ausstoßes. Im Rahmen der Analyse für den DJSI wurden die CO_2-Emissionen von 300 weltweit führenden Unternehmen ermittelt. Diese Daten werden zunehmend von anderen Wall-Street-Akteuren neben finanziellen Kennzahlen verwendet, um erste Rückschlüsse auf das Umweltrisiko von Investitionen zu ziehen.

Die bisherigen Ergebnisse sind viel versprechend. Die meisten Investitionsprodukte, die den Nachhaltigkeitsaspekt der CO_2-Emission integrieren, konnten die traditionellen Produkte in der Finanzperformance überbieten. Beispielsweise hat der DJSI seit Beginn der Berechnungen im Jahr 1994 sein Vorbild (seine Benchmark), den MSCI (ein Index des Unternehmens Morgan Stanley Capital International), um 19 Prozentpunkte geschlagen.

Bevor eine produktspezifische Ressourcenintensitäts-Betrachtung möglich wird, könnte als nächster Schritt zur Verbesserung des »Sustainability-Index« der Materialinput von Unternehmen pro Umsatz und / oder pro Zahl der Mitarbeiter herangezogen werden. Zur besseren Differenzierung müssen die ökologischen Rucksäcke der Material Inputs eingerechnet werden, weil sonst zum Beispiel die Hersteller von Informations- und Kommunikationstechniken oder auch Immobilienhändler in wesentlich günstigerem Licht erscheinen würden, als es der »ökologischen Wahrheit« entspricht.

Europas historische Chance

Zum Schluss des Buches wage ich es, meinen größten Traum niederzuschreiben: Die bedeutendste Herausforderung des 21. Jahrhunderts ist, Wohlbefinden und Würde in Sicherheit für eine noch immer wachsende Weltbevölkerung zu schaffen. Nachhaltiges Wohlbefinden ist nur möglich durch ausreichenden Zugang zu natürlichen Ressourcen, in sozialem Frieden und in wirtschaftlich angemessenen Verhältnissen. Die Entwicklung dahin setzt umfassende Ökoinnovationen voraus. Sie ist die größte Investitionschance der Menschheit.

Während ein relativ kleiner Teil der Menschen mehr als ausreichend mit natürlichen Ressourcen ausgestattet ist, benötigen Milliarden von Erdenbürgern noch zusätzliche Ressourcen, um künftig auch nur ihre Grundbedürfnisse menschenwürdig befriedigen zu können. Gleichzeitig aber ist der Planet Erde bereits heute überfordert. Bodenerosionen, Verlust von Arten, Klimawechsel, extreme Wetterbedingungen, Wassermangel auf allen Kontinenten, Knappheiten an Metallen, fossilem Kohlenstoff und Kohlehydraten aus den Meeren sind einige der heute schon messbaren Konsequenzen.

Es geht aber keineswegs nur um die Umwelt: Mittel- und langfristig ist der wichtigste Beitrag zu einer sicheren Rohstoffversorgung für die Wirtschaft der sparsame Umgang mit den natürlichen Ressourcen. Maximal mögliche Ressourcenproduktivität ist gefordert aus ökonomischer, sozialer und ökologischer Sicht, aber auch aus internationaler friedens- und sicherheitspolitischer Verantwortung.

Weit mehr und schneller als bisher geschehen muss die Wirtschaft vom Verbrauch natürlicher Ressourcen so weit wie technisch möglich abgekoppelt werden, wenn die Chancen auf Zukunft mit Zukunft gewahrt werden sollen. Und dies, wo immer möglich, ohne bereits erreichtes Wohlbefinden zu gefährden.

Die Lissabon-Strategie der Europäischen Union und die Strategie der EU für zukunftsfähige Entwicklung haben die Schlüsselrolle der effizienten Nutzung von Ressourcen für die weltweite Wirtschaftsentwicklung bereits benannt und dabei betont, die EU müsse eine internationale Führungsrolle übernehmen. Der Präsident der Europäischen Kommission, Jose Manuel Barroso, sagte vor kurzem: »Indem wir die EU zur energie- und ressourceneffizientesten Region der Welt gestalten, werden wir Innovation, neue Arbeitsplätze, mehr Wettbewerbsfähigkeit und eine gesündere Umwelt schaffen.«

Zur Hervorbringung von zukunftsfähigem Wohlstand, Wohlbefinden und Würde in Sicherheit ist ganzheitliche Politik gefordert. Noch sind die Konturen in der politischen Arena nicht erkennbar, wie die Anliegen der verschiedenen Dimensionen der Nachhaltigkeit in der Praxis zusammengeführt und in Entscheidungen münden sollen. Weder inhaltlich noch institutionell sind die Weichen verlässlich auf Zukunft gestellt. Verantwortlichkeiten der Ressorts Wirtschaft, Soziales, Konsum, Forschung, Technologie, Finanzen, Justiz, Entwicklung, Inneres, Umweltschutz und andere sind oft gleichzeitig und gleichgewichtig betroffen, um zukunftsfähige Entscheidungen zu formulieren. Nur das Oberhaupt der Regierung kann letztendlich für sie verantwortlich zeichnen.

Nachhaltigkeit heißt, die Herausforderungen von heute auch heute zu bewältigen und nicht auf die Schultern kommender Generationen zu verlagern. Sei es in der Ökonomie, der Ökologie oder im Sozialen. Bisher ist es nicht gelungen, zukunftstaugliche Politik aus einem Guss zu machen.

Die Erinnerungen an das ewige Kriegführen in Europa und die verheerenden Folgen davon scheinen weitgehend verweht.

Ein geeintes und friedliches Europa scheint für jüngere Generationen heute selbstverständlich zu sein und entsprechend keine besonderen Anstrengungen und kaum Engagement für strategische Zukunftsentscheidungen mehr zu fordern.

Wir sollten das Scheitern der Europäischen Verfassung und die merkwürdig unterkühlten Gefühle vieler Menschen gegenüber Europa als Auftrag verstehen, die Strategie zur Zukunftsfähigkeit zu wagen, in Europas Zukunft zu investieren mit dem Ziel, der weltweiten Nachhaltigkeit eine vielleicht letzte Chance zu geben.

Die neue epochale Herausforderung Europas ist, eine Öko-Soziale Marktordnung zu konzipieren und vorzuleben, welche Nachhaltigkeit in Freiheit und Frieden weltweit möglich macht und sich dabei den Kräften des Marktes in sozialer Weise bedient. Keine Strategie des Verzichtes, der Zwänge und der Arroganz, sondern ein Weg, der Gewinn für alle ermöglicht, die in Eigenverantwortung die Schätze der Natur sparsam nutzen. Ein Weg, der Leben schützt, Wohlbefinden und Würde in Sicherheit, Glück und Arbeit für alle ermöglicht. Freiheit der Meinungsäußerung und Gerechtigkeit für alle, wie auch Verzicht auf Gewalt sind selbstverständliche Attribute einer solchen Zukunft. Jeder sollte sich aufgefordert fühlen, diese Ziele verbindlich und freiwillig anzuerkennen. Relevanz, Transparenz und Langzeit-Verlässlichkeit von Regierung und Wirtschaft werden an diesen Zielen gemessen.

Europa hat – im positiven wie im negativen Sinne – die historischen Erfahrungen, um diesen Weg erfolgreich zu gehen. Europa ist wirtschaftlich stark genug, um weltweit zu überzeugen. Und niemand wird wohl bezweifeln wollen, dass seine kulturellen, wirtschaftlichen und technischen Leistungen bestmögliche Voraussetzungen für eine Zukunft mit Zukunft schaffen.

Die aktive Unterstützung dieser Strategie durch alle Mit-
gliedsstaaten der EU – so sehr sie hilfreich wäre – ist zunächst
nicht unbedingt erforderlich. Jede wirtschaftlich starke Koalition aus Europa – auch unter Einschluss von Norwegen und der
Schweiz – kann diese Strategie politisch genauso entschlossen
vorantreiben, wie sie die USA bei der globalen Bekämpfung
von terroristischen Angriffen hervorgebracht haben.

Als größte Wirtschaftsmacht der EU sollte Deutschland die
entscheidenden Schritte so bald wie irgend möglich tun. Insbesondere, nachdem Finnland bereits einen entsprechenden
Vorstoß unternommen hat. In seiner Eigenschaft als Vorsit-
zender des EU-Ministerrates legte Finnland bei einem Treffen
der EU-Umweltminister in Turku am 14.–16. Juli 2006 eine
Beschlussvorlage vor, in der Folgendes zu lesen steht: »Das Ziel
der Zukunft sollte sein, den direkten Zusammenhang zwischen Verbrauch von Ressourcen und den negativen Auswirkungen auf Klima, die Vielfalt der Arten und Ökosysteme zu
brechen. Dies wird durch das Setzen klarer Ziele erreicht, (…)
sowie mithilfe verschiedener praktischer Instrumente. Eine
solche Vision sollte über traditionelle Politik-Praktiken hinausgehen.« In dem vorgelegten Aktionsplan ist die Rede von
dem riesigen Potenzial der Dematerialisierung von Produktion
und Konsum, dass dieses jedoch bei weitem nicht ausreiche,
um die gegenwärtige Durchflusswirtschaft zukunftsfähig
zu gestalten. Hingegen müssten lebenszyklusweite Betrach-
tungsweisen auf den Plan treten. Ausdrücklich wird in der Beschlussvorlage betont, dass die Erhaltung der Dienstleistungen
der Ökosphäre, wie etwa saubere Luft und reines Wasser, in
alle Politikfelder als Schlüsselelement eines neuen Umweltpo-
litikverständnisses integriert werden müssen. (Siehe »Going
global on eco-efficiency – Finland's initiative towards a new
generation of environmental policy« in: www.ymparisto.fi)

Glossar

Abfälle sind Stoffe oder Produkte, die entweder recycelt (Abfälle zur Verwertung) oder entsorgt (Abfälle zur Entsorgung) werden müssen.

Abiotische Rohstoffe sind alle unmittelbar der Natur entnommenen, nicht nachwachsenden und noch nicht bearbeiteten Materialien, einschließlich nicht verwerteter Förderung (wie etwa Abräume, Bodenaushub für die Herstellung eines Kellers / Hauses, Ausschachtungen etc.).

Arbeitsproduktivität: Darunter verstehen wir in diesem Buch die Menge an Produkten oder Dienstleistungen, die mit einer bestimmten Menge an Arbeit, also innerhalb einer bestimmten Arbeitszeit von einer bestimmten Anzahl von Menschen hergestellt werden können. Arbeitsproduktivität ist also die hergestellte Anzahl von Gütern oder Dienstleistungen pro Stunde und pro arbeitender Person. Die Produktivität kann erhöht werden, indem die **Effizienz** gesteigert wird, d. h., wenn vorhandene Arbeitsmittel optimal ausgenutzt werden. Viel größere Steigerungen kommen aber in der Regel heraus, indem völlig neue Produktionsverfahren (Maschinen, Arbeitsorganisation, Management) eingesetzt werden.

Betriebsstoffe sind Stoffe, die zur Durchführung betrieblicher Prozesse oder Verfahren dienen, selbst aber im resultierenden Produkt nicht vorhanden sind (z. B. Putz- und Kühlmittel).

Biotische Rohstoffe sind alle unmittelbar der Natur entnommenen organischen Materialien, also z. B. Grünfutter, Pilze, Bäume, Fische, Wildtiere, Baumwolle vor der Verarbeitung.

Bodenbewegung umfasst alle technisch verursachten Bewegungen von Boden in der Bau-, Land- und Forstwirtschaft, also Aushübe, gepflügter Boden, Erosion etc.

COPS (Cost Per Unit Service) bezeichnet die monetären Kosten für eine definierte Dienstleistung (eine definierte Einheit Nutzen oder Service), die entweder von Person zu Personen oder maschinell erbracht wird (wie zum Beispiel die Geldauszahlung durch eine automatische Bank).

Dematerialisierung ist die Reduzierung materieller natürlicher Ressourcen zur Befriedigung menschlicher Bedürfnisse.

Dienstleistung (technisch erbrachter Service) ist die zweckorientierte Bedarfsdeckung unter Nutzung technischer Mittel. Alle menschlich geschaffenen Dienstleistungen erfordern die Nutzung technischer Infrastrukturen, Geräte, Fahrzeuge und Gebäude. Dienstleistungen werden von Menschen oder von Maschinen erbracht. Im Endkonsumbereich der Technosphäre die auf Wertschätzung beruhende Eigenschaft von Gütern, Bedürfnisbefriedigung oder Nutzen zu vermitteln.

Dienstleistungen der Ökosphäre sind kostenlos und ohne Ausnahme lebensnotwendig. Sie schließen zum Beispiel die ausreichende Verfügbarkeit von gesundem Wasser und reiner Atemluft, die Bildung und Erhaltung fruchtbarer Böden, den Schutz vor gefährlicher Strahlung aus dem All, die Vielfalt der Arten und die Fortpflanzungskraft von Spermien mit ein. Sie sind mit Technik nicht vermehrbar und werden bei unkluger Wirtschaftsführung lokal und global beschädigt. Heute schon messbare Konsequenzen der Beschädigung von Dienstleistungen der Ökosphäre sind Bodenerosionen, Verlust von Arten, Klimawechsel, extreme Wetterbedingungen, Wassermangel auf allen Kontinenten und Überschwemmungen.

Ökointelligente (öko-effiziente) Dienstleistung ist die zweckdienliche Bedarfsdeckung unter Nutzung technischer Mittel mit möglichst hoher Ressourcenproduktivität und möglichst geringer Abgabe gefährlicher Stoffe.

Emissionen sind von einer Anlage, einem Fahrzeug oder Gerät ausgehende Luftverunreinigungen, Geräusche, Erschütterungen, Licht, Wärme, radioaktive Strahlung und ähnliche energetische oder stoffliche Erscheinungen.

Energieträger sind Materialien aller Aggregatzustände, aus denen thermische Energie gewonnen werden kann (z. B. Erdöl, Ölsande, Kohle oder Brennholz).

Effizienz: Wirksamkeit, mit der Mittel in einen vorhandenen Prozess eingebracht werden zur Erreichung eines definierten Outputs (siehe im Unterschied dazu: *Produktivität*).

Externe Umwelteffekte (Externalitäten): Nicht beabsichtigte und zumeist negative (kostenverursachende) Auswirkungen von Gütern, Prozessen, Systemen, Dienstleistungen und Handlungsweisen, die über Umweltmedien wirksam werden. Oft müssen die Kosten solcher externen Effekte von der Allgemeinheit getragen werden. Ein externer Effekt des Rauchens beispielsweise sind Gesundheitsschäden durch passives Rauchen; ein externer Effekt der Nutzung fossiler Brennstoffe sind Schäden an historischen Bauwerken durch Luftverschmutzung.

Faktor 10 ist das wirtschaftsstrategische Ziel, zur wirksamen Annäherung an die Nachhaltigkeit die Ausgestaltung menschlichen
Wohlergehens in industrialisierten Ländern im Laufe von 30 bis 50
Jahren, beginnend mit dem Jahr 2000, im Schnitt um mindestens
den Faktor 10 zu dematerialisieren bzw. die mittlere Ressourcenproduktivität um mindestens den Faktor 10 zu erhöhen. Ohne eine
zehnfache Dematerialisierung ist Nachhaltigkeit nicht erreichbar.

Faktor 4 ist das Ziel, auf dem Wege zur Nachhaltigkeit die materielle
Ausgestaltung menschlichen Wohlergehens als Zwischenstation im
Schnitt um den Faktor 4 zu dematerialisieren.

Faktor X und *Faktor Y* sind Abwandlungen von Faktor 10, um die
unvermeidbare Unsicherheit im Einzelfalle anzudeuten, wie weit die
Dematerialisierung gehen kann und muss.

FIPS (Flächeninput pro Einheit Service) ist ein robuster und richtungssicherer Indikator für den Vergleich funktionell vergleichbarer
Güter oder Dienstleistungen im Hinblick auf ihren Flächenbedarf.
Ein quantitatives Maß für den »Verbrauch natürlicher Oberfläche«
pro Einheit Nutzen oder pro Einheit Service. Der »ökologische Flä-
chenpreis« für Nutzen.

Grund-, Werk- und Baustoffe sind Stoffe bzw. Substanzen, die in
einen Prozess eingesetzt werden (z. B. Stahl, PVC oder Glas).

Güter sind Maschinen, Produkte, Geräte, Gegenstände, Transportmittel, Gebäude, Infrastrukturen (einschl. Kunstgegenstände und
Musikinstrumente).

Hilfsstoffe sind Stoffe, die in einen Prozess eingehen, aber nur eine
Hilfsfunktion erfüllen (z. B. Trennmittel).

Infrastruktur bezeichnet die Basisinstallationen oder Unterstruktur, auf der die Kontinuität und das Wachstum einer Wirtschaft beruhen, wie z. B. Straßen, Schulen, Transport- und Informationsnetze.

Input umfasst alles, was in einem Prozess eingesetzt wird. Im MIPS-Konzept sind die Inputs: Material (einschließlich Energie) und Fläche.

Kapital ist in der Sprache der Ökonomie das gesamte Vermögen aus Geld, Maschinen, Anlagen sowie Grund und Boden. Wird nur das Geldvermögen gemeint, spricht man von Finanzkapital.

Kapitalproduktivität ist die Menge an Gütern und Dienstleistungen, die pro eingesetztem Kapital hergestellt wird. Kann ein und dasselbe Produkt in gleicher Menge und Qualität auf zwei verschiedenen Maschinen hergestellt werden, die unterschiedlich teuer sind, so ist beim Kauf der billigeren Maschine die Kapitalproduktivität höher.

Kapazitätsauslastung bezeichnet die Inanspruchnahme des Volumens oder der Leistung, für die ein Gut ausgelegt ist (z. B. voll besetztes Auto, halb volle Geschirrspülmaschine).

Kreisläufe sind natürliche und technische Stoffflüsse, die an ihren Ausgangspunkt im ursprünglichen Zustand zurückkehren. Es gibt keine verlustfreien technischen Kreisläufe.

Lebenszyklusweit heißt alle Lebensphasen eines Produkts umfassend, d. h. von der Rohstoffgewinnung über die Produktion, den Vertrieb, die Lagerung und Nutzung bis zu Recycling / Entsorgung.

Luft wird im MIPS-Konzept gezählt, soweit sie chemisch oder physikalisch verändert wird.

Material Input (MI) umfasst alle stofflichen Inputs, die zur Herstellung eines Gutes oder der Erbringung einer Dienstleistung notwendig sind. Im MIPS-Konzept zählen hierzu auch alle fossilen Energieträger sowie die Materialien, die zur Verfügbarmachung jedweder Energie vonnöten sind. Einheit: kg oder t.

MI-Faktoren oder *Rucksackfaktoren (MIF)* werden die Material-Intensitäts-Werte für einzelne Stoffe (Roh-, Grund-, Werk- und Baustoffe) genannt. Einheit: kg / kg oder kg / MJ etc.

MIPS = MI / S (Materialinput pro Einheit Service bzw. pro Dienstleistungseinheit) ist der lebenszyklusweite Input natürlicher Ressourcen MI, der für die Erfüllung eines menschlichen Wunsches oder Bedürfnisses S unter Nutzung technischer Mittel aufgebracht wird.

MIPS ist ein robuster und richtungssicherer Indikator für den direkten Vergleich funktionell vergleichbarer Güter oder Dienstleistungen im Hinblick auf ihren Material- und Energiebedarf. MIPS (= MI / S) ist ein quantitatives Maß für den »Verbrauch natürlicher Materialien und Energie« oder der »ökologische Material- und Energiepreis« pro Einheit Nutzen oder pro Einheit Service. MI wird in kg (oder t) angegeben; S ist nicht dimensionsgebunden und muss daher für jeden Fall stringent definiert werden (z. B. »5 kg Wäsche säubern« oder »eine Person einen Kilometer weit befördern«).
MIPS = Materialinput pro Einheit Service = Ökologische Gesamtkosten (bezogen auf Material- und Energieverbrauch) für die Abrufung / Nutzung einer Serviceeinheit von einer Dienstleistungsmaschine = ökologische Benutzungskosten für ein Produkt = die Subvention durch die Umwelt pro Einheit Service = ein Maß für die Ressourcenproduktivität von Dienstleistungen.

Nanogramm: Eine Maßeinheit, die Vorsilbe »Nano« heißt so viel wie »ein Milliardstel«.

Nachhaltige Wirtschaft ist dienstleistungsorientiert und wissensintensiv. Sie schafft mit zumindest zehnfach weniger natürlichen Ressourcen vergleichbaren Wohlstand, wie er zu Anfang des 21. Jahrhunderts in Industriestaaten erreicht war. Dematerialisierung ist eine notwendige, wenngleich nicht ausreichende Bedingung zur Annäherung an die Nachhaltigkeit.

Natürlicher Lagerplatz von Ressourcen ist der Ort, an dem sie in der Natur vorzufinden sind und dem sie zur weiteren Bearbeitung entnommen werden (z. B. Kohleflöz).

Nachhaltigkeit (oder Zukunftsfähigkeit) hat drei wesentliche Dimensionen: Eine wirtschaftliche, eine soziale und eine ökologische. Die ökologische Dimension gibt die Leitplanken für wirtschaftliche und soziale Entwicklungen vor, weil die Verfügbarkeit natürlicher Ressourcen begrenzt ist und die lebensnotwendigen Leistungen der Ökosphäre durch menschliches Tun gemindert oder zunichte gemacht, nicht aber ersetzt werden können. Nachhaltigkeit ist die Fähigkeit der Wirtschaft, Wohlstand für alle zu schaffen und gleichzeitig weltweit die natürlichen, sozialen und wirtschaftlichen Grundlagen für die Zukunft sicherzustellen, von der diese Fähigkeit abhängt. Nachhaltigkeit erreichen setzt voraus, die Herausforderungen von heute auch heute zu bewältigen und nicht auf die Schultern kommender Generationen zu verlagern.

Nutzen ist ein Maß für die Fähigkeit von Gütern, Bedürfnisse von Menschen zu befriedigen. MIPS ist der ökologische Preis von Nutzen.

Ökoeffizienz ist die Verfügbarmachung wettbewerbsfähiger Güter und Dienstleistungen, die menschliche Bedürfnisse befriedigen und Lebensqualität erzeugen, während sie fortlaufend und lebenszyklusweit geringere Umweltauswirkungen verursachen und kleinere Ressourcenintensität aufweisen bis hin zu einem Niveau, das kompatibel ist mit der geschätzten Belastbarkeit der Erde (nach Frank Boss-hardt, *Business Council for Sustainable Development*, 1991).

Ökoindustrie ist der Teil der Industrie, der pro-aktiv und nachweis-lich Öko-Innovationen betreibt, einschließlich solcher Unterneh-men, die neue Lösungen für gesetzliche Standards, Normen und An-forderungen anbieten.

Öko-Innovation ist die Verwirklichung neuer und wettbewerbsfähi-ger Güter, Prozesse, Systeme, Dienstleistungen und Handlungswei-sen, die menschliche Bedürfnisse befriedigen und Lebensqualität für alle Menschen schaffen mit einem lebenszyklusweit minimalen Ein-satz von natürlichen Ressourcen pro Einheit Output und einer mini-malen Abgabe an gefährlichen Stoffen.

Ökointelligente (öko-effiziente) Dienstleistung ist die zweckbe-wusste Bedarfsdeckung unter Nutzung technischer Mittel mit mög-lichst hoher Ressourcenproduktivität.

Ökologischer Preis erfasst den gesamten Material Input bzw. den Materialmehrwert in Gewichtseinheiten, der von der Wiege der Rohstoffe bis hin zum verkaufsfertigen und dienstleistungsfähigen Produkt anfällt. Er ist der ökologische Rucksack des Produktes, ver-mehrt um sein Eigengewicht.

Ökologischer Rucksack eines Produkts ist definiert als sein Material-input MI (einschl. Energie) minus sein Eigengewicht (Eigenmasse). Einheit: kg, t.

Ökologischer Rucksack einer Dienstleistung ist die Summe der an-teiligen Rucksäcke der eingesetzten technischen Mittel (z. B. Geräte, Fahrzeuge und Gebäude) vermehrt um die Summe des anteiligen Verbrauchs an Material und Energie während der Nutzung der be-nutzten technischen Mittel.

Ökosphäre ist die natürliche Umwelt des Menschen.

Output umfasst alles, was aus einem Prozess, einem Vorgang oder einer Handlungsweise resultiert. Output muss nicht materieller Natur sein; auch Freude und Lust können Output bedeuten.

Personenkilometer: Die Anzahl beförderter Personen multipliziert mit den zurückgelegten Kilometern ergibt die Anzahl der Personenkilometer (Pkm). Eine Maßeinheit für Transportleistung. Wird eine Person einen Kilometer weit transportiert, so wurde eine Transportleistung von einem Personenkilometer erbracht. Die Transportleistung ist in diesem Sinne die gleiche, wenn zwei Personen einen Kilometer weit transportiert wurden oder wenn eine Person zwei Kilometer weit transportiert wurde.

Produkt ist ein nutzbares Ergebnis eines technischen oder natürlichen Prozesses.

Dienstleistungsfähige Produkte sind Güter, die für den Ge- oder Verbrauch hergestellt sind und durch ihre Nutzung Nutzen stiften können (z. B. Roboter, Sonnenuhr, PKW, Mausefalle, Löffel, Ölgemälde). Daneben gibt es nicht-dienstleistungsfähige Güter wie etwa ein Barren Gold, oder ein Aluminiumprofil.

Industrielle Produkte sind mit technischen Mitteln in der Technosphäre hergestellte Nahrungsmittel, Medikamente, Infrastrukturen, Maschinen, Geräte, Werkzeuge, Instrumente, Fahrzeuge und Gebäude.

Natürliche Produkte sind Gegenstände / Dinge, welche auf natürlichem Wege durch das Zusammenwirken von Energie, Wasser und Nährstoffen entstehen und in der Technosphäre Nutzen bringen können.

Produktion ist die Herstellung von Gütern mit technischen Mitteln.

Prozess nennt man einen Vorgang oder ein Verfahren, bei dem Inputs gezielt zumindest in *einen* Output gewandelt werden (z. B. geformtes Blech, eine Chemikalie oder die Freude an einem Bild).

Produktivität: Ergiebigkeit der Herstellung von Gütern oder von Dienstleistungen. Während die Effizienz die Wirksamkeit des Einsatzes vorhandener Mittel beschreibt, misst Produktivität das Ergebnis, also den Ausstoß an Produkten und Dienstleistungen, unabhängig davon, mit welchen Mitteln es erreicht wird.

Ressourcen sind im MIPS-Konzept alle natürlichen Einsatzstoffe, Energiemengen und Landoberflächen, die zur Verfügbarkeit von Gütern und Dienstleistungen führen.

Ressourcenproduktivität ist die Menge an Gütern und Dienstleistungen, die pro eingesetzter Menge an Ressourcen (Material, Fläche, Energie) hergestellt werden kann.

Stoffflüsse sind im MIPS-Konzept alle technisch verursachten Stoffbewegungen in der Öko- und in der Technosphäre.

Technosphäre ist der vom Menschen mittels Technik unter Nutzung natürlicher Ressourcen geschaffene Lebensbereich.

Total Material Flow (TMF) oder *Total Material Requirement (TMR)* ist ein robuster Wirtschaftsindikator zur Messung der jährlichen Gesamtmenge natürlichen Materials (abiotisch, biotisch und Bodenbewegungen) – einschließlich der Rucksäcke –, die durch einen Wirtschaftsraum mit technischen Mitteln bewegt werden (Tonnen / Jahr). Wenn beim MI von Produkten und Dienstleistungen die

Rucksackkategorien abiotisch, biotisch und Bodenbewegung in addierter Form dargestellt werden, wird auch die Bezeichnung MI (TMR) verwendet.

Treibhauseffekt: Wenn Sonnenlicht auf den Erdboden fällt, wird es dort in Wärme umgewandelt und zum Teil wieder zurückgestrahlt in Richtung Weltraum. Einige Bestandteile der Erdatmosphäre, insbesondere Wasserdampf und Kohlendioxid, sorgen dafür, dass ein Teil dieser Wärme festgehalten wird. Gäbe es diesen natürlichen Treibhauseffekt nicht, wäre es auf der Erde im Durchschnitt nicht 15 Grad warm, sondern minus 18 oder 19 Grad kalt. Die Menschheit ist derzeit dabei, den Gehalt der Atmosphäre an wichtigen Treibhausgasen zu verändern. Dazu gehören insbesondere Kohlendioxid, Methan, Lachgas, Fluorchlorkohlenwasserstoffe und Ozon. Dadurch kommt zum natürlichen Treibhauseffekt der menschengemachte Treibhauseffekt hinzu, der das Klima der Erde verändert.

Umwelt umfasst Tiere, Pflanzen, Mikroorganismen, Wasser, Luft und Böden sowie alle Wechselwirkungen unter ihnen.

Umweltkapital: Dieser Begriff ist irreführend. Die Ökosphäre kann nicht zugunsten wirtschaftlicher Transaktion beansprucht werden, ohne dabei ihre Funktionen zu verändern. Diese Veränderungen sind wissenschaftlich selten vorhersehbar, mess-, stimulier- oder qualifizierbar, noch können sie in allen Fällen geortet werden.

Umweltbelastungspotenzial ist die Potenz eines Prozesses, eines Gutes oder einer Dienstleistung, Umweltveränderungen zu verursachen. Sie wird näherungsweise durch MIPS abgebildet.

Umweltmedien sind Boden, Wasser und Luft.

Wasser umfasst im MIPS-Konzept alles unmittelbar der Natur entnommene Wasser. Hierbei sollte zwischen Entnahmen von Oberflächenwasser (einschließlich Regenwasser), Grundwasser und Tiefen(grund)wasser unterschieden werden.

Wohlstand ist nicht zu verwechseln mit materiellem Wohlstand. Wohlstand schließt auch Gesundheit, Freiheit von Angst, Vertreibung und sozialer Ausgrenzung ein, genauso wie die Möglichkeit der Selbstbestimmung, die Meinungsfreiheit und die Unantastbarkeit der Würde des Menschen, soweit der Mensch die volle Verantwortung für seine eigenen Entscheidungen trägt.

Tabellen

Material Input für ausgewählte Rohmaterialien und Produkte (ohne Transport)

Metalle	MI abiotische Materialien (t/t)	MI biotische Materialien (t/t)	MI Wasser (t/t)	MI Luft (t/t)	MI Boden (t/t)	elektrische Energie (kWh/t)
Aluminium (primär)	8,45	0,00	24,57	0,00	0,00	16302,1
(Strom incl.)	85,38	0,00	1378,62	9,78	0,00	
Aluminium (sekundär)	0,59	0,00	10,32	0,00	0,00	609,0
(Strom incl.)	3,45	0,00	60,90	0,37	0,00	
Aluminium (70:30)	6,09	0,00	20,29	0,00	0,00	11594,2
(Strom incl.)	60,80	0,00	983,30	6,96	0,00	
Blei **	15,60	0,00	0,00	0,00	0,00	k. A.
(Strom incl.)	–	0,00	0,00	0,00	0,00	
Gusseisen *	4,66	0,00	6,60	0,92	0,00	186,1
(Strom incl.)	5,55	0,00	22,06	1,03	0,00	
Roheisen	4,66	0,00	6,60	0,92	0,00	186,1
(Strom incl.)	5,55	0,00	22,06	1,03	0,00	
Ferronickel (33 % Nickel)	46,20	0,00	62,78	13,50	0,00	180,6
(Strom incl.)	47,10	0,00	77,78	13,61	0,00	
Ferrochrom (53 % Chrom)						k. A.
(Strom incl.)	16,27	0,00	12,51	3,71	0,00	
Gold **	539254,00	0,00	0,30	0,00	0,00	k. A.
(Strom incl.)	–	0,00	0,00	0,00	0,00	
Kupfer (primär; abgeschätzt)						3000,0
(Strom incl.)	500,00	0,00	260,00	2,00	0,00	

* Minimumabschätzung   ** Nur Rohförderung und Abraum

Metalle	MI abiotische Materialien t/t	MI biotische Materialien t/t	MI Wasser t/t	MI Luft t/t	MI Boden t/t	elektrische Energie kWh/t
Kupfer (sekundär)	4,04	0,00	6,31	0,00	0,00	1195,7
(Strom incl.)	9,66	0,00	105,62	0,72	0,00	
Kupfer (50:50; abgeschätzt)						
(Strom incl.)	250,00	0,00	180,00	1,40	0,00	2100,0
Messing	350,00	0,00	200,00	1,50	0,00	
(Strom incl.)		0,00				k. A.
Nickel	138,60	0,00	188,34	40,50	0,00	
(Strom incl.)	141,29	0,00	233,34	40,83	0,00	541,8
Silber**	7505,00	0,00	0,00	0,00	0,00	
(Strom incl.)	–	0,00	0,00	0,00	0,00	k. A.
Stahl (Oxy)	4,89	0,00	7,94	1,03	0,00	
(Strom incl.)	6,97	0,00	44,60	1,29	0,00	441,4
Stahl (Elek)	0,16	0,00	0,93	0,15	0,00	
(Strom incl.)	3,36	0,00	57,52	0,56	0,00	681,3
Stahl (83:17)	4,08	0,00	6,75	0,88	0,00	
(Strom incl.)	6,35	0,00	46,79	1,17	0,00	482,1
V2 A Stahl (18 % Cr, 9 % Ni)						
(Strom incl.)	20,86	0,00	43,67	5,39	0,00	k. A.
V4 A Stahl (17 % Cr, 12 % Ni)						
(Strom incl.)	24,39	0,00	57,12	7,02	0,00	k. A.
Zink**	23,10	0,00	0,00	0,00	0,00	
(Strom incl.)	–	0,00	0,00	0,00	0,00	k. A.

* Minimumabschätzung   ** Nur Rohförderung und Abraum

Mineralische Grund- und Rohstoffe	MI abiotische Materialien	MI biotische Materialien	MI Wasser	MI Luft	MI Boden	elektrische Energie
	t/t	t/t	t/t	t/t	t/t	kWh/t
Aluminiumoxid	4,64	0,00	9,08	0,08	0,00	539,8
(Strom incl.)	7,43	0,00	58,62	0,45	0,00	
Borax (synthetisch)	5,40	0,00	6,62	0,39	0,00	76,7
(Strom incl.)	5,75	0,00	13,02	0,43	0,00	
Borsäure (B2O3 * 3 1–120)	7,28	0,00	10,25	0,99	0,00	70,7
(Strom incl.)	7,61	0,00	16,15	1,08	0,00	
Branntkalk (CaO, gebrochen)	2,55	0,00	2,65	0,03	0,00	98,9
(Strom incl.)	3,12	0,00	12,76	0,10	0,00	
Branntkalkmehl (CaO)	2,55	0,00	2,65	0,03	0,00	144,2
(Strom incl.)	3,23	0,00	14,68	0,12	0,00	
Colemanit	6,00	0,00	1,18	0,00	0,00	53,4
(Strom incl.)	8,39	0,00	5,63	0,04	0,00	
Diabas (gebrochen)	7,15	0,00	1,32	0,01	0,00	57,6
(Strom incl.)	1,42	0,00	6,13	0,05	0,00	
Diamanten (Südafrika) **	5260000,00	0,00	0,00	0,00	0,00	k. A.
(Strom incl.)	–	0,00	0,00	0,00	0,00	
Dolomit	1,19	0,00	7,11	0,00	0,00	53,3
(Strom incl.)	1,44	0,00	5,56	0,03	0,00	
Dolomitmehl	1,19	0,00	1,11	0,00	0,00	103,1
(Strom incl.)	1,66	0,00	9,71	0,06	0,00	
Feldspat (gebrochen) *	1,15	0,00	1,32	0,01	0,00	57,6
(Strom incl.)	1,42	0,00	6,13	0,05	0,00	

* Minimumabschätzung   ** Nur Rohförderung und Abraum

Mineralische Grund- und Rohstoffe	MI abiotische Materialien	MI biotische Materialien	MI Wasser	MI Luft	MI Boden	elektrische Energie
	t/t	t/t	t/t	t/t	t/t	kWh/t
Feldspat (gemahlen)*	1,15	0,00	1,32	0,01	0,00	107,3
(Strom incl.)	1,65	0,00	10,28	0,08	0,00	
Flussspat**	2,75	0,00	0,00	0,00	0,00	k. A.
(Strom incl.)	–	0,00	0,00	0,00	0,00	
gemahlener Gips	1,33	0,00	1,50	0,00	0,00	106,0
(Strom incl.)	1,83	0,00	10,30	0,06	0,00	
Kalisalze**	5,69	0,00	0,00	0,00	0,00	k. A.
(Strom incl.)	–	0,00	0,00	0,00	0,00	
Kalkhydrat	1,94	0,00	2,39	0,02	0,00	111,0
(Strom incl.)	2,46	0,00	11,65	0,09	0,00	
Kalkmehl (CaCO3)	1,19	0,00	1,11	0,00	0,00	103,1
(Strom incl.)	1,66	0,00	9,71	0,06	0,00	
Kalkstein (CaCO3, gebrochen)	1,19	0,00	1,11	0,00	0,00	53,3
(Strom incl.)	1,44	0,00	5,56	0,03	0,00	
Kies und Sand**	1,18	0,00	0,00	0,00	0,00	k. A.
(Strom incl.)	–	0,00	0,00	0,00	0,00	
Quarzsand (Glassand)	1,34	0,00	0,12	0,02	0,00	15,6
(Strom incl.)	1,42	0,00	1,43	0,03	0,00	
Steinsalz (NaCl)						k. A.
(Strom incl.)	1,24	0,00	2,29	0,02	0,00	
Soda (schwer)	3,72	0,00	15,50	0,91	0,00	171,8
(Strom incl.)	4,46	0,00	27,72	1,02	0,00	

* Minimumabschätzung   ** Nur Rohförderung und Abraum

Energieträger	MI abiotische Materialien t/t	MI biotische Materialien t/t	MI Wasser t/t	MI Luft t/t	MI Boden t/t	elektrische Energie kWh/t
Braunkohle	9,50	0,00	6,00	0,00	0,00	39,1
(Strom incl.)	9,68	0,00	9,25	0,02	0,00	
Dampf (16 bar; 316,63 MJ/t)	0,38	0,00	1,31	0,24	0,00	4,5
(Strom incl.)	0,39	0,00	1,61	0,24	0,00	
Dampf (4 bar, 059,77 MJ/t)	0,37	0,00	1,31	0,23	0,00	4,4
(Strom incl.)	0,39	0,00	1,60	236,43	0,00	
Diesel	1,21	0,00	7,03	0,00	0,00	32,1
(Strom incl.)	1,36	0,00	9,70	0,02	0,00	
Erdgas	1,20	0,00	0,23	,00	0,00	3,3
(Strom incl.)	1,22	0,00	0,50	0,00	0,00	
Erdöl	1,17	0,00	3,54	0,00	0,00	8,9
(Strom incl.)	1,22	0,00	4,28	0,01	0,00	
Leichtes Heizöl	1,21	0,00	6,78	0,00	0,00	32,1
(Strom incl.)	1,36	0,00	9,45	0,02	0,00	
Schweres Heizöl	1,24	0,00	6,87	0,00	0,00	55,1
(Strom incl.)	1,50	0,00	11,45	0,03	0,00	
Steinkohle	1,96	0,00	2,49	0,00	0,00	79,8
(Strom incl.)	2,36	0,00	9,12	0,05	0,00	
Import-Steink. (n. unter Tage)	1,70	0,00	1,73	0,35	0,00	86,3
(Strom incl.)	2,11	0,00	9,12	0,05	0,00	
Steinkohlenkoks	3,17	0,00	3,22	2,97	0,00	224,9
(Strom incl.)	4,22	0,00	21,98	3,10	0,00	
Elektrischer Strom (öffentliches Netz, 1 MWh)	4,70	0,00	83,06	0,60	0,00	0,0
Elektrischer Strom (Eigenerzeugung Industr., 1 MWh)	2,67	0,00	37,92	0,64	0,00	0,0

Elektrischer Strom nach Branchen	MI abiotische Materialien	MI biotische Materialien	MI Wasser	MI Luft	MI Boden	elektrische Energie
	t/t	t/t	t/t	t/t	t/t	kWh/t
Bergbau	3,83	0,00	63,61	0,61	0,00	
Steinkohlebergbau	3,87	0,00	64,51	0,61	0,00	
Braunkohlebergbau	3,80	0,00	63,10	0,62	0,00	
Grundstoff- u. Produktionsgütergew.	4,16	0,00	70,97	0,61	0,00	
Gew. / Verarb. v. Steinen u. Erden	4,63	0,00	81,63	0,60	0,00	
Eisen schaffende Industrie	4,22	0,00	72,50	0,61	0,00	
NE-Metalle	4,66	0,00	82,09	0,60	0,00	
Chemische Industrie	3,95	0,00	66,48	0,61	0,00	
Mineralölverarbeitung	3,47	0,00	55,76	0,62	0,00	
Holzschliff, Zellstoff, Papier und Pappe	3,87	0,00	64,62	0,61	0,00	
Investitionsgütergewerbe	4,64	0,00	81,77	0,60	0,00	
Maschinenbau	4,67	0,00	82,49	0,60	0,00	
Straßenfahrzeugbau	4,62	0,00	81,31	0,60	0,00	
Elektrotechnische Industrie	4,67	0,00	82,48	0,60	0,00	
EBM-Industrie	4,54	0,00	79,46	0,60	0,00	
Verbrauchsgütergewerbe	4,59	0,00	80,59	0,60	0,00	
Glasindustrie	4,66	0,00	82,12	0,60	0,00	
Kunststoffverarbeitung	4,62	0,00	81,21	0,60	0,00	
Textilgewerbe	4,45	0,00	77,60	0,60	0,00	
Nahrungs- und Genussmittelgew.	4,47	0,00	77,91	0,60	0,00	
Bergbau und verarb. Gewerbe insg.	4,28	0,00	73,72	0,61	0,00	

Chemischer Erzeugnisse und Zwischenprodukte	MI abiotische Materialien t/t	MI biotische Materialien t/t	MI Wasser t/t	MI Luft t/t	MI Boden t/t	elektrische Energie kWh/t
Aceton*	3,19	0,00	18,72	1,89	0,00	102,4
(Strom incl.)						
Aluminiumchlorid*	2,98	0,00	10,39	0,41	0,00	1201,4
(Strom incl.)	8,61	0,00	110,63	1,15	0,00	
Ammoniak	1,16	0,00	1,14	2,06	0,00	582,6
(Strom incl.)	3,60	0,00	39,96	2,43	0,00	
Anilin	5,47	0,00	103,85	3,44	0,00	636,8
(Strom incl.)	8,21	0,00	148,83	3,83	0,00	
Benzol	3,52	0,00	13,97	2,08	0,00	171,0
(Strom incl.)	4,32	0,00	28,23	2,19	0,00	
Clor (Cl2)	0,61	0,00	0,65	0,00	0,00	1155,7
(Strom incl.)	6,05	0,00	96,64	0,69	0,00	
Cumol*	4,04	0,00	23,70	2,13	0,00	129,6
(Strom incl.)	4,65	0,00	34,51	2,21	0,00	
Ethylbenzol	3,53	0,00	14,46	2,06	0,00	187,3
(Strom incl.)	4,45	0,00	30,53	2,19	0,00	
Ethylen	3,17	0,00	13,03	1,87	0,00	152,5
(Strom incl.)	3,89	0,00	25,76	1,96	0,00	
Formaldehydlösung (37 %ig)	0,32	0,00	2,44	0,94	0,00	56,9
(Strom incl.)	0,64	0,00	7,19	0,98	0,00	
Harnstoff	1,18	0,00	3,54	1,52	0,00	492,1
(Strom incl.)	3,45	0,00	44,60	1,821	0,00	

* Minimumabschätzung   ** Nur Rohförderung und Abraum

Chemischer Erzeugnisse und Zwischenprodukte	MI abiotische Materialien	MI biotische Materialien	MI Wasser	MI Luft	MI Boden	elektrische Energie
	t/t	t/t	t/t	t/t	t/t	kWh/t
Methanol	0,71	0,00	1,31	0,34	0,00	35,3
(Strom incl.)	0,88	0,00	4,25	0,36	0,00	
NaOH (50 %)	0,61	0,00	1,15	0,00	0,00	1156,0
(Strom incl.)	6,05	0,00	97,17	0,69	0,00	
Naphtha	1,32	0,00	7,35	0,00	0,00	78,6
(Strom incl.)	1,69	0,00	13,88	0,05	0,00	
Nitrobenzol	4,03	0,00	77,50	2,57	0,00	205,8
(Strom incl.)	4,95	0,00	93,13	2,70	0,00	
Phenol*	3,19		18,72	1,89		102,4
(Strom incl.)						
Phosgen	0,46	0,00	46,52	0,01	0,00	967,0
(Strom incl.)	4,95	0,00	125,25	0,61	0,00	
Polyätherpolyol	4,08	0,00	11,84	3,22	0,00	107,6
(Strom incl.)	4,57	0,00	20,50	3,28	0,00	
Polydiphenylmethandiisocyanat	4,41	0,00	85,37	2,36	0,00	1114,7
(Strom incl.)	9,53	167,36	167,36	2,90	0,00	
Propenoxid	3,98	0,00	13,13	3,24	0,00	138,0
(Strom incl.)	4,61	0,00	24,24	3,32	0,00	
Propylen	3,17	0,00	13,03	1,87	0,00	152,5
(Strom incl.)	3,89	0,00	25,76	1,96	0,00	
PVC-Pulver	2,60	0,00	21,90	0,00	0,00	1153,0
(Strom incl.)	8,02	0,00	117,67	0,69	0,00	

* Minimumabschätzung   ** Nur Rohförderung und Abraum

Chemischer Erzeugnisse und Zwischenprodukte	MI abiotische Materialien	MI biotische Materialien	MI Wasser	MI Luft	MI Boden	elektrische Energie
	t/t	t/t	t/t	t/t	t/t	kWh/t
Pyrolysebenzin	3,17	0,00	13,03	1,87	0,00	152,5
(Strom incl.)	3,87	0,00	25,35	1,96	0,00	
Sauerstoff (flüssig)	0,00	0,00	1002,05	0,00	0,00	994,0
(Strom incl.)	4,66	0,00	1084,61	0,60	0,00	
Stickstoff (flüssig)						k. A.
(Strom incl.)	0,50	0,00	7,99	1,14	0,00	
Schwefelsäure (konz.)*						k. A.
(Strom incl.)	0,52	0,00	6,41	0,49	0,00	
Salpetersäure (konz.)	0,33	0,00	123,62	1,58	0,00	172,1
(Strom incl.)	1,05	0,00	135,09	1,69	0,00	
Salzsäure (37 %)	0,66	0,00	2,75	0,02	0,00	567,6
(Strom incl.)	3,03	0,00	40,66	0,38	0,00	
Sorbitol						k. A.
(Strom incl.)	1,10	0,00	22,75	1,61	0,00	
Stärke						577 321 MJ
(Strom incl.)	1,07	0,00	22,09	1,56	0,00	
Styrol	4,53	0,00	18,54	2,67	0,00	293,7
(Strom incl.)	5,91	0,00	41,96	2,86	0,00	
Wasserglaslösung(35 %)	1,05	0,00	4,12	0,27	0,00	30,1
(Strom incl.)	1,18	0,00	6,30	0,29	0,00	

* Minimumabschätzung   ** Nur Rohförderung und Abraum

Baustoffe	MI abiotische Materialien	MI biotische Materialien	MI Wasser	MI Luft	MI Boden	elektrische Energie
	t/t	t/t	t/t	t/t	t/t	kWh/t
Beton B25	1,22	0,00	1,44	0,03	0,02	23,8
(Strom incl.)	1,33	0,00	3,42	0,04	0,02	
Dachziegel	2,11	0,00	5,30	0,07	0,00	k. A.
(Strom incl.)					0,00	
Dämmstoff: EPS	5,72	0,00	27,34	2,96	0,00	1219,0
(Strom incl.)	10,96	0,00	133,08	3,70	0,00	
Dämmstoff: XPS	4,42	0,00	17,24	2,43	0,00	1424,0
(Strom incl.)	11,26	0,00	141,07	3,30	0,00	
Dämmstoff: PUR	4,05	0,00	49,11	2,49	0,00	623,6
(Strom incl.)	6,73	0,00	95,37	2,80	0,00	
Dämmstoff: Steinwolle	1,94	0,00	3,12	1,42	0,00	439,0
(Strom incl.)	4,00	0,00	39,72	1,69	0,00	
Dämmstoff: Glaswolle	2,27	0,00	3,81	1,49	0,00	511,0
(Strom incl.)	4,66	0,00	45,98	1,80	0,00	
Dämmstoff: Isofloc	1,56	0,00	4,12	0,25	0,00	31,46
(Strom incl.)	1,71	0,00	6,74	0,27	0,00	
Dämmstoff: Schaumglas	3,03	0,00	4,21	1,81	0,00	2326,6
(Strom incl.)	13,94	0,00	19,57	3,29	0,00	
Dämmstoff: Perlit*	1,70	0,00	0,97	0,00	0,00	65,0
(Strom incl.)	2,04	0,00	6,77	0,04	0,00	
Flachglas	2,33	0,00	4,52	0,69	0,13	86,4
(Strom öff. Netz)	2,96	0,00	11,70	0,74	0,13	
(Strom Glasindustrie)	2,95	0,00	11,65	0,74	0,13	
Granit(platten) geschliffen u. poliert	1,79	0,00	1,13	0,58	0,00	26,7
(Strom incl.)	1,92	0,00	3,36	0,59	0,00	

* Minimumabschätzung   ** Nur Rohförderung und Abraum

Baustoffe	MI abiotische Materialien	MI biotische Materialien	MI Wasser	MI Luft	MI Boden	elektrische Energie
	t/t	t/t	t/t	t/t	t/t	kWh/t
Kalksandstein	1,19	0,02	1,66	0,00	0,00	19,8
(Strom incl.)	1,28	0,02	2,02	0,01	0,00	
Kanalisationssteinzeug	1,04	0,00	0,25	0,00	0,00	391,7
(Strom incl.)	2,88	0,00	32,93	0,24	0,00	
Porenbeton 400 kg/m³	1,76	0,06	1,96	0,17	0,00	165,0
(Strom incl.)	2,51	0,06	46,56	0,26	0,00	
Porenbeton 500 kg/m³	1,61	0,04	1,76	0,13	0,00	148,5
(Strom incl.)	2,28	0,04	45,74	0,22	0,00	
Porenbeton 600 kg/m³	1,52	0,04	1,49	0,09	0,00	128,5
(Strom incl.)	2,10	0,04	44,31	0,17	0,00	
Porenbeton 500 kg/m³, bewehrt	1,93	0,01	2,18	0,18	0,00	154,7
(Strom incl.)	2,64	0,01	46,94	0,28	0,00	
Porenbeton 600 kg/m³, bewehrt	1,78	0,01	1,91	0,15	0,00	127,4
(Strom incl.)	2,37	0,01	44,76	0,23	0,00	
Eisenportland-Zement (72; 24; 4)	1,84	0,00	2,20	0,17	0,00	253,0
(Strom incl.)	2,79	0,00	18,82	0,30	0,00	
Hüttenzement (40; 56; 4)	1,07	0,00	1,45	0,10	0,00	362,8
(Strom incl.)	2,22	0,00	21,31	0,25	0,00	
Portland-Zement	2,42	0,00	2,76	0,23	0,00	170,7
(Strom incl.)	3,22	0,00	16,94	0,33	0,00	
Ziegel porosiert (Sägemehl)	1,69	0,00	0,40	0,01	0,00	60,2
(Strom incl.)	1,97	0,00	5,42	0,04	0,00	
Ziegel porosiert (PS)/ Vollziegel	1,83	0,00	0,61	0,01	0,00	61,8
(Strom incl.)	2,11	0,00	5,74		0,05	0,00

Sonstige Werkstoffe	MI abiotische Materialien	MI biotische Materialien	MI Wasser	MI Luft	MI Boden	elektrische Energie
	t/t	t/t	t/t	t/t	t/t	kWh/t
Behälterglas (53 % Scherben)	1,02	0,00	1,83	0,49	0,06	139,8
(Strom incl.)	1,73	0,00	13,44	0,57	0,06	
(Strom Glasindustrie)	1,72	0,00	13,36	0,58	0,06	
Behälterglas (0 % Scherben)	2,19	0,00	4,14	0,62	0,14	156,7
(Strom incl.)	3,04	0,00	17,15	0,71	0,14	
(Strom Glasindustrie)	3,04	0,00	17,06	0,72	0,14	
Behälterglas (88 % Scherben)	0,26	0,00	0,31	0,40	0,01	128,8
(Strom incl.)	0,87	0,00	11,01	0,48	0,01	
(Strom Glasindustrie)	0,87	0,00	10,93	0,48	0,01	
Kiefernholz (geschnitt, getrock.)	0,33	5,51	0,52	0,06	0,00	113,3
(Strom incl.)	0,86	5,51	9,97	0,13	0,00	
Fichtenholz (geschnitt, getrock.)	0,17	4,72	0,33	0,09	0,00	108,8
(Strom incl.)	0,68	4,72	9,40	0,16	0,00	
Douglasholz (geschnitt, getrock.)	0,13	4,37	0,27	0,10	0,00	107,6
(Strom incl.)	0,63	4,37	9,24	0,17	0,00	
MDF	0,30	0,00	3,24	0,26	0,00	355,05
(Strom incl.)	1,96	0,00	32,86	0,48	0,00	
Hartfaserplatte	0,22	0,00	1,39	0,63	0,00	572,37
(Strom incl.)	2,91	0,00	49,14	0,98	0,00	
Sperrholz(platte)	0,76	9,13	2,36	0,39	0,00	254,20
(Strom incl.)	2,00	9,13	23,56	0,54	0,00	
Linoleum	1,99	0,35	6,65	1,99	0,00	3,74
(Strom incl.)	2,01	0,35	6,68	1,99	0,00	

Sonstige Werkstoffe (alle Werte geschätzt)	MI abiotische Materialien t/t	MI biotische Materialien t/t	MI Wasser t/t	MI Luft t/t	MI Boden t/t	elektrische Energie kWh/t
Acryllacke	2,7		3,3	6,3		
Baumwolle	5,0–6,0	2	300–1500			
Gummi	5					
Kautschuk (natürlich)	1	3				
Latex (natürlich)	3	3				
Leder	2					
Magnesium		Achtung! Werte mit Sicherheit deutlich zu niedrig!				
mineralisch	10					
Meerwasser	7		5000			
Kaliablaugen	4					
Mennige	8		5			
Molybdän	100					
Steingut (Wandfliesen; Geschirr)	5					
Steinzeug (Bodenfliesen; Geschirr)	5					
Papier	15		120	5		
Pappe	3		30	1,3		
Polyesterfasern	3,6		200			
Porzellan	10					
Titan	1000					
Viskose	7,0–8,0		1300			
Wandfarbe weiß	2,2		4			

Produkte (alle Werte geschätzt)	MI abiotische Materialien t/t	MI biotische Materialien t/t	MI Wasser t/t	MI Luft t/t	MI Boden t/t	elektrische Energie kWh/t
2 Bergstiefel	4,9	0	0	0		
2 Schuhe	3,5	0	0	0		
2 Stöckelschuhe	1,05	0	0	0		
Armbanduhr, Quarz, Lederband	19,5	0	0	0		
Aschenbecher, Glas, 15 cm	2,5		14	0,56		
Barbie	1,04	0	15,6	0,13		
Briefklammern	0,008	0	0,06	0,002		
Brille, Metall	0,22	0	1,8	0,15		
Butterdose	0,28	0	1,82	0,14		
Deozerstäuber	0,43	0	3,4	0,2		
Diskette	0,9	0	2,1	0,08		
duplo, LEGO Nr. 2376	3,2	0	20,8	1,6		
Edding	0,085	0	1,385	0,01		
Einwegfeuerzeug	0,14		1,2	0,01		
Esslöffel	1,1	0	2,2	0,27		
Fahrrad (Reiserad)	400	0	0	0		
Frühstücksteller	2,4	0	0	0		
Gabel	0,7	0	1,5	0,18		
Gürtel	0,56	0	0,85	0,1		
Haarbürste	0,3	0	3	0,07		
Handtuch	1,2	0,4	300	0,04		
Hemd	1,6	0,6	400	0,06		
Jeans	5,1	1,6	1200	0,15		
Kaffeebecher	1,5	0	0	0		
Kaffeemaschine KRUPS	52	0	240	6,5		
Kinderregenschirm	2,3	0	20	0,43		
Klarsichthülle	0,032	0	0,21	0,02		

Produkte (alle Werte geschätzt)	MI abiotische Materialien t/t	MI biotische Materialien t/t	MI Wasser t/t	MI Luft t/t	MI Boden t/t	elektrische Energie kWh/t
Klopapierrolle	0,3	0	3	0,13		
Lineal, 20 cm	0,09	0	1,125	0,018		
Locher, Leitz 5008	2,5	0	17	0,5		
Maus (Comp.)	3,1	0	8	0,14		
Messer	1,1	0	2,4	0,29		
NP G-7 Toner Canon	6,08	0	13,4	0,71		
Papierschere, groß	2,9	0	8	0,9		
Plastikmülleimer	3	0	22,5	0,7		
Radiergummi	0,1	0	1,8	0,01		
Seife	0	0	0	0		
Spülbürste	0,16	0	1,04	0,08		
Spülwanne	1,12	0	7,28	0,56		
Stabilo point 88	0,036	0	0,45	0,008		
Suppenteller	4,2	0	0	0		
Tasse, klein	1,2	0	0	0		
Teelöffel	0,35	0	0,75	0,28		
Telefon	25	0	50	1		
Teller, normal	6	0	0	0		
T-Shirt	0,9	0,3	225	0,03		
Unterhose	0,3	0,1	67	0,01		
Untertasse	1,4	0	0	0		
Videokassette mit Hülle	6,3	0	15,8	0,55		
Waschlappen	0,21	0,07	18	0,01		
Wasserkocher KRUPS	21	0	95	2,5		
Weinglas, klein	0,54	0	3	0,12		
Zahnbürste	0,12	0	1,5	0,028		

Literaturhinweise

Zu Kapitel 1

Brown, Lester R.: Outgrowing the Earth, Earthscan Publications 2005.

Carson, Rachel: Der Stumme Frühling, C. H. Beck 1981.

Fussler, Claude: Driving Eco-Innovation, Pitman 1996.

Hawken, Paul, et. al.: Natural Capitalism, Back Bay Books 2000.

Lehmann, Harry, u. Thorsten Reetz: Zukunftsenergien, Birkhäuser Verlag 1995.

Liedtke, Christa, u. T. Busch (Hg.): Materialeffizienz, Ökom Verlag 2005.

Meadows, Danella, et. al.: Limits to Growth – The 30 Year Update, Chelsea Green 2004.

Mitsuhashi, Tadahiro: Japan's Green Comeback, Pelanduk Pubns Sdn Bhd 2003.

Rocholl, M., et. al.: Factor X and the EU – How to make Europe the most resource and energy efficient Economy in the World, Aachener Stiftung Kathy Beys, 2006,‹ www.aachenfoundation.org.

Sachs, Wolfgang, et. al.: Fair Future. Begrenzte Ressourcen und Globale Gerechtigkeit. Ein Report des Wuppertal Instituts, C. H. Beck 2005.

Schmidt-Bleek, Friedrich: »Gedanken zum Ökologischen Strukturwandel«, Positionspapier, Wuppertal Institut, 1992. Später veröffentlicht in: Regulatory, Toxicology and Pharmacology, Vol 18, No. 3., Academic Press Inc., Dezember 1993.

Schmidt-Bleek, Friedrich: Wie viel Umwelt braucht der Mensch? – MIPS, das Maß für ökologisches Wirtschaften, Birkhäuser Verlag 1994.

Schmidt-Bleek, Friedrich: Das MIPS-Konzept – Faktor 10, Knaur 2000.

Stahel, Walter, et. al.: Ökointelligente Produkte, Dienstleistungen und Arbeit, Birkhäuser Verlag 1997.

Statement to Governments and Industry leaders by the International Factor 10 Club, 1997,‹ www.factor10-institute.org.

Weizsaecker E. U. von, et. al.: Faktor 4, Droemer 1995.

Zu Kapitel 2

»New Information on how Finland's Traffic System Consumes Natural Resources«, Bericht der Finnischen Umwelt- und Transportministerin über den mit Hilfe von MIPS gerechneten Naturverbrauch des Transportsystems in Finnland, Helsinki, April 2006, www.ymparisto.fi / julkaisut. Kontaktperson: Sauli Rouhinen, Generalsekretär der Finnischen Kommission für Nachhaltigkeit, sauli.rouhinen@ymparisto.fi.

Ritthoff, Michael, et. al.: MIPS berechnen – Ressourcenproduktivität von Produkten und Dienstleistungen, Wuppertal Institut 2002, www.wupperinstitute/MIPS-online.de.

Schmidt-Bleek, Friedrich, et al.: MAIA, Einführung in die Material Input Analyse nach dem MIPS-Konzept, Wuppertal Texte, Birkhäuser Verlag 1998.

Schmidt-Bleek, Friedrich, et. al.: Ökodesign – Vom Produkt zur Dienstleistungserfüllungsmaschine, Wirtschaftskammer Österreich, WIFI 303, Wien 1999.

Schmidt-Bleek, Friedrich (Hg.): Der Ökologische Rucksack – Wirtschaften für eine Zukunft mit Zukunft, Hirzel 2004.

Wackernagel, Mathis, u. William Rees: Our Ecological Footprint, New Society Publishers 1995.

Zu Kapitel 3

Berichte über die Verleihung des Effizienzpreises NRW
Effizienz Agentur: NRW: www.efanrw.de.

Berichte über den »R. I. O. Innovationspreis«, Aachener Stiftung Kathy Beys: www.aachener-stiftung.de.

Ritthoff, Michael, et. al.: MIPS berechnen – Ressourcenproduktivität von Produkten und Dienstleistungen, Wuppertal Institut 2002.

Schmidt-Bleek, Friedrich, u. C. Manstein: Klagenfurt Innovation, 1999.

www.mips-online.de, www.wupperinst.org, www.factor-x.info.de.

Zu Kapitel 4

Adriaanse, A., et. al.: Die Materielle Basis von Industriegesellschaften, Birkhäuser Verlag 1998.

Boege, Stefanie: Road Transport of Goods and the Effects on the Spatial Environment, Wuppertal Institut 1993.

Bringezu, Stefan: Ressourcennutzung in Wirtschaftsräumen. Stoffstromanalysen für eine nachhaltige Raumentwicklung, Springer 2000.

Bringezu, Stefan: Erdlandung, Hirzel 2004.

Meyers, N., u. Jennifer Kent: Perverse Subsidies, Island Press 2001.

Schmidt-Bleek, Friedrich (Hg.): Der Ökologische Rucksack, Hirzel 2004.

World Resources Institute: Material Flows, 1997.

World Resources Institute: The Weight of Nations, 2001.

Zu Kapitel 5

Brown, Lester R.: Eco-Economy, Earthscan Publications 2003.

Global 100 Eco-Tech Awards, Japan Assoc. For the 2005 World Exposition, 1533–1 Ibaradabasama, Nagakute-cho, Aichi 480–1101, Japan (Beschreibungen von Umwelttechnologien, 160 Seiten).

Latif, Mojib: Bringen wir das Klima aus dem Takt? Hintergründe und Prognosen. Fischer Taschenbuch Verlag 2007.

Mooss, Heinz: Ökointelligent. Geniale Ideen und Produkte aus Oesterreich, Ueberreuter 2005.

Zu Kapitel 6

Faktor Y, Magazin für Nachhaltiges Wirtschaften

Internationales Forum für Gestaltung: Gestaltung des Unsichtbaren, Anabis Verlag 1998.

Klemmer, Paul, u. Fritz Hinterberger: Ökoeffiziente Dienstleistungen, Birkhäuser Verlag 1999.

Schmidt-Bleek, Friedrich, u. Ursula. Tischner: Produktentwicklung – Nutzen gestalten – Natur schonen, Wirtschaftskammer Österreich, WIFI 270, Wien 1995.

Zu Kapitel 7

Bericht des Zukunftsrates NRW 2004: www.agenda21.nrw.de

Bierter, Willy: Wege zum ökologischen Wohlstand, Birkhäuser Verlag 1995.

Dieren, W. van (Hg.).: Taking Nature into Account, Springer 1995.

Dosch, K.: Ressourcenproduktivität als Chance – Ein langfristiges Konjunkturprogramm für Deutschland, 2005, in: www.achener-stiftung.de

Fischer, Hartmut, et. al.: »Wachstum und Beschäftigungsimpulse rentabler Materialeinsparungen«, in: Wirtschaftsdienst, Issue 4, April 2004.

Hinterberger, Fritz, et. al.: Ökologische Wirtschaftspolitik, Birkhäuser Verlag 1996.

Holliday, Chad, et. al.: »Sustainabilidy through the Market«, in: World Business Council for Sustainable Development 2001.

Myers, Norman, u. Jennifer Kent: »Perverse Subsidies«, Island Press 2001.

Spangenberg, Joachim H. (Hg): Vision 2020: Arbeit, Umwelt, Gerechtigkeit – Strategien für ein zukunftsfähiges Deutschland, Okom 2003.

Spangenberg, Joachim H., u. S. Giljum (Hg.): Special edition »Governance for Sustainable Development«, Intern. Journal of Sustainable Development, Vol 8, 2005.

Stahel, Walter R.: The Performance Economie, Palgrave,Macmillan.

Wohlmeyer, Heinrich: Globales Schafe Scheren – Gegen die Politik des Niedergangs, Edition Vabene 2006.

Abbildungsnachweise

Alle Grafiken: Peter Palm, Berlin. Abb. 1 nach: Sachs, W.: Fair Future, Abb. 3, S. 36; Tab. 1 nach: Sachs, W. ebd., S. 35; Abb. 2 nach: Schmidt-Bleek, F.: Wieviel Umwelt braucht der Mensch?, Abb. 6, S. 26; Abb. 3 nach: Bringezu, S.: Ressourcennutzung in Wirtschafts-räumen, Abb. 5, S. 72; Abb. 5 nach: Schmidt-Bleek, F.: s. o., Abb. 5, S. 25; Abb. 6 nach: Schmidt-Bleek, F.: s. o., Abb. 23, S. 130; Abb. 7 nach: Sachs, W. (s. o.) Abb. 9, S. 70; Abb. 8 nach: Schmidt-Bleek, F.:

s. o., Abb. 21, S. 125; Abb. 9 nach: Schmidt-Bleek, F.: Das MIPS- Konzept, S. 53; Abb. 10 nach: Bringezu, S.: Erdlandung, Abb. 1, S. 49; Abb. 11 nach: Bringezu, S.: Ressourcennutzung in Wirtschaftsräumen, Abb. 10, S. 98; Abb. 12 nach: Schmidt-Bleek, F.: Das MIPS-Konzept, Abb. 26, S. 234, Daten aus R. Behrensmeier und S. Bringezu, Wuppertal Papers Nr. 24, Wuppertal 1995; Abb. 13 nach: Bringezu, Erdlandung, Abb. 7, S. 94; Tab. 4 nach: ebd., Tab. 4, S. 88; Tab. 5 nach: ebd., Tab. 3, S. 82; Tab. 6 nach: John R. McNeill, Blue Planet, Frankfurt, New York 2000, Tab. 5.1; Abb. 16 nach: Wuppertal Institut Jahrbuch 2004/2005, S. 109; Abb. 17 nach: FSB, Das MIPS Konzept (s. o.), Abb. 23, S. 203; Abb. 18 nach: Europäisches Amt für Statistik, »Trend Chart Innovation Policy in Europe«, S. 2 und »Intellectual Property Rights in Focus« 2006.